银行软实力评估研究

曹军新　著

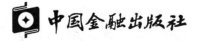

中国金融出版社

责任编辑：石　坚
责任校对：李俊英
责任印制：丁淮宾

图书在版编目（CIP）数据

银行软实力评估研究（Yinhang Ruanshili Pinggu Yanjiu）/曹军新
著．—北京：中国金融出版社，2015.6
ISBN 978 - 7 - 5049 - 7783 - 0

Ⅰ．①银…　Ⅱ．①曹…　Ⅲ．①银行业—经济发展—评估—研究—中国
Ⅳ．①F832

中国版本图书馆 CIP 数据核字（2014）第 313493 号

出版
发行　中国金融出版社

社址　北京市丰台区益泽路 2 号
市场开发部　（010）63266347，63805472，63439533（传真）
网 上 书 店　http://www.chinafph.com
　　　　　　（010）63286832，63365686（传真）
读者服务部　（010）66070833，62568380
邮编　100071
经销　新华书店
印刷　北京市松源印刷有限公司
尺寸　169 毫米 ×239 毫米
印张　17.75
字数　290 千
版次　2015 年 6 月第 1 版
印次　2015 年 6 月第 1 次印刷
定价　40.00 元
ISBN 978 - 7 - 5049 - 7783 - 0/F. 7343
如出现印装错误本社负责调换　联系电话（010）63263947

目　录

1 导　论

1.1　研究的主要背景与现实意义

力量、实力（Power）这类词组，本身就透着一股实实在在的硬气。要是把柔软（Soft）和力量、实力组成一个新词组——"软实力"（Soft Power），也许很多人会不习惯，甚至也想不到组合在一起。许多人成了力量的崇拜者，自然而然地认为，唯有硬朗才是力量的象征。

实际上，在肌肉、武器、军队的力量之外，还有那些看似柔软的力量。例如，思想的力量，情感的力量和语言的力量。先人说"不战而屈人之兵"，也有"明修长城清建庙"的案例，中国共产党的"谈心""批评与自我批评""表彰和奖励"等以柔软力量为主的成功经验和做法。但是，人们常常不自觉地舍弃柔软而选择强硬，导致在过去很长时间里，不少政府部门、企业和学界在政策制定、战略规划和政策研究上往往仅重视刚性权威、扩大规模、强硬对策研究的一面，而常常忽视应有柔性权威、内涵发展、人心政策研究的一面。

然而，"软实力"这一时髦的概念流行于世界十多年之后，才逐渐为国人所接受，进入官方文件。

1990 年，"软实力"由美国著名学者，有"软实力之父"之称的约瑟夫·奈提出并运用于国际关系分析研究，开始逐渐风行国际学术界和商业实务界。这个源自 20 世纪 90 年代的西方语词大约从 2001 年开始，在中国政府部门、企业和学术界得到广泛地倡导、研究和运用。2007 年 10 月，"软实力"首次被写入了党的十七届代表大会报告中，并提出"文化越来越成为综合国力竞争的重要因素""增强中华文化国际影响力"以及"大力发展文化产业、繁荣文化市场、增强国际竞争力"等与之相关的重要论述①。

---

① 胡锦涛：《高举中国特色社会主义伟大旗帜　为夺取全面建设小康社会新胜利而奋斗——在中国共产党第十七次全国代表大会上的报告》，北京，人民出版社，2007。

1

　　党的十七届六中全会①以来，学术界兴起"软实力"研究热潮，金融实务界也以金融文化和金融软实力建设为时兴话题。然而，"软实力"理论多为在宏观层面运用的研究，其中中国对外政治关系研究比较多。如赵刚和肖欢在《国家软实力》②中指出，软实力是超越经济和军事的第三种力量，将国家软实力作为探讨研究国际和地区问题的独特视角和方法；郭树勇在《中国软实力战略》③专著中指出，要在遵循大国社会性成长规律的同时，坚持独立自主政策，提出中国和平崛起的软实力战略；胡晓明在《国家形象》专著中较为系统地研究了中国国家形象构建新战略。而"软实力"理论运用于企业管理研究的不多，尤其对金融机构软实力理论和实践系统研究几乎没有。如邓正红在《软实力博弈》一书中结合大量中外工商案例，阐述了企业软实力与硬实力关系、软实力构成和分解、执行与资源整合的系列模型。④

　　目前金融机构软实力研究尚处于起步阶段，大多停留于概念的引用和转述上，与金融文化建设混合在一起，进行笼统地分析和介绍，脱离了现代企业管理理论，缺乏结合金融机构运行事实和相应的逻辑框架，尚未对系统理论和理论架构进行梳理。这样，金融机构软实力理论和软实力评价评估尚处于空白状态，相应地，软实力评价评估政策和实务尚未真正启动。

　　随着经济全球化的加深，国家间的竞争不仅来自其经济实力，而且越来越表现在软实力竞争上。其中，一国金融业的资本实力与软实力竞争力是该国综合实力的最核心表现。当前中国正处于转型和迅速发展阶段，整个国民经济和金融业实力逐渐增强。2010 年，中国国内生产总值（GDP）达到58786 亿美元，成为世界上第二大经济体。中国已成为全球经济新的重心，正通过快速工业化迅速成长为一个经济超级大国。而中国如何从经济金融大国成为经济金融强国，金融业文化和软实力建设则是当前一个具有重要历史意义和现实意义的研究课题。

　　现代社会的标志是对合理性和进步的信赖代替了传统和宗教上确立的对

---

　　①　党的十七届六中全会于 2011 年 10 月 15 日至 18 日在北京举行，通过了《中共中央关于深化文化体制改革、推动社会主义文化大发展大繁荣若干重大问题的决定》。

　　②　赵刚、肖欢：《国家软实力》，北京，新世纪出版社，2010。

　　③　郭树勇：《中国软实力战略》，北京，时事出版社，2012。

　　④　邓正红：《软实力博弈》，武汉，武汉大学出版社，2012。作者在该书提出"矩阵模型、混凝土模型、金字塔模型、罗盘模型、时钟模型和三维模型"理论概括模型。

世界秩序的信仰。① 伴随现代化带来日益尖锐的社会、经济和生态问题，国家乃至组织、企业和个体必须在相应的层次和范围采取果断的行动驾驭它朝"可持续发展"的方向前进，向以民主、理性、规则、效率为导向的社会转型和发展。同时，必须对社会变革产生影响的一系列决定因素和效应关系及时了解和掌握。评估是一种既可以对观测到的社会变革进行终结性的测量、分析和评价，也可以为过程的合理调控形成新的数据的工具。它适合于用来了解在既定框架条件下通过有目的地干预能够产生哪些影响，以便能够拟定和转化有效的措施、项目、战略和政策。② 在向经济金融强国的战略转型中，中国金融业机构如何在经营管理活动、企业文化与软实力建设过程中提升市场核心竞争力，实现自身战略目标。如何借助评估工具阶段性地对这一进程的状况进行测量、分析和评价，以采取更有效的措施、项目、战略和政策。这对处于转型中的中国金融业机构乃至国家金融发展战略都具有重要的理论意义和现实意义。

如何建立"金融业机构软实力及评估"这一全新的知识框架？这个问题取决于人们对知识概念的认识。

人的一生就是不断学习和理解的过程。因此，一些基本概念得以在全书中反复出现，这些概念不但适用于过去，也可能适用于今天，或许适用于未来。

1.2　金融机构实力与资源的概念

概念是理论架构的逻辑起点。重要的概念被称做理论"大厦"建设的基石。本章着重介绍金融机构的实力、软实力和硬实力、企业文化等概念及其相互关系，为银行业机构软实力理论的构建提出一个逻辑起点。

实力和金融机构实力、资源与金融机构资源两组概念，是研究银行软实力理论的最基本逻辑概念。银行软实力从元素构成、经营管理到战略选择均离不开实力和资源的定位与选择、组合问题。

---

① 赖因哈德·施托克曼、沃尔夫冈·梅耶：《评估学》，唐以志译，北京，人民出版社，2012。
② 赖因哈德·施托克曼、沃尔夫冈·梅耶：《评估学》，唐以志译，北京，人民出版社，2012。

1.2.1　金融机构实力的概念

1. 何谓实力？先看看"实力"在中外词典等工具书中的定义。《现代汉语词典》解释为：实在的力量，多指军事或经济方面的力量，如经济实力，实力雄厚，增强实力①。而在《现代高级牛津英汉双解辞典》中，对"power"的主要定义为"（in living things, persons）ability to do or act"，即"（生物或人）做事或行动的能力。"从这个最普通的层面来看，实力就是得偿所愿的能力。词典上还有一个含义为"right; control; authority"，即"权、权力、势力"；have a person in one's power，be able to do what one wishes with him，能左右一个人；have power over somebody，对某人有控制力。这样，即"power"引申为影响他人行为，并促成事件发生的能力。②

美国学者约瑟夫·奈（Joseph S. Nye, Jr）指出，"实力是一种通过影响他人，进而得偿所愿的能力，它可以依靠强迫、收买或吸引、说服等手段来体现。"③具体而言，实力即是对他人的行为施加影响，并达到自己目的的能力。主要包含两方面的手段和威力：一方面是通过威胁强迫、收买，施以利益诱惑的手段；另一方面是通过吸引和说服的威力，使对方与自己目标达成一致。因此，政治实干家和普通百姓将实力简单地定义为：所拥有的能够影响结果的能力或资源。但是，实力未必等于资源。因为存在这样的悖论："天生强悍未必处处如意"。主要原因是：一是从环境因素看，实力有可能随着环境的改变而消失。实力资源的效用取决于环境④。充分运用实力要取决于自身所处的、对方所依托的大环境。二是从可替代性看，实力资源没有金钱具有可替代性。拥有实力资源不能保证处处如愿以偿。赢得一场游戏的胜利资本，到了另一场游戏中也许会失去用武之地。三是从实现目标看，将单一的或同一类的资源转化为真正的实力需要精巧的策略和高超的领导艺术。实力除硬实力外还包括更多的其他的资源和能力，如软实力、巧实力。实力有多种外在表现形式，大体可以分为硬实力、软实力、巧实力三种。其中，巧实力既非硬实力，也非软实力，它是二者的巧妙结合。四是从可衡量性和可预测性

---

①　中国社会科学院语言研究所词典编辑室：《现代汉语词典》（第6版），北京，商务印书馆，2012。

②　张芳杰等：《牛津现代高级英汉双解辞典》，台湾，东华书局，1982。

③　约瑟夫·奈：《软实力》，马娟娟译，北京，中信出版社，2013。

④　约瑟夫·奈：《软实力》，马娟娟译，北京，中信出版社，2013。

看，实力中各种资源和能力，硬实力较软实力、巧实力容易评估和预测。无论对何种资源和能力作出评估和预测，必须先了解和掌握大环境。

2. 金融机构实力的概念。金融企业组织真正管用的只有实力。它是指一个金融企业组织存在或体现的实力，包括企业硬实力、企业软实力和企业巧实力。有时候同一种实力资源能够影响从强制到吸引等各个层面的行为。一个在经济实力上走下坡路的金融企业，损失的不仅是硬实力，同时受损的还有影响市场议程的能力和自身吸引力。

1.2.2　金融机构资源的概念

1. 资源的概念。人们普遍认为资源可以是任何事物。"任何可以被认为是某一公司优势或弱势的事物"，以及"那些半永久的附属于公司的（有形及无形的）资产"。①

2. 资源的基本分类。Barney 主要贡献是定义了成为竞争优势来源的资源的特点，并且强调了在组织内部无形的、难以定义的元素的重要性。从资源的基本形态角度，可以分为物质资源（Physical Resources）（例如机器、建筑等）、人力资源（Human Resources）（例如知识、经验、员工的想法等）、组织资源（Organizational Resources）（例如组织文化、组织结构、信息处理等）、财务资源（例如债务、股票等）。②

从资源的性质角度，也可分为能力（Capabilities）、战略资产（Strategic Assets）、组织能力（Organizational Competence）、核心能力（Core Competence）。③

资源与能力有时会被区分，有时没有被区分。当被区分时，"资源"被理解为资源的占有，而"能力"被理解为资源的使用。当不被区分时，"资源"兼具资源和能力二者的含义。

3. 企业资源观的两种不同方法。企业资源观（Resource - based View of the Firm），有两种方法。

---

① Wernerfelt, B.（1984）. A resource - based view of the firm, *Strategic Management Journal*, Vol. 5, 172.

② Barney, J. B.（1991）. Firm resources and sustained competitive advantage, *Journal of Management*, Vol. 17, No. 1, 99 – 120.

③ 维洛尼克·安布罗西尼：《隐性资源——企业赢得持续竞争优势的源泉》，詹正茂、陈婷婷、曹舒莜等译，北京，经济管理出版社，2011。

一是外部环境决定因素法。产业组织经济学（Industrial Organization Economics）就是结构—行为—绩效模式，认为市场优势地位是竞争优势的来源。企业业绩的首要决定因素是它的外部环境——企业的所属产业结构。企业的利润来源是它的市场地位——受到市场进入壁垒的保护程度。

二是企业资源集合体法。把企业看做资源的集合体，这些资源可以使企业具有持续的竞争优势，企业的效益依赖于其使用资源的能力。认为竞争优势不是由市场和产业结构决定，而是由内部资源决定，即把企业的利润优势来源定位在企业内部。资源观依据的基本假设是组织资源是各自独有的，企业在资源方面各有差异，以及企业在天赋资源（Resource Endowment）上具有不对称性。独特性可以得以保持，这意味着资源的可转移性是有限的。这种观点的拥护者还认为资源在企业间不能够很好地移动。

4. 基于竞争优势的资源的特点。基于 Barney 的资源观，不是任何资源都可以成为竞争优势的来源。必须同时具备以下特征的资源，才能成为竞争优势的来源。

一是具有价值性。若资源在企业中创造了机会并且/或者平息了危险，或使得企业产生了提高效率和效力的辅助战略，那么称这个资源是有价值的。①

二是具有稀缺性。也就是说，这些资源不能被大多数企业占有，具有独特性。任何被大多数企业占有的资源不可能成为持续竞争优势的来源。有价值但不稀有的资源只能成为竞争均势的来源。② 有些资源可能非常重要，但是这些资源只是满足质量要求的前提，而不是满足获胜要求的产品特征。这并不意味这些资源无关紧要。相反，这些资源是企业在产业领域立足和竞争所必需的。

三是具有非易于移动性。也就是说，具有不易于交易性。若能够轻易地购买或者交换一种资源，那么它不会成为企业独特之处的来源，因此也不会成为持续竞争优势的来源。

四是具有不便于模仿性。也就是说，其他企业不能复制并拥有相同的资

---

① Barney, J. B. (1991). Firm resources and sustained competitive advantage, *Journal of Management*, Vol. 17, No. 1, 105 – 106.

② Barney, J. B. (1995). Looking inside for competitive advantage, *Academy of Management Executive*, Vol. 9, No. 4, 49 – 61.

源。类似地，如果竞争者能够复制组织资源，那么它就不具有"与众不同的能力"（Differential Ability），因为这时组织优势将会失效。①

五是具有难以替代性。也就是说，这些资源不能有任何战略上的对等代替品。若一个资源能够轻易地被另一个可以达到同等效果的资源替换，那么这个资源将不能继续成为竞争优势的来源。②

5. 金融机构资源的概念。根据迈克尔·波特的企业资源的概念，企业所用和能控制使用、获得效益的一切有形的、无形的和组织的资源，具体包括有形资源、无形资源和组织资源三类。其中，有形资源包括物质和财务资源；无形资源包括品牌、商誉、技术、专利、企业文化、组织经验；组织资源包括协调、配置各种资源的技能等。金融机构企业也自然如此，不例外。金融机构企业有技术、商业秘密、惯例、企业文化、组织经验和历史投资等隐性资源，它们的存在是由企业独特的历史和发展轨迹（创立者和雇员，危机事件等）决定的，由于组织有"隔离机制"，所以资源很难被模仿。尽管一些资源可以从一个组织转移到另一个组织，但是它们的效率或效力不会像原先那样显著，因为整体环境不同了。③ 因此，隐性资源在可持续竞争优势的发展中起到了核心作用，就是软实力所起到的核心竞争力的作用。

1.2.3　金融机构实力与资源的关系

1. 实力与资源的关系。主要表现在：一是实力必定是一种资源，而资源不一定是实力。在一定掌控范围的资源或潜在资源，就可以称为实力或实力资源，否则，就是一般的资源。如前所述，实力资源的效用取决于环境，举例说明，坦克开进沼泽或丛林里，就不再是强大的军事力量。在一个没有工业基础的国家，煤炭和钢铁算不上重要实力资源。④ 二是运用资源而产生实力，而权力则依资源而产生。根据学者张小明的理解，约瑟夫·奈所说的"硬实力"和"软实力"实际上指的不是权力本身，而是权力得以产生的资

① Conner, K. R. (1994). The resource – based challenge to the industry – structure perspective, *Best Paper*, *Proceedings*, *Annual Meeting of the Academy of Management*, Dallas.

② 维洛尼克·安布罗西尼：《隐性资源——企业赢得持续竞争优势的源泉》，詹正茂、陈婷婷、曹舒弢等译，北京，经济管理出版社，2011。

③ 维洛尼克·安布罗西尼：《隐性资源——企业赢得持续竞争优势的源泉》，詹正茂、陈婷婷、曹舒弢等译. 北京，经济管理出版社，2011。

④ 约瑟夫·奈：《软实力》，马娟娟译，北京，中信出版社，2013。

源或者手段。而"巧实力""领导力""文化力""影响力"等一系列方式和组合的本身也不是权力，只是使用权力资源或手段的方式而已①。

2. 金融机构实力与资源的关系。作为经营货币业务的特殊企业——金融机构，其实力与资源的关系除具有一般的特征外，主要表现在：

一是金融机构的实力与资源的关系受制于政策性。金融业是受政策性垄断较强的管制行业，市场准入"门槛"较高，一般企业通常难以进入。但是，不同的金融机构，其政策性程度不同，所产生的实力和掌握的资源就存在较大的差异。全国大型银行在同样监管政策下，可以在资本金扩充和跨区设置机构等具有地方法人机构所不具备的优势，大型银行可以得到较多政策上的优惠和优先权，采取发行金融债券和上市筹资等政策增加资本金，实现更为广泛、灵活的跨区经营战略。如2001~2004年，我国大型国有商业银行为股改上市而在县域和农村地区大量撤并机构网点，而2009~2012年这些被撤并机构网点又迅速恢复设立。这些从一个侧面说明了大型国有商业银行的政策优势。地方法人银行跨区经营曾一度放开，后被叫停。

二是金融机构的实力与资源的关系受制于文化等软实力。在中国，全国大型银行往往具有较长的发展历史，长的达百年，短的也有四十余年。其中，如中国银行，其文化历史传统的形成和发展具有深厚的基础，其在国内外拥有广泛的影响力，具有雄厚的软实力，能在同等市场竞争条件下获得更多的资源，进而形成更为强大的实力。这是许多地方法人银行无法相比的，当然，地方法人银行在实力与资源上，在社区服务、获取地方政府性资源等方面也有自身优势。

1.3 金融机构的硬实力、软实力与巧实力的概念

硬实力与金融机构硬实力、软实力与金融机构软实力，这两组概念，乃至巧实力概念，是研究银行软实力理论必须厘清和界定的重要概念。

1.3.1 金融机构硬实力的概念

1. 硬实力的概念。"硬实力"是指通过威胁（大棒）或者奖励（胡萝

---

① 约瑟夫·奈：《巧实力——权力、个人、企业和国家》，李达飞译，北京，中信出版社，2013。

卜），让别人做他们不想做的事情，通常与军事和经济手段分不开。硬实力（Hard Power）是指支配性实力，可以进一步分类，包括国家硬实力、区域硬实力、企业硬实力、个体硬实力。

2. 金融硬实力的概念。"金融硬实力"，主要指一个地区或国家的金融业硬实力状况，具体可以包括金融资产规模、经济金融化程度、经济货币化程度、股票市值、资本实力、金融机构数量、金融从业人数、外汇储备、金融市场交易量、金融业增加值等。

3. 金融机构硬实力概念。"金融机构硬实力"，是指一个企业拥有的资源状况、财务状况、技术力量、市场力量、成长力量等有形实力。硬实力可以为大型金融机构用来缔造"金融性霸主"和操纵部分金融政策和制度，并为中小金融机构设置议程。如大型金融机构享受"大而不能倒"的"金融霸主"或"金融帝国"待遇。这种情况在欧美发达国家表现得尤为明显，在华尔街、伦敦金融城，金融巨头往往利用政界—商界—学界的"旋转门"机制周期性地向政府部门推荐和输送代理人，干预和影响金融政策。在中国，大型银行高管人员通常于政府换届时在金融监管部门间流动和相互任职，金融监管部门制定金融政策时往往兼顾大型银行的利益，或大型银行会影响金融政策的制定。大型银行大部分高管人员往往在全国人大、政协系统担任代表或委员职务，每年"两会"期间可以通过提交人大议案、政协提案等途径，直接向"两会"呼吁，往往能影响国家金融政策的制定。比如在我国建立存款保险制度问题。由于种种原因，存款保险制度从提议到目前为止方案尚在讨论制订中，其间已有20余年，其中大型商业银行机构认为存款保险不需要且会增加成本，利用其巨大实力和话语权反对存款保险制度，并以提高中小金融机构保费率的要求要挟和设置议程。加之，国际经济环境和国内政治周期等因素影响，导致自1993年12月国务院《关于金融体制改革的决定》提出"要建立存款保险基金，保障社会公众利益"政策设想到2015年3月国务院颁布《存款保险条例》的22年间，中国存款保险制度建设出现方向偏离①、跑跑停停、构建方案设计反复、征求意见和出台谨小慎微的历程，最后回到基金形式起步，采取以基准费率与风险差别费率相结合方式，推行商业银行强制性保险。

---

① 如1997年12月，全国金融工作会议再度提及存款保险，提出要研究和筹建"全国性中小金融机构的存款保险机构"。

1.3.2 金融机构软实力概念及其界定要素

1. 何谓软实力？约瑟夫·奈在 1990 年出版的《注定领导世界——美国权力性质的变化》(*Bound to Lead*：*The Changing Nature of American Power*) 一书中，首次提出"软实力"(Soft Power) 的概念，并指出，软实力是一种依靠吸引力，而非通过威逼或利诱的手段来达到目标的能力。它是指通过吸引力而非强制手段，让他人自愿追求其想要的东西。[①] 约瑟夫·奈所说的"软实力"具体包括文化吸引力、意识形态或者政治价值观念的吸引力以及塑造国际规则和决定政治议题的能力等。[②]

从国际关系的角度看，这种吸引力源于一个国家的文化、政治理念和政策。当你有足够的魅力使人仰慕你的理念，并且追随你之所想时，就无须再动用大棒来驱使他们。诱惑往往比强迫更有效。诸如民主、人权、个人机遇等价值观念都具有很强的诱惑作用。当一个国家的政策被外界视为合理时，其软实力也会相应增强。美国四星上将韦斯利·克拉克曾说，软实力"赋予我们的影响力远远超过生硬的传统政治力量对比所产生的效果"。[③] 但是，如果我们行事傲慢，破坏了传递深层价值观念的真实信息，那么吸引力就会转变成排斥力。软实力的竞争不一定是一场零和博弈，不一定要分出一个你赢我输，往往合作益处超出竞争的作用。赢得和平比赢得战争要困难得多，而软实力正是赢得和平的关键。

2. 金融软实力的概念。"金融软实力"，主要指一个地区或国家的金融业软实力状况，是金融行业所处国家或其行业的文化中所体现出来的价值观、组织管理和国家金融政策所提供的准则和经营规则，具体可以包括金融创新水平、金融市场体系发育程度、金融企业治理机制、金融社会生态环境、金融监管能力、金融国际化程度、金融人才配置、金融文化、金融理论建设、金融国际环境等。

3. 金融机构软实力的概念。软实力 (Soft Power) 是指硬实力之外的另一

---

① 约瑟夫·奈：《注定领导世界——美国权力性质的变化》，刘华译，北京，中国人民大学出版社，2013。

② 约瑟夫·奈：《巧实力——权力、个人、企业和国家》，李达飞译，北京，中信出版社，2013。

③ Wesley Clark. Wining Modern Wars：Iraq，Terrorism，and the American Empire，N. Y.：Publ－ic affairs Press，2003，p. 182.

种实力，它是通过吸引力或影响力而达到目的的，而非采取强制、威逼、利诱的手段，包括政治、文化、精神、价值、制度、政策、形象、传媒等。按不同层次，又包括国家软实力、区域软实力、企业软实力、个体软实力。

金融机构软实力大部分来自这个金融机构所处国家或其组织的文化中所体现出来的价值观、组织管理和国家金融政策所提供的范例，以及这个金融机构处理外部关系的方式。"金融机构软实力"，是指一个金融企业组织对外具有获取投资者、公众、政府管理者、消费者、媒体认可，对内具有激励管理者和员工，整合资源，形成企业组织竞争力，达到企业目标，推动组织持续发展的能力。软实力是一种重要现实，它依靠的是一种塑造人们喜好的能力。在人际交往中，人们熟知吸引和诱惑的力量。在日益复杂的金融市场，金融机构的高管们都知道，管理不是单纯地发号施令，还需要以身作则，带动下属共同实现目标。软实力是市场化、民主化管理的金融机构的主要手段。这种引导他人和其他组织喜好的能力通常与某些无形资产联系在一起，例如富有魅力的人格、文化、政治价值观和制度，以及那些在他人和组织眼里具有合法性和道德权威的政策等。一个大型组织难以仅靠命令来运行，需要动员其他资源和手段。假若一个领导者及其组织恰好代表了某种令人倾慕的价值观，那么他做起事来就要容易得多。因此，金融机构软实力，主要包括组织文化、管理制度、组织模式、激励机制、领导能力、创新能力、品牌、服务、社会责任、知名度等要素，而吸引他人和引导舆论的能力则是构成金融机构软实力的重要元素之一。

金融机构软实力在某些情况下并不依赖硬实力而存在。如 2003 年农村信用社改革后，众多实力小而抗风险能力低、历史包袱重的农村信用社借助国家"花钱买机制"的优惠政策，逐步走出"技术性破产"困局，超出大型商业银行省级机构实力，成为区域性最大的金融机构。其中，省级联社利用其与省政府的人脉关系等各种"软"资源，坚持服务"三农"经营宗旨以及灵活经营方式，各级地方政府给予了大量财政性资源和信贷配置的机会。

4. 金融机构软实力构成要素。美国著名学者约瑟夫·奈指出，软实力的重要组成部分，包括劝服他人的能力，以理服人的能力，吸引的能力，以及吸引他人因此追随的能力。

在此基础上，借鉴经济学、管理学、社会学和心理学等学科理论，笔者提出金融机构软实力"七巧板理论"。金融机构软实力的主要构成部分，包括具有引领组织内部员工拓展业务和经营管理以及制定和实施发展战略、在某一个方面或几个方面引领其他组织的领导力，具有组织构建、金融产品和服务的创造力，具有应对客户需求及变化、改进金融服务的专注力，具有内部制度执行、业务行为及风险防范以及对客户吸引的控制力，具有对内部组织及员工意愿、对外部如政策取向、客户消费倾向的影响和塑造的同化力，具有改变内部组织及员工行为、外部政策决策及执行、客户行为倾向的影响力，具有聚焦各种资源应对突发事件的反馈和处置，以及增强系统的抵御、维持并扩展系统的恢复力。具体内容将在"2 银行软实力理论总论——与系统、环境互动和要素的组合"、"3 银行软实力理论分论Ⅰ——塑造领导者、团队与员工"和"4 银行软实力理论分论Ⅱ——塑造企业、品牌与影响市场"进行全面地阐述和介绍。

1.3.3 金融机构巧实力概念及其界定要素

1. 巧实力的概念。约瑟夫·奈认为，独裁和强制性的领导方式，即靠"硬实力"治理的模式，基本上已经被后工业化社会靠"软实力"治理的方式所取代，即设法吸引、激励、说服，而不是靠发号施令。然而，最有效的领导方式是能够将"硬实力"和"软实力"在不同的情况下按不同的比例相结合。如果能够将"软实力"和"硬实力"有效结合，就能得到"巧实力（Smart Power）"[1]。所谓"巧实力"，指善于综合运用软硬实力的能力，要求灵巧地运用权力的方式，使软硬实力并重，有助于克服"软实力"概念的片面性。约瑟夫·奈在20年前提出的"软实力"的概念和理论基础上，于2008年在其新著《巧实力——权力、个人、企业和国家》提出了与"巧实力"概念密切相联系的一组新概念——"环境智慧"（Contextual Intelligence）和"变革领导"（Transformational Leadership）等新的关键词。其中，"环境智慧"，就是要具体问题具体分析，根据不同的情况选择适用的方法，将软实力和硬实力手段结合起来使用，也就是"巧用力""使巧劲"[2]；"变革领导"则从效率和道义的评估标准，既要实现高效业绩，又要符合道德规范的要求，是一种领导风格，也是一种领导实践的结果。

2. 金融机构巧实力的概念。简言之，"金融机构巧实力"，是指一个金融

---

① 于盈：《约瑟夫·奈：从"软实力"到"巧实力"》，载《南风窗》，2009（13）。
② 约瑟夫·奈：《巧实力——权力、个人、企业和国家》，李达飞译，北京，中信出版社，2013。

企业组织利用一切可用的"软实力"和"硬实力"，即运用财务、市场、人力、资源、法律和文化等手段的组合来促进企业发展的能力。包括诊断分析力、资源整合力、市场运作力、设计策划力、工作执行力、组织智商等。

1.4　金融机构的实力与硬实力、软实力三者关系

金融机构软实力与实力、硬实力三者关系，是研究银行软实力理论首要的基础问题，也是银行软实力建设面临的资源选择、综合运用及可能形成结果的首要问题。三者关系主要表现在：

1. 实力与硬实力、软实力的关系。实力与硬实力、软实力三者关系密切相关，其中实力与硬实力、软实力三者关系为总体、部分的关系。实力是获取期望结果的能力。三者均是通过影响他人行为，进而达到自己目的的能力。而从严格意义来看，硬实力、软实力二者是平行的关系，以二者的综合运用，即为巧实力。因而从广泛的意义来看，巧实力是一种更高级境界的软实力运用。

硬实力、软实力之间的区别在于其行为的性质，以及资源的有形程度①。主要表现在：

一是二者行为的性质不同。硬实力的行为主要以控制力为模式特征，即改变他人行为的能力，以强迫或利诱作为手段；软实力的行为主要以同化力为模式特征，即影响并塑造他人意愿的能力，依赖的是文化和价值的吸引力，或者通过操纵议程令人知难而退的能力。

二是二者运用资源的有形程度不同。硬实力、软实力之间涵盖了从强迫到经济诱惑，从设置议程到纯粹吸引等多种行为。硬实力资源与强势行为等控制力相关联，软实力资源则通常与同化力密切相关。

三是二者分别与控制力、同化力的这种联系并非绝对，在一定条件下会转化。例如，某些国家的对外吸引力可能来自其不可战胜的神话，而其运用控制力强行建立起来的机制日后也许会顺理成章地存在。强劲的经济实力除了用来实施制裁和对外支付，还能成为吸引力的来源。因此，不同类型的行为与特定资源之间关系密切，足以用来作为分析软实力、硬实力资源的参考。

---

① 约瑟夫·奈：《软实力》，马娟娟译，北京，中信出版社，2013。

控制力在综合运用各种资源的过程中，则成为软实力的理论基础和重要评估指标之一。

四是硬实力与软实力相互作用。二者有时相辅相成，有时互相干扰。道德本身就是一种现实力量。若某一大型企业拥有众多实力资源，在其一心谋求人气的时候，突然遭遇媒体对其产品质量问题的曝光，此时该企业会想到使用硬实力，但是往往显得百般不情愿。而那些依仗垄断地位，且滥用其权力，忽视软实力建设的企业，在市场日益民主化的情况下，则逐渐会发现其在运用硬实力的道路上被人设置了重重障碍。在一些情况下，小企业常常会联合起来制衡、削弱大企业的威胁。但是也有例外情况，如小企业会经不住诱惑、威逼加入大企业集团，尤其在垄断性市场上，小企业并没有多少选择余地，或者在市场民主化较高的情况下，大企业集团的硬实力与软实力相结合共同发挥作用时，情况更是如此。

2. 金融机构资源与硬实力、软实力之间关系。金融机构资源与硬实力、软实力三者之间既相互联系，具有重叠性，但又具有独立性。

第一，硬实力的发展影响软实力的发展，一个金融机构如果没有硬实力的发展，只谈软实力是不够的，在日益激烈的市场竞争中，这样的金融机构势必没有地位和发言权。相反，具有强大的硬实力，哪怕你采取温和的市场战略，其他金融机构也会有畏惧感。

第二，硬实力的发展需要软实力，具有软实力的金融机构，能为该金融机构发展硬实力创造好的环境和条件。

第三，一个金融机构如果具有巧实力，将影响该金融机构的硬实力和软实力的发展，并能促进该金融机构硬实力和软实力更好更快地发展。

第四，在解决市场份额问题中，硬实力属于"以力服人"，软实力属于"以柔制胜"，而巧实力属于"以智取胜"。仅凭硬实力，往往出现"压而不服"和"口服心不服"的现象，所取得的成效未必能保持长久。如果一味运用软实力，失去硬实力的支撑，在有些人心目中往往会觉得孱弱，一旦有外力介入，就会立即生变，所达成的效果也未必牢靠。因此，这就需要在使用硬实力时适时加入软实力，在使用软实力时也要适时加入硬实力，一切视解决问题的对象和相应的情形而定，只有做到硬实力、软实力二者并用，视情而用、适度使用，才能真正发挥综合竞争力。

1.5　金融企业文化建设的主要观点

自 2011 年以来，企业文化不仅是金融企业和学术界兴起的热潮，而且企业文化本身就是软实力理论研究的重要领域，它与履行社会责任、面向市场竞争的能力是影响软实力评价的三大因素，是软实力建设资源组合最为密切的元素。基于这种认识，这里将金融企业文化的相关概念及其与软实力建设的关系作初步阐述，为构建银行软实力理论框架提供一个重要理论线索。

1.5.1　企业文化建设的一般理论

1. 软实力主要来源与文化的含义。软实力主要来源有三个方面：一是在能发挥地方魅力的文化；二是无论在国内外都能付诸实践的政治和经济的价值观；三是当被视为合法，并具有道德权威时的政策。广义的文化——价值和制度的系统及其更具体化要素，如法治就是一个文化概念，它要求复杂的组织性基础结构有效地发挥作用。只有当文化性规则与组织机构和"文化"（Cultural Goods）同时转移时，只有在人们通过联合来学习文化规则时，以文化系统为主体的软实力才能发挥作用。因此，软实力的根本源泉和基础就是文化。

正如美国学者奥格本纳（Ogbonna）所指出的"在文化的定义上并没有一致意见……文化的定义如同这一领域的专家一样多。"① 根据维基百科英文版"culture"词条（2011 年 10 月 5 日撰写），1952 年由 Alfred Kroebec & Clyde Kluckhohn 等两位作者整理的"文化"定义多达 164 种②。这两位作者总结说，"文化"一词最经常用于表达三种含义：（1）美术与人文的精致品位，称为"高级文化"；（2）人类依赖于符号思考能力和社会学习能力的知识、信仰和行为的综合模式；（3）制度、组织或群体的特征性的成员共享的态度、价值、目标与实践。汪丁丁老师指出含义（2），"文化"一词涵盖符号活动，或一切依赖于符号活动的事情。含义（3）常见于制度分析的文献。③ 而从《现代

---

① Ogbonna, E. (1993). Managing organizational culture: fantasy or reality?, *Human Resource Management Jortrnal*, Vol. 3, No. 2, 42.

② Alfred Kroebec & Clyde Kluckhohn, *Culture: A Critical Review of Concepts Definitions*.

③ 汪丁丁：《新政治经济学讲义——在中国思索正义、效率与公共政策选择》，上海，世纪出版集团、上海人民出版社，2013。

汉语词典》看，"文化"主要有三种解释①，一是指"人类在社会历史发展过程中所创造的物质财富和精神财富的总和，特指精神财富。"如文学、艺术、教育、科学等理论总结和实践活动及成果。二是指运用文字的能力及一般知识。如学习文化、文化水平。三是考古学用语，指"同一历史时期的不依分布地点为转移的遗迹、遗物的综合体。"基于同样的工具、用具，同样的制造技术等所形成的物品和具物、书证等具有共同特性，是同一种文化的特征，如仰韶文化、龙山文化。美国学者约瑟夫·奈对文化的定义是为社会创造意义的一整套价值观和实践的总和②。文化有多种表现形式，通常被分为高雅文化和流行文化，前者迎合精英的高品位文化，如文学、艺术、教育，后者侧重大众娱乐的流行性文化。

从上述"文化"的定义看，至少有五层含义：（1）文化是内蕴着人类主观能动意识，是人类创造的活动及产物，如音乐、美术与人文的精致品位等"高级文化"。（2）文化是动态发展的历史现象，有一个持续不断传承和"扬弃"的过程。（3）文化是历史积淀的总和，其内涵可以无所不包，具有广泛的社会共享性，其中最主要的是人类依赖于符号思考能力和社会学习能力的知识、信仰和行为的综合模式。（4）文化既以物化形态存在，又存活于人脑中，成为人类特有的创造财富的财富，主要指精神文化，往往借助物质文化来体现。（5）文化是隐含或体现一套完整的价值观，是通过人们社会实践活动尤其创造活动体现，③其中集中体现为制度、组织或群体的特征性的成员共享的态度、价值、目标与实践。

2. 企业文化的概念。所谓企业文化，是一个企业在其发展历程中形成的、所独有的、具有延续性的共同核心价值观念、行为准则、习惯性的行为方式及核心价值观的外在表现。从《企业内部控制应用指引第5号——企业文化》对"企业文化"作了定义。企业文化，是指企业在生产经营实践中逐步形成的、为整体团队所认同并遵守的价值观、经营理念和企业精神，以及在此基础上形成的行为规范的总称。这种共同的核心价值观念、行为准则、习惯性的行为方式及外在表现使企业员工彼此之间能够达成共识，形成契约推动战

---

① 中国社会科学院语言研究所词典编辑室：《现代汉语词典》（第6版），北京，商务印书馆，1996。

② 约瑟夫·奈：《软实力》，马娟娟译，北京，中信出版社，2013。

③ 周立华、邓志平、陈声明、吴嘉年：《文化力、知识度的经济学》，北京，中国经济出版社，2010。

略的实现。因此，企业文化包含核心文化（精神文化）、制度文化、行为文化与表层（物质文化）四个层次的内涵。其中，价值观存在于文化之中，是文化的精髓。[①] 企业的制度文化建设往往是首要的，因为制度会直接影响每一名企业员工的行为文化与习惯，最终影响其个人的价值观。而价值观是行动的指导原则。如企业形成了自己的内部文化，并受到价值观的引领，是这种价值观的"俘虏"。因此，企业文化实际上隐含在企业的各项管理制度之中，隐含在各项管理制度真正的落实之中。[②] 在企业文化中，形成了"价值观→企业制度→企业和员工行为→形成新的价值观→企业和员工行为→企业制度"递进式循环。

3. 企业文化的认同作用。当某一企业（广泛意义，包括金融企业）的文化中蕴含了市场普遍认同的规则和共同价值观，其在经营管理规则和制度体系、经营战略中推行的也是在市场中被其他企业组织及其员工、客户企业和个人认同的价值观和利益，那么双方就会建立一种兼具吸引力和责任感的关系，该企业组织得偿所愿的可能性也会相应大大增加。

4. 当前企业文化建设存在的主要问题或不足。主要表现在：一是缺乏积极向上的企业文化，可能导致员工丧失对企业的信心和认同感，企业缺乏凝聚力和竞争力；二是缺乏开拓创新、团队协作和风险意识，可能导致企业发展目标难以实现，影响企业的可持续发展；三是缺乏诚实守信的经营理念，可能导致舞弊事件的发生，造成企业损失，影响企业信誉；四是忽视企业间的文化差异和理念冲突，可能导致并购重组失败。

5. 企业文化建设的主要内容和相应措施。主要有：一是企业应当立足实际，结合发展环境，采取切实有效的措施，积极培育具有自身特色的企业文化，引导和规范员工行为，打造以主业为核心的企业品牌，形成整体团队的向心力，促进企业长远发展。二是企业应当把握好特殊与一般的辩证关系，积极培育体现企业特色的发展愿景、积极向上的价值观、诚实守信的经营理念、履行社会责任和开拓创新的企业精神，以及团队协作和风险防范意识。企业应当重视并购重组后的企业文化建设，平等对待被并购方的员工，吸收被并购方文化的合理成分，可以促进并购双方的文化融合。三是企业应当着

---

① 马丁·戈德法布、霍华德·阿斯特：《认同力：超越品牌的秘密》，秦宏伟译，北京，新星出版社，2012。

② 秦杨勇、张正龙：《控制力：不要被执行蒙蔽双眼》，北京，中国经济出版社，2006。

眼于发展现实与历史统一的原则，根据发展战略和实际情况，总结优良传统，挖掘文化底蕴，提炼核心价值，确定文化建设的目标和内容，形成企业文化规范，使其构成员工行为守则的重要组成部分。四是董事、监事、经理和其他高级管理人员应当坚守以身作则、率先垂范的原则，在企业文化建设中发挥主导和垂范作用，以自身的优秀品格和脚踏实地的工作作风，带动影响整个团队，共同营造积极向上的企业文化环境。五是企业应当促进文化建设在内部各层级的有效沟通，加强企业文化的宣传贯彻，确保全体员工共同遵守。六是企业文化建设应当立足企业发展实际，充分考虑行业流程的现代化要求，将企业文化建设融入生产经营全过程，切实做到文化建设与发展战略的有机结合，增强员工的责任感和使命感，规范员工行为方式，使员工自身价值在企业发展中得到充分体现。企业应当加强对员工的文化教育和熏陶，全面提升员工的文化修养和内在素质。

6. 企业文化建设的评估政策与实践。

（1）企业文化评估的政策先导。《企业内部控制应用指引第 5 号——企业文化》对企业文化评估政策提出了三点要求。一是关于企业文化评估制度的建立，要"明确评估的内容、程序和方法，落实评估责任制，避免企业文化建设流于形式"。二是关于企业文化评估的内容，要"重点关注董事、监事、经理和其他高级管理人员在企业文化建设中的责任履行情况、全体员工对企业核心价值观的认同感、企业经营管理行为与企业文化的一致性、企业品牌的社会影响力、参与企业并购重组各方文化的融合度，以及员工对企业未来发展的信心"。三是关于企业文化的评估结果运用，要"巩固和发扬（文化建设的）成果，针对评估过程中发现的问题，研究影响企业文化建设的因素，分析深层次的原因，及时采取措施加以改进"。[①]

（2）企业文化的评估政策及实践。主要有：一是建立了专门的组织管理机构。文化部、民政部批准成立了中国文化管理学会企业文化管理专业委员会（简称"中国企业文化管理专业委员会"），承担为各企事业单位建立和完善企业文化体系、保持和提升企业文化品质、巩固和提高企业文化建设水平等提供学术支持和实践指导等任务。通过制定和发布企业文化管理测评标准、开展企业文化管理测评、著名企业文化专家调研等形式，不断提高全国企业

---

① 财政部：《企业内部控制应用指引》，北京，中国财政经济出版社，2010。

文化建设能力和水平，以保持我国企业文化建设的科学性与先进性。

二是出台了专门评估标准。2011 年 11 月，中国文化管理学会企业文化管理专业委员会正式发布了《中国企业文化管理测评标准 2.0》（简称 COCS 标准 2.0）[①]，该标准是在 COCS 标准 1.0 版本基础上修订和升级的，受到广泛关注。制定和实施企业文化管理测评标准的目的是立足于我国企业文化实际，吸纳当今企业文化先进理念，大力推进企业文化管理测评工作，积极促进我国企业文化健康发展。

三是开展文化建设示范基地展示和企业优秀案例评选等一系列活动。在全国范围，开展组织文化建设和企业文化建设示范基地风采展示活动，向社会各界推介测评优秀成果，以此树立学习赶超样板；邀请专家对全国部分企业优秀案例进行精选和精彩点评，引发思考探索。这一系列评估活动，能为各企事业单位企业文化建设提供可借鉴的有用信息。

1.5.2 金融文化建设的初步综述

1. 金融文化概念。金融界的学者和专家魏革军先生提出，金融文化是一般文化属性与金融属性融合的体现，是制度规范、管理理念、思想精神的总称，它与其他文化一样，金融文化具有丰富的内涵以及广泛的影响力和渗透力，并在很大程度上决定人们的价值取向和行为。[②] 金融界的学者和专家唐双宁先生指出，金融文化是人类共性文化在金融领域的具体体现，其涉及一个金融理论体系和操作体系的创立。从"金融"分为"金融物"和"金融人"的角度，金融文化就是金融领域相对资金、技术、法规等"金融物"来讲着重于解决"金融人"问题的重要命题，就是人在主导资金运动过程中的精神反映，具体包括在人的精神状态下指导资金的运动，以及以金融理念、金融法律作用于人的具体行为。由于"金融是道德的事物"，那么"诚信"是金融文化的基本元素。[③]

从文化的视角看金融，有助于人们了解一国金融发展的历史、现状和未来。世界上金融管理模式和金融体制之所以纷繁多样，即使在发达的欧美国

---

① 中国文化管理学会企业文化管理专业委员会：《中国企业文化管理测评标准 2.0》，北京，国家图书馆出版社，2012。

② 魏革军：《文化是金融健康发展的源泉》，载《中国金融》，2009（10）。

③ 唐双宁：《关于金融文化的十个基本观点》，载《中国金融》，2011（12）。

家体系内,金融制度也存在较大差异,如英国、美国、德国、日本等国的金融制度都有自身明显的特点,很大程度上源于文化传统的差异。文化可以彼此学习、借鉴和吸收,但不能完全移植。随着国际经济联系和交往的增多,不同文化虽然出现了一些趋同现象,但并不能改变各自的独特性和差异性。[①]这由文化自身的特性所决定,金融文化的差异决定了不同经济体的金融治理结构和风险偏好,最终金融文化决定了金融体制的演变、发展及其特征。

2. 中国金融文化的基本内涵。文化的力量是无穷的。魏革军先生指出,先进的文化是我国金融业健康发展的源泉,它犹如一根红线贯穿金融发展的过程中,具有自觉的思想纠偏机能,使金融业在各种错综复杂的形势下能够沿着正确的轨道前行。中国金融文化蕴含许多积极和先进的因素。主要有:

一是从文化传承的角度。唐双宁先生曾从中国文化特点和文化传承出发,将中国金融文化的内涵概括为"利、法、信、义、道"。[②] 金融企业不讳言以盈利为目的,但"利"要以"法"为约束,要以"信"、"义"为前提,要以"道"为基础。在目标上体现为"利",在行为上体现为"法",在他人体现为"信",在社会体现为"义",而在这一切之上,则体现为"道"。正所谓君子爱财,取之有道等。

二是从金融改革开放的角度。魏革军先生指出,忧患与责任、包容与开放、渐进与稳健日益成为中国金融文化中的主流文化,并成为中国金融改革开放的重要推动力,值得进一步思考、挖掘、总结和提炼并加以弘扬。其中,金融文化中蕴含的强烈忧患意识是一种危机感、紧迫感、责任感和使命感,是基于对金融业高风险特点和金融运行规律的清醒认识,是金融管理当局和金融机构在社会经济转型期的一种自觉的防范意识和预见意识,更是中国传统历史文化在当代的积极体现。包容性是中国金融文化的又一个明显特征。金融制度的每次变革采取的搁置争议,包容各方,重视实践,勇敢前行,逐步突破成为金融发展中的主流文化。渐进性思维在中国金融文化中占有突出位置。渐进性在中国具有深厚的传统文化基础,也符合科学方法论的要求。渐进性是适应金融环境复杂性和人们认识局限性的必然要求的一种改革思维和模式,也是一种实事求是的态度和工作方式。这种思维方式和改革模式强调利用已有的组织资源推进改革,强调改革、发展与稳定相协调,强调社会、

---

① 魏革军:《文化是金融健康发展的源泉》,载《中国金融》,2009(10)。
② 唐双宁:《关于金融文化的几点思考》,载《光明日报》,2011 - 02 - 25。

市场和公众的承受力以及对改革的驾驭能力，强调增量改革。①

三是从现阶段的角度。唐双宁先生提出将中国金融文化表述为：诚信为本、依法经营，科学管理、安全第一，改革发展、以信取利，服务社会、全员和谐，谋略通道、融入世界。②

3. 金融文化的分类。具体主要有：

一是从机构监管与被监管的角度，金融文化可以分为金融企业文化和金融监管文化。其中，金融企业文化是金融企业从业人员在主导资金运动过程中的精神反映，一般表现为金融企业的经营理念；金融监管文化是金融监管机构从业人员在对金融企业监管过程中的精神反映，在实际工作中一般表现为金融监管当局的监管理念。

二是从行业分类的角度，金融文化按行业还可具体分为银行文化、证券文化、保险文化、信托文化、信用评级文化等。

三是从机构的规模和发展历程的角度，同一行业还可以细分为不同的企业文化。如银行文化，可以分为大型国有商业银行的文化、股份制银行文化、城市商业银行文化、农村信用社文化和村镇银行文化，以及外资银行的本土化文化等类型机构文化。

实际上，即使同一类型机构金融文化，每个机构还可以形成本机构的特有文化。

4. 关于金融文化与软实力建设的主要观点。主要包括以下两个方面：

（1）关于金融文化建设的观点。一是目前金融文化领域存在"贪大求快文化""粗放经营文化""发展趋同文化""轻视信用文化""轻视法规文化""二元文化""惩办文化""照搬文化""短视文化"和"井蛙文化"的十大乱象。二是提出了安全与发展并重，提倡发展，重视安全；竞争与服务并重，改善服务，文明竞争；德治与法治并重，提倡德治，并用法治；信任与管理并重，增进信任，加强管理；信用与效益并重，提倡信用，合规增效；信仰与约束并重，提倡信仰，兼以约束；市场份额与员工幸福感并重，重视市场，更重视员工；谋技与通道并重，重视技术，更重"通道"八项建议。③

（2）关于金融软实力建设的设想。从明确国家金融发展的战略目标与建

---

① 魏革军：《文化是金融健康发展的源泉》，载《中国金融》，2009（10）。
② 唐双宁：《关于金融文化的几点思考》，载《光明日报》，2011－02－25。
③ 唐双宁：《金融文化立体提升金融软实力》，载《上海金融报》，2012－03－02。

立可持续的、具有综合竞争力的金融发展模式出发，提出由"一行三会"等相关部门牵头统筹规划，设计国家金融"软实力"的指标体系；将金融"软实力"纳入行业监管和社会评价范围。进而提出坚持中外结合、循序渐进，把大战略化为若干小目标，分阶段扎实推进策略，实现中国金融"软实力"立体提升。

1.6 金融机构软实力评估的概念

1.6.1 评估的概念

到此为止，还没有对评估的概念作进一步定义，还应该对这一定义加以补充。评估有不同的用途而且要运用不同的方法。因此，"评估是一个'多义词'，评估意味着多种形式的评价"。

1. 基本含义。从《现代汉语词典》看，"评估"主要有两种解释[1]，一是指评议估计；二是评价，即评定价值高低，或评定的价值。对"评估"概念的运用总是包括对某种事态或者基于信息的客体的评价，将"评估"（Evaluation）、"评鉴"（Evaluierung）和"评估研究"（Evaluation Research）作为同义词来使用。

2. 从评估的要素角度的定义。评估的要素有三个：

第一个要素是"评估是有目的的"。为了促进决定的作出，需要进行信息的收集和评价。评估是知识的经验生成的工具，它与评价紧密联系在一起，其目的是作出有明确目的的决策。"评估就是为了减少作决定时的不确定因素而对客体（项目）的优势（Merit）或价值（Worth）进行系统的调查研究。"[2]

第二个要素是评估的客体，即"评估对象"（Evaluand）的"优势或价值"的评价。在斯克利芬（Michael Scriven）的定义中，"评估指的是对事物的优势或价值的确定过程或者是这一过程的产品"。林肯（Lincoln, Y. S.）和古巴（Guba, E. G.）就将评估定义为："一种经过训练的调查研究，用来

---

① 中国社会科学院语言研究所词典编辑室：《现代汉语词典》（第6版），北京，商务印书馆，2012。

② Donna. M. Mertens, 1998：Research methods in education and psychology：Integrating diversity with quantitative and qualitative approaches. Thousand Oaks, CA：Sage. p. 219.

决定某些客体（诸如治疗、项目、设施、绩效等诸如此类的评估对象）的价值（Merit 和/或 Worth），以便改进或改良评估对象（形成性评估）或者评价它的影响（总结性评估）。"

第三个要素是评估的方法，斯克利芬给出的定义："评估过程通常涉及一些对优点和价值的相关标准的鉴别；涉及按照这些标准对评估对象绩效的调查；涉及对结果的整合和综合化，以完成全面的评估或者一系列相关的评估。"又如罗西（Rossi，Peter H.）、弗里曼（Freeman，Howard E.）和李普希（Lipsey，Mark W.）的定义，"项目评估是应用社会研究的规程系统地调查社会干预项目的效益。更具体地说，评估研究者（评估者）利用社会学研究方法从社会项目的各个重要方面研究、评价和帮助改进社会项目，包括对项目所关注的社会问题的诊断、项目的概念化和设计、项目的实施和管理、项目的成果及效率。"实际上，这个定义不仅包含方法层面的内容，还包含一个明确的目的。

3. 从科学实施角度的定义。评估与明确界定的对象（比如政治干预措施、计划、项目、政策等）联系在一起；评估是为了获得信息，使用客观化经验的数据收集方法；评估是明确地依据要评估的事态（Sachverhalt），严格依据已确定并公开的标准；评估借助系统的比较方法来进行评价；评估通常由具有能力的人（评估者），根据一定的目标来实施，以便为评估对象提供决策服务。[①] 简而言之，对评估来说最重要的就是什么（哪些对象）、为何（为了哪些目的）、根据哪些标准、由谁、如何（用什么方法）来评估。

4. 从功能角度的定义。评估就是运用不同的方法和方案要依据确定的主题，具有获得认知、执行监督、促进发展和学习过程，以及证明实施的措施、计划和项目的合法性四个功能，为在调控和管理过程的框架内进行决策提供信息并对信息进行评价。

1.6.2 金融机构软实力评估的概念

对照评估科学实施的五要素，定义"金融机构软实力评估"，即金融机构内部组织或外部机构依据确定、公开的标准和准则，并运用一定的方法对一个金融机构软实力或其经营单位的经营管理活动、企业文化和软实力建设状

---

① 赖因哈德·施托克曼、沃尔夫冈·梅耶：《评估学》，唐以志译，北京，人民出版社，2012。

况进行分析和衡量，并提供有关信息以帮助董事会、监事会和高管以及其他管理层、利益相关者改善决策和金融管理当局调整、改进监管政策，以促进金融机构提高市场核心竞争力。

参照评估目的与评估能力之间的关系，从内部评估和外部评估看，金融机构软实力评估分为金融机构软实力内部评估、金融机构软实力外部评估两种（见图1-1）。前者是金融机构软实力内部评估组织对本机构经营管理活动、企业文化和软实力建设状况进行分析和衡量，对本机构执行金融政策、开展经营管理活动、企业文化和软实力建设项目的计划、措施及本机构的调控状况，以及整个评估结论的合法性证明等涉及的活动。金融机构软实力内部评估主要用于计划和项目的内部调控，有时也用于政策以及组织质量和知识管理建设的内部调控。

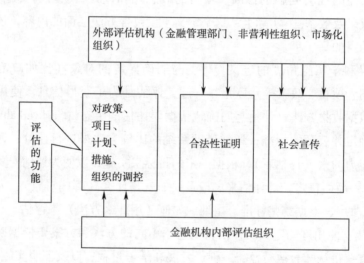

资料来源：作者参考《评估学》等相关资料绘制。

图1-1 金融机构内外部评估的目的与评估能力关系

后者是金融机构软实力外部评估组织（包括国家金融管理部门、市场化评估组织）对金融机构执行金融政策、开展经营管理活动、企业文化和软实力建设项目的计划、措施及其调控状况，以及整个评估结论的合法性证明，评估结论对社会宣传等涉及的活动。国家金融管理部门对金融机构软实力评估主要是提升政策合理化，改进金融管理的调控潜能，让相关金融管理工作变得更有效率和更有效果。非营利性组织（如金融教育基金会、金融学会、银行业协会和金融杂志等公益性组织）对金融机构的软实力评估活动，可以为金融管理部门提供改进金融政策效率服务，也可以为金融机构提高经营管理的运行效率提供管理决策数据和评价。当金融机构在企业文化与软实力建设管理中既引入内部评估又引入外部评估时，外部评估更有利于用来为评估项目的社会宣传和多元化的民主性进行独立分析。评估越独立，对社会宣传、民主合法性和项目调控的贡献就越值得信赖。

1.7　主要研究思路及方法、创新与不足

1.7.1　主要研究思路

厘清金融机构软实力及其评估等相关的基本概念之后，如何构建新的知识体系和逻辑框架？以一个哲学家的观点，知识存在于（真实的或确定的）谬误之中，推理是获得这样知识的工具。而从一个科学家的观点来看，一切知识都不是绝对正确的。通过任何方式所得到的一个科学理论知识，若能引导出可接受限度内的预示，就能获得认可。一个新的理论若能提供更好的预示，就将取代已经存在的科学理论。[①]

笔者基于这些理性认识，紧紧围绕银行业机构企业文化与软实力建设、增强市场核心竞争力这个中心和目标，通过调研，在获取和掌握大量经验事实的基础上，广泛辨别已有的概念，建立一定的逻辑框架和依据一定价值取向，借鉴迈克尔·波特竞争理论等现代企业理论，结合银行实践，运用中国传统游戏——"七巧板"的原理，尝试构建银行业机构软实力"七巧板"理论。构建这一理论的目的是既为软实力评估建设的广泛开展提供"理论参考"，也为有理论基础的评估实践活动提供"理论参照"。进而以地方法人银行机构为例，从外部评估的角度提出银行业机构软实力建设的评价评估体系；从内部评估的角度，研究银行业机构软实力建设的内部控制及其评估系统，为银行业机构软实力建设评估实践提供一个较为完整的"预示"。最后，探讨促进银行业机构软实力建设外部激励的初步设想。

---

① 科拉姆－劳：《统计与真理：怎样运用偶然性》，李竹渝、石坚、白志东译，北京，科学出版社，2004。

1.7.2　主要研究方法

研究方法决定了学术研究的广度和深度。笔者在研究过程中，采用理论分析与调查分析相结合、逻辑分析与比较分析、定性分析与定量分析相结合的研究方法。

在查阅大量文献的基础上，努力吸收和借鉴已有研究成果，深入银行业机构了解和掌握实践动态，搜集和整理典型案例和资料，运用银行业机构稳健性现场评估实践经验，挖掘银行业机构软实力建设的主要因素和着力点，力求科学、客观地构建银行业机构软实力"七巧板"理论，构建银行业机构软实力建设的内外部评估体系和外部激励机制，为提升银行业金融机构的核心竞争力，建设金融强国提出合理化建议。

1.7.3　基本框架

按照上述研究思路，围绕银行业机构企业文化与软实力建设、增强市场核心竞争力这个中心和目标，按两条主线展开，第一条主线从软实力概念→七巧板原理→银行业机构软实力七巧板理论→总论→分论 I →软实力建设着力点→分论 II →软实力建设着力点；第二条主线从评估概念→软实力七巧板理论→软实力评估指标体系→软实力评估的程序和方法、结果应用→软实力建设状况；两条辅助线为，第一条辅线：软实力建设内部控制系统→软实力建设内部评估→软实力建设着力点；第二条辅线：外部激励机制→软实力建设改进。整个基本逻辑框架大体像站立的变形金刚一样，绘制成逻辑框图（见图 1 - 2）。因此，在本书研究过程中，按照主线和辅线的逻辑框架，全书分 8 个部分展开，具体包括：1. 导论、2. 银行软实力理论总论（主要阐述软实力与系统、环境互动和要素的组合）、3. 银行软实力理论分论 I （主要阐述软实力塑造领导者、团队与员工的功能）、4. 银行软实力理论分论 II （主要阐述软实力塑造企业、品牌与影响市场的功能）、5. 银行软实力的评估的指标框架与数据处理、6. 银行软实力评估的程序、方法与结果应用、7. 银行软实力建设的内部控制与外部激励、8. 结语等部分。

1.7.4　创新点及不足

研究中形成的创新之处：

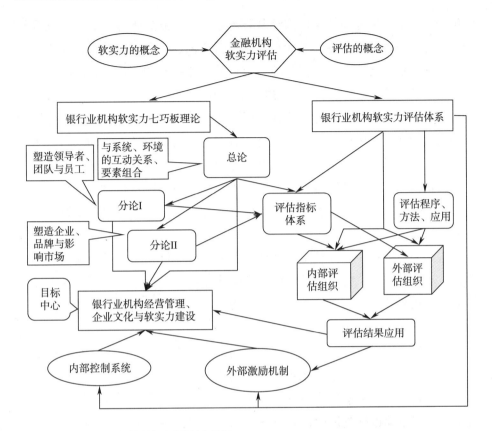

资料来源：作者根据研究思路设计和绘制。

图 1 - 2 银行软实力评估研究的基本框架

一是提出"元软实力"和"软实力束"的理论概念。在对银行业机构软实力的相关文献资料系统梳理的基础上，提出"元软实力"和"软实力束"的基础理论概念，为研究软实力与资源及其配置关系提供了理论性工具，为进一步研究银行业机构软实力评估活动提供帮助。

二是构建银行业机构软实力"七巧板"理论。在查阅文献的基础上，立足实际，借鉴中国传统游戏"七巧板"的组合原理，可以用"领导力和文化力等元权力及其派生权力束，即创造力、专注力、控制力、影响力和恢复力"等 7 类要素构成的"七巧板"形状，形象地描绘竞争力的构成要素及其组合问题，解决了银行软实力理论处于起步阶段的空洞化问题，填补了银行软实力的理论空白。

三是构建银行业机构软实力指标体系。在银行业机构软实力"七巧板"

理论的基础上，结合银行业机构经营管理活动、企业文化与软实力建设等实践，以地方法人银行为例，设计和编制一套全面、切合实际的银行业机构软实力指标体系，指标设计采用定性与定量分析相结合的原则，解决软实力评估定量问题，填补银行软实力评估的理论空白。

四是提出银行软商概念，探索银行软实力建设商数的计算。在构建银行机构软实力评估指标体系、计算综合评分和软实力稳健性等级的同时，考虑软实力建设成本，提出银行软商概念，并研究计算银行软实力建设商数，反映银行机构软实力建设能力，反映银行机构各部门业绩及其促进银行软实力建设水平精进。一个银行机构竞争力强弱，在一定程度上，取决于银行机构软实力建设商数的高低。

五是探索银行业机构软实力评估的主要流程。借鉴国际信用评级的主要做法，参照银行业机构稳健性现场评估工作经验，设计切合实际和易于操作的银行业机构软实力评估的主要流程，为银行业机构软实力建设及其评估工作的开展提供参考模式。

六是探索银行业机构软实力建设的内部控制系统。提出银行业机构要以梳理战略规划为先导、以优化流程管理为手段、以完善组织结构为载体、以理顺人力资源管理关系为着力点、以运用平衡计分卡为核心的软实力建设控制体系，以推动银行业机构建立有效的软实力建设内控系统，并提出从国家层面出台银行机构软实力评估指引和将评估结果列入市场准入条件等相关政策。

七是探讨银行业机构软实力建设的外部激励机制。提出不宜采取类似监管指标方式的行政管制措施，只能以社会倡导的方式引导和推动银行业机构软实力建设，即围绕调动人的主观能动性来设计、引导和推动银行软实力建设的一系列激励措施。

本书的不足主要表现在：

一是银行业机构软实力理论与银行业机构软实力建设之间仍存在脱节情况。也就是说，对软实力理论直接围绕软实力建设的着力点研究有待进一步深入研究，加以总结。

二是银行业机构软实力理论的支撑案例较为零散，不够系统。局限于现实，缺乏全面深入开展企业文化建设和软实力的银行案例，除此之外，对现有案例也缺乏深入研究。为此，笔者将继续跟踪研究已有成果，尽力拼装和整合更多完整的系列案例，进一步深化理论服务。

三是对银行业机构软实力评估指标体系缺乏"元评估"支撑。评估指标体系尽管有相当部分指标已经在笔者曾经多次参与稳健性现场评估实践中得到检验，但整套软实力评估指标体系，对不同类型的银行机构仍未经过一次完整的评估，也就是缺乏"元评估"检验和相关数据的积累，对不同类型或同一类型机构缺乏可比的基础数据。因而，笔者将抓住一切可能的机会，努力开展软实力"元评估"。

四是银行业机构软实力建设的内部控制系统缺乏现实实践的支撑。软实力建设的内部控制基本上属于理论探讨，目前几乎没有一家银行机构会以企业文化和软实力建设为主题重新构造其整个内部控制系统。软实力建设的内部控制系统是银行业机构软实力内部评估的组织基础和基础数据来源，因此，有待实践发展和继续跟踪研究。

五是对银行业机构资源的细分问题及其与软实力的关系也缺乏深入研究。细分银行业机构资源不仅有助于进一步提升软实力建设途径、手段，还可以丰富银行软实力理论、细化软实力评估指标体系，便于评估操作。因此，因此，有待在未来获取更多的案例，加以深入分析、研究。

诚然，全文存在内容或简单、或理论与实务未能有效全面兼顾。上述所谓创新之处，或许谈不上真正意义的创新，可能是在前人研究的基础上，向前探索了一点、推进了一步，也可能存在"掠人之美"、"择人之精华"倾向。同时可以说银行业机构软实力建设无论理论构建还是实务操作，均是一个巨大的"处女地"。本书研究结束之后，反复修改仍发现的这些不足之处，显然是囿于笔者学识浅薄所致，很可能远远不限于这些。不过，对于这些问题和不足，笔者今后仍将继续搜集最新理论与实务，去芜存菁，割瑕纳瑜，努力使银行软实力的相关研究尽善尽美。

2 银行软实力理论总论

——与系统、环境互动和要素的组合

2.1 引言

一个研究范式的硬核，包括经验事实、逻辑框架、价值取向以及它们三者之间的互动关系①。对于银行机构软实力理论框架的构建，无论从其涉及机构类型，还是需揭示的事实也相当庞杂丰富，所牵涉的学科也较多，也有相当的理论工具可能会运用到。若缺乏相关的事实和框架，这就很有可能会产生盲人摸象一样达不到整体认识的结果。因此，有必要在阅读大量相关理论和调查研究掌握大量相关事实之后，在进入银行机构软实力理论实质研究之前，建立一定的概念和分析框架，即逻辑框架，进而根据一定的评判标准和道德信仰——价值取向，在银行软实力理论中分析和梳理元权力及其派生权力的界定，以及它们之间的相互关系的梳理，即所谓编织一张"事实之网"或"观念之网"②。

在经济全球化背景下，发展与繁荣是一国自己的选择，其竞争力的大小也不再由先天继承的自然条件所决定③。同样，一个银行法人机构实现其发展与繁荣的竞争力，不是单纯地由其硬实力所决定的。在金融政策、经济发展水平和经济社会环境一定的情况下，笔者以为法人银行机构的竞争力主要取决于本机构的硬实力、软实力及其综合运用两者的能力。这种综合运用能力被称为巧实力，或最终体现为核心竞争力。实际上，巧实力本身就是一种软实力。国家或者地区竞争环境如何，与其综合运用硬实力、软实力的巧实力提高密切相关。我们可以用"领导力和文化力等元权力及其派生权力束，即创造力、专注力、控制力、影响力和恢复力（其中，领导力'孪生'的软实

---

① 张宇燕：《经济学、政治经济学及研究范式》，载《国际经济评论》，2010（1）。
② 张宇燕：《经济学、政治经济学及研究范式》，载《国际经济评论》，2010（1）。
③ 迈克尔·波特：《国家竞争优势》，李明轩、邱如美译，北京，中信出版社，2012。

力为追随力、文化力'孪生'的软实力为同化力和认同力)"7类要素构成的"七巧板"形状，形象地描绘竞争力的组成，称为银行机构软实力七巧板理论，简称"软实力七巧板理论"。

"软实力七巧板理论"借助领导力（相应的追随力）、创造力、专注力、控制力、文化力（相应的同化力、认同力）、影响力和恢复力的基本理论和原理，结合大量的实践事实，进行整合和构建理论逻辑框架，依据一定价值取向和判断，构建银行业机构软实力的评估指标体系。试图揭示在某一国家或地区的某一法人金融机构，影响其竞争力的各种资源，诸如信息、激励、制度、文化、基础设施、人力与技能等，以及综合运用这些资源的能力。

2.2　银行软实力"七巧板"理论概述

"在终极的分析中，一切知识都是历史"[①] 美国著名统计学家科拉姆-劳（C. R. Rao）曾指出。古老的七巧板，不仅留给人们对少儿时代许多益智而欢乐游戏时光的美好记忆，也带来一个重要的经验事实，即七巧板能编排出千变万化的排列组合图像。在竞争时代，任何国家或组织和企业的软实力，均是由其丰富而复杂的各种元素、资源和手段动态地组成，并可以分解为若干能力。如邓正红提出将企业软实力分解为趋势预见力、环境应变能力、资源整合能力、文化制导能力和价值创造能力5个层次的金字塔模型[②]，这个模型至少有两个启示，即软实力的构成是分层次的和这些能力是综合的或组合形式。银行机构软实力也是如此。基于动态组合变化的经验事实，经过迁移、重合的逻辑推理，初步形成"银行软实力七巧板理论"图像性架构。其中，现代企业管理、金融等诸多学科理论与实践是不可或缺的基础。

2.2.1　七巧板原理

1. 七巧板游戏及起源。七巧板是一种由七块板组成的益智拼图游戏。七巧板由一个正方形以直线分割成的七块几何形状，其中包括五个三角形、一个正方形和一个平行四边形，而且这七块板所有的角度都是45度或45度的

---

① 科拉姆-劳：《统计与真理：怎样运用偶然性》，李竹渝、石坚、白志东译，北京，科学出版社，2004。

② 邓正红：《软实力博弈》，武汉，武汉大学出版社，2012。

倍数（见图2-1），其拼排组合成为千变万化的形似各种自然事物的几何图形，达到纵横离合变态无穷的想象效果。资料显示，七块板的不同组合可以排成3000多种图形，如图2-1右图，组合成一只展翅的蝴蝶。

资料来源：作者绘制。

图2-1　七巧板原图及变化组合图例"蝴蝶图"

七巧板起源于宋代，最早称做"燕几图"，创始人是黄伯恩。清代秋芬室所著《七巧八分图》。在英文中，七巧板被称为"唐图"（Tangruan），意为"中国的图形"。七巧板，不仅可创造许多具有美感而有趣的图形，更具有浓厚的数学及几何学意味，因此，许多中外人士对七巧板的推演和变化，报以相当的关注。七巧板流传于中国南北，除大家都熟悉的中国造纸术、罗盘针、印刷术、火药四大发明传入欧洲，七巧板作为一项伟大的发明在19世纪传入了欧美国家和地区。七巧板与其他中国古老智力游戏和古典数学玩具，如九连环、华容道、鲁班锁、四喜人等，能把数学和游戏玩具结合起来，具有高品位的开发思维智力的功能，西方有时将它们统称为"中国的难题"（Chinese Puzzle）。

近年来，七巧板在西方国家更是备受瞩目，被选为儿童智力开发的必选玩具。它一方面可以培养我们的图形创造力，另一方面可以锻炼我们的几何推理能力，可以说是一种很好的益智游戏。

2. 七巧板的基本原理及其初步应用。七巧板的任何一个板块的摆放位置和放置方位的调整都会引起整体形状的改变，最终形成千变万化的组合形态①，并拼出自己想象中的图形，赋予其图案意义。七巧板游戏丰富了对平行、垂直和角的认识，明白了任何复杂的图形其实都可以分解成几个简单的基本图形。七巧板的千变万化，总有一定的排列规则，并可以将许多本来复杂的问题，转化为几个简单的问题来解决。

到目前为止，七巧板原理在一些领域取得初步应用。

一是七巧板原理在工程学中的应用。如西门子3VL（指塑壳断路器）之诞生，因受到中国古老的七巧板游戏的启示——那些可移动的小板块，用它们来组成数以千计的组合，西门子的工程师们产生了一个绝妙的想法：为什么不用最少的零部件来制造一个断路器？经过详细研究这一创意，推出3VL系列塑壳断路器。每部装置仅用了最少的零件，却可提供最多的功能，符合并超出所有主要的国际标准。即通过不同模块之间的灵活组合来实现不同的功能，而且随着应用场合的改变，每部3VL装备均可简便调节，改变元件配置，以适应新的任务。这种将3VL与七巧板的理念相互联系在一起，以使顾客的工作、生活更轻松。

二是七巧板原理在证券投资学中的应用。七巧板在证券投资中的应用主要体现在它对最优化组合理论的贡献，在投资学领域以最少的投资取得尽可能多的投资组合方案。如戴玉林等《七巧板科学：证券最优组合》②，进行了较为全面的介绍。

三是七巧板原理在系统工程中的应用。彭继泽等《七巧板启示录：系统工程》③，详细介绍了七巧板原理在系统工程学方面的应用。

2.2.2　银行软实力"七巧板"理论的构建原则

对于一个国家和组织、企业而言，其软实力的运行规则就是要把握各种实力资源元素之间的平衡。要实现平衡，确保企业竞争力，必须把握两个原则。

1. 企业的核心能力的概念与核心能力原则。主要表现在：

一是企业核心能力出现的背景。传统企业的管理人员把企业看成是各项

---

① 陈昌辉：《析"七巧板"理论下电视谈话节目的创新》，载《东南传播》，2008（7）。

② 戴玉林、孙烈：《七巧板科学：证券最优组合》，沈阳，东北工学院出版社，1993。

③ 彭继泽、余一：《七巧板启示录：系统工程》，长沙，湖南人民出版社，1994。

业务组合的思考模式。而 1990 年，美国学者普雷哈拉德（C. K. Prahald）和英国学者加里·哈梅尔（Hamel G.）合作在《哈佛商业评论》上发表了"公司核心能力"一文，在对世界优秀公司的经验进行研究的基础上提出，竞争优势的真正源泉在于"管理层将公司范围内的技术和生产技能合并为使各业务可以迅速适应变化机会的能力"。1994 年哈梅尔与普雷哈拉德又发表专著《竞争大未来：未来成功的基础》。由此，哈梅尔与普雷哈拉德的一系列重要文献的发表之后，已经在西方管理学界掀起关于核心能力的研究与讨论的高潮，对企业界也造成了很大影响。作为竞争优势的源泉，企业独特的资源与能力日益受到人们的关注，重新认识到企业是一种能力的组合。而核心能力就是企业中有价值的资源，它可以使企业获得竞争优势，并且不会随使用而递减。[①]

二是核心能力的概念。"核心能力"，即指企业在具有重要竞争意义的经营活动中能够比其竞争对手做得更好的能力，包括硬实力、软实力和巧实力，其中广义上的综合运用各种资源的软实力，是真正反映企业核心能力的。[②] 企业的核心能力，可以是完成某项活动所需的优秀技能，也可以是在一定范围和深度上的企业的技术诀窍，更重要的是那些能够形成很大竞争价值的一系列具体综合运用各种资源的能力的组合。从总体上讲，核心能力的产生是企业中各个不同部分有效合作的结果，是各种单个资源整合的结果。这种核心能力深深地根植于企业的各种技巧、知识和人的能力之中，对企业的竞争力起着至关重要的作用。

三是核心能力原则。每个企业所具有的核心能力都是不同的，也是具有不同形式的，可以表现在生产高质量产品的技能、创建和操作一个能快速准确处理客户订单系统的诀窍、快速开发新产品和进行良好售后服务的能力、选择良好的零售地点的能力、开发受人欢迎产品的革新能力、采购和产品展销的技能、很好地研究客户需求和品位以及准确寻找市场变化趋势的方法体系等方面。公司要把握住自己的各种能力，并且要超过自己的竞争对手，使之成为核心能力。当然，一个公司不可能只有一种竞争能力，也很少同时具

---

① 加里·哈梅尔、C. K. 普雷哈拉德：《竞争大未来：未来成功的基础》，王振西译，北京，昆仑出版社，1998。

② 加里·哈梅尔、C. K. 普雷哈拉德：《竞争大未来：未来成功的基础》，王振西译，北京，昆仑出版社，1998。

有多种核心能力。①

金融机构软实力的主要构成部分,包括具有引领组织内部员工拓展业务和经营管理以及制定和实施发展战略、在某一方面或几方面引领其他组织的领导力,具有组织构建、金融产品和服务的创造力,具有应对客户需求及变化、改进金融服务的专注力,具有内部制度执行、业务行为及风险防范以及对客户吸引的控制力,具有对内部组织及员工意愿、对外部如政策取向、客户消费倾向的影响和塑造的同化力,具有改变内部组织及员工行为、外部政策决策及执行、客户行为倾向的影响力,具有应对突发事件的反馈和处置,以及增强系统的抵御、维持并扩展系统的恢复力。

2. 整体运用的原则。运用七巧板原理,企业软实力整体运用原则,主要反映在:

一是企业软实力是个整体,并不是各部分的简单相加。企业软实力作为一个整体虽然是由各部分组成的,但是它不是各部分的简单相加,而是有机的结合。这种有机的结合,使得企业软实力总体具有其各部分所没有的整体性功能,所以整体功效不同于各部分的功效。这就如同自行车是各种零件的有序结合,每个部分如车铃、车座和车架本身各有用途,组合一起使得自行车具有整体功能,这种功能是任何一个零件都不具备的,所以自行车的功效不同于零部件的功效。企业软实力的整体性功能,表现为它可以通过特定的运用领域为股东增加财富,这是任何单项软实力所不具有的。企业是有组织的资源,各种资源的结合方式不同,就可以产生不同效率的企业。企业软实力整体运用,能够进一步提高企业的市场价值,是因为它可以为投资人带来和增加现金流量。这些现金流量是所有资产联合起来运用的结果,而不是资产分别出售获得的现金流量。

二是企业软实力的整体价值来源于其各种资源要素的结合方式。由于企业整体价值来源于各部分之间的联系。只有整体内各部分之间建立有机联系时,才能使企业成为一个有机整体。各部分之间的有机联系是企业形成整体的关键。一堆建筑材料不能称为房子,厂房、机器和人简单地加在一起也不能被称为企业,关键是按一定的要求将它们有机地结合起来。相同的建筑材料可以组成差别巨大的建筑物。因此,企业资源的重组可以改变各要素之间

---

① 中国注册会计师协会:《公司战略与风险管理》,北京,中国财政经济出版社,2013。

的结合方式，也可以改变企业的功能和效率。

三是单项软实力只有在整体中才能体现其价值。由于企业不仅是各种软硬资源的统一，也是整体和部分的统一。部分依赖于整体，整体支配部分。因此，不论软资源和软实力，还是硬资源和硬实力，部分唯有在整体中才能体现它的价值，一旦离开整体，这个部分就失去了作为整体中一部分的意义。这就如同人的手足，一旦离开人体就失去了手足的作用一样。也就是说，企业的一个部分——软资源和软实力，在企业整体中发挥它的特定作用，一旦将其从整体中剥离出来，它就具有了另外的意义。企业的有些部分硬资源和部分软资源是可以剥离出来单独存在的。如一台设备，某些品牌；有些部分是不能单独存在的，如独特的企业文化、商誉，是难以分离和单独运行的，甚至不能移植。可以单独存在的部分，其单独价值不同于作为整体一部分的价值。因此，一个单项软实力被剥离出来单独使用或搁置不用，其功效会有别于它原来作为企业一部分时的功效，剥离后的企业软实力整体功效也会不同于原来的企业软实力整体功效。

四是企业软实力的整体功效只有在运行中才能体现出来。由于企业是一个运行的有机体，一旦成立就有了独立的"生命"和特征，并维持它的整体功能[1]。企业的整体功效，只有在运行中才能得以体现。如果银行机构企业停止运营，整体功效随之丧失，不再具有整体价值，银行机构软资源和软实力也就不存在了。因为这时银行机构只剩下一堆机具、存货和营业场所，此时银行机构企业的价值只是这些财产的变现价值，即清算价值。

2.3 银行软实力与硬实力关系及运用结果分析

构建软实力理论一个无法回避的问题就是与硬实力的关系，因为软实力就是各种资源的整合能力，涉及软实力的作用边界问题，即其与硬实力关系处理及其作用边界划分问题。邓正红提出企业硬实力与软实力关系的矩阵模型，初步划分硬实力与软实力各自强弱的四种组合，给予对企业未来兴旺的判断[2]。实际上，硬实力与软实力各自包含元素和资源手段非常丰富而复杂，远非按直线思维能解决的。这样，在市场竞争环境下，银行机构原有银行资

---

① 中国注册会计师协会：《财务成本管理》，北京，中国财政经济出版社，2013。
② 邓正红：《软实力博弈》，武汉，武汉大学出版社，2012。

本概念及其划分，银行机构资本形态就可能发生新的变化。基于银行硬实力与软实力的理论意义及其关系，银行硬实力、软实力在市场竞争的综合作用机制下，形成银行机构硬资本、软资本两类新型资本形态。

2.3.1 银行硬实力与软实力的作用范围

1. 硬实力与软实力的作用范围。从细分的角度看，由于硬实力与软实力运用的资源性质不同，以及采取的方式和手段也不同，硬实力的作用范围主要是武力、制裁、交易和贿赂等潜在资源，采取命令、胁迫、诱导等行为方式和手段，其目标是让对方命令性服从；而软实力的作用范围主要是制度、价值观、文化、政策等潜在资源，采取议程设置、吸引和吸纳等行为方式和手段，其目标是让对方服从。

从总体目标看，硬实力与软实力的作用指向共同的对象，它们共同促进了综合实力的提高，其中，硬实力制造了对敌的军事遏制、强于竞争对手的经济力量，而软实力一方面从内部瓦解对敌体系，同时强化自身整体性和统一性。否定软实力的重要性，就等于不懂得运用诱惑的威力。

2. 银行法人机构软实力与硬实力的作用范围。在日益民主化的市场上，某一金融机构通过一系列言行来表达其价值观。其中守法经营、公平交易、绿色信贷理念等价值观作为资源具有强大的吸引力。显然，要推广这些价值观仅靠宣传是不够的，而是要在一系列持久的各种业务开展的行为中体现。在一系列言行中涉及实施者和承受者。因此，从总体看，银行业金融机构软实力与硬实力的作用范围是一致的。而从局部看二者作用范围存在一定差异。实施者要运用价值观、设置制度等软实力，吸引和同化自身从领导到一般员工等不同层次，以能有效运用好硬实力。因此，银行业金融机构软实力重点作用在内部广大员工，通过员工遵循业务规则开展一系列业务所表现的言行，进而扩散到市场当中产生影响。而资本金实力、设施先进等硬实力则主要影响威慑市场竞争对手，让对手、客户信服，吸引潜在客户和员工加入。因此，金融机构硬实力重点作用于市场竞争对手和现有的客户，增强市场竞争力，进而影响潜在客户和未来的员工。

2.3.2 银行硬实力与软实力关系

1. 二者是相辅相成关系。约瑟夫·奈认为，硬实力和软实力是相辅相成的。它们之间的区别在于其行为的性质和资源的实在程度不同。基于这种观点，地方法人银行硬实力与软实力相辅相成，软实力以硬实力为基础，但坚强的硬实力并不必然意味银行金融机构由此可以产生足够的软实力。有的时候，一国的软实力可能在其积累长时间的物质权力后，才会显现出来。由于软实力属于"关系性权力，而非因果性权力"，在市场竞争尚未真正民主化的情况下，地方法人银行间竞争因与地方政府人脉关系、服务年限长、积累情感等软实力，而产生不同的效果。

2. 二者是相互转化的关系。学者胡健认为，"硬力量和软力量不是一种对立的关系，而是一种过渡关系。约瑟夫·奈采用了一个连续体来表达二者之间的相互关系。软力量和硬力量之间没有明确的界限"。一个金融机构拥有不少能够制造软实力的潜在资源。其在经济上的杰出成就不仅能创造财富，还能提高声誉，增强自身吸引力。但是，潜在实力资源并非总能转换成真正的、有助于获取理想结果的现实力量。要想把资源成功转换成实力，实现这些软实力的客观手段在具体受众的眼中必须足够吸引人，而且其吸引力必须能影响政策结果①。

3. 硬实力决定软实力，而软实力反作用于硬实力的辩证关系。塞缪尔·亨廷顿认为，硬实力是软实力的基础，硬实力决定软实力，"物质上的成功使文化和意识形态具有吸引力，而经济和军事上的失败则导致自我怀疑和认同的危机"。基于这种认识和观点，认为地方法人银行硬实力是决定其软实力的物质基础和有效载体，而软实力是其硬实力的无形延伸，是硬实力的精神和物质支柱。进而认为地方法人银行的硬实力制约了其发展，在对大型集团客户贷款营销等领域，缺乏雄厚的资本实力，贷款定价权处于劣势，难以与大型银行展开有效的竞争，但是，地方法人银行由于与农村、社区客户的联系紧密程度优于大型银行，拥有较丰厚的软实力，可以比大型银行做得更好。又如2003年以后，伴随改革效果逐渐显现，农村信用社人气日益提升，资本金充实和基础设施更新等硬实力迅速发展。但是，由于×××农村信用

---

① 约瑟夫·奈：《软实力》，马娟娟译，北京，中信出版社，2013。

联社涉及"2·11"挪用盗窃财政资金案件①爆发，引发全社会尤其地方财政等公共部门一时对其疏远和不信任，导致一些地方农村信用社存款尤其公存款一度下降，进而引发社会对其综合形象和信任度短暂下降，其软实力不同程度受损。不过，全省农信联社系统紧急启动应急预案，强化行业声誉管理，清理制度隐患，整治内控体系，不久全省农村信用社（包括农村商业银行、农村合作银行）整体软实力很快得到恢复和提升，占据全省银行业存贷款业务市场份额的五分之一强。

2.3.3　银行机构资本新型形态：硬资本与软资本

基于银行硬实力与软实力的理论意义及其关系，可以拓展银行机构资本形态，重新划分为硬资本、软资本两类。

一是基于银行硬实力的银行硬资本。所谓银行硬资本，就是银行硬实力赖以直接作用的基础且长期积累形成的，可以为银行市场竞争实力带来效用的相应资源总称。主要体现银行业机构硬实力状况，具体可以包括银行资产规模、股票市值、资本实力、机构数量、从业人数、市场份额等，所反映在硬实力，主要表现在资本实力状况及其资本补充能力、信贷资产结构及资产增长能力、存款稳定状况及存款组织能力、信贷业务安全状况及其控制能力、流动性状况及其提高能力、财务状况及其收获能力等方面。

二是基于银行软实力的银行软资本。所谓银行软资本，就是银行软实力赖以直接作用的且积累形成的，可以为银行市场竞争实力带来效用的相应资源总称。Coleman认为，作为社会中人力资本的一个重要组成部分，以一定的文化观念、价值和制度及其系统、更具体化的要素，并在一定范围内共同体认可，可以有效地转化劳动、资本、自然这些物质资源以服务于人类的需求

---

① "2·11"挪用盗窃财政资金案件是指2006年2月至2011年2月，×××县财政局基建股股长李××伙同×××农村信用社主任徐××，利用职务便利，挪用该县财政基建专户资金9400余万元（李、徐二人已另案处理）。在此期间，徐×（徐××之弟）、胡××（徐××贷款客户）在明知李、徐二人大量资金为非法所得的情况下，仍通过开具支票、提供资金账户、转账等方式协助转移资金、掩饰、隐瞒资金来源和性质，协助李、徐二人清洗贪污犯罪所得3356.79万元。其中，2006年10月至2008年10月，徐×协助徐××无经营场所、无经营活动的空壳公司。并通过转账、取现等方式协助转移贪污资金1770万元；2010年10~12月，胡××利用本人或借用他人身份证，在多地开立多个银行账户，协助向境外转移贪污资金1586.79万元。于2012年5月经×××市中级人民法院二审（终审）裁定被告人徐×、胡××洗钱罪名成立，维持××省×××县人民法院一审原判，依法追究其刑事责任。见中国人民银行南昌中心支行：《江西省金融稳定报告（2011~2013）》，北京，中国金融出版社，2014。

和欲望具有重要的影响，即对经济具有强大的经济性影响。因此，文化资本或社会资本①，因其是一种无形的生产性资产，笔者将其称为软资本。若面对变革僵硬地抱残守缺，传统文化也会变成负债。银行业机构软资本，自然是基于自身历史发展演变，形成在本机构乃至以品牌连接的市场和社会范围认可的、并能够面对时代变革考验的企业文化，包括共享的价值、一套规则系统及其更具体的要素，如行徽、品牌符号。其包括隐性的、非正式的。在本章和第3、4章后面专门介绍的文化力、领导力等元软实力及其派生软实力所赖以作用的基础，大体包括在内。

基于银行硬实力与软实力的作用机理，提出银行机构的资本新型形态——硬资本与软资本，有助于银行机构以更宽泛的资源观开展企业文化与软实力建设，全面提高银行机构市场核心竞争力，也为银行软实力理论构建提供更为宽阔的视野，为进一步深化银行软实力"七巧板"理论构成和软实力评估指标体系提供扎实基础。

2.4 银行软实力"七巧板"理论的系统构成

在所谓的银行软实力七巧板理论图像性架构下，明确银行软实力等概念，厘清其与硬实力、企业文化、社会责任等关系，以及与战略目标、核心竞争力的关系，就像航舰上有精准的航标和管用的锚，能自如起航、停靠一样，尝试进一步梳理银行"七巧板"理论的系统构成，细化银行业机构软实力理论的逻辑架构。接下来，重要的不仅要建立理论框架，而且要使理论框架可视。

2.4.1 力的概念及其与软实力的关系

1. 力的概念及外延。从物理学角度，"力"是指"物体之间的相互作用，是使物体获得加速度和发生形变的外因。"② 力有三个要素，即力的大小、方向和作用点。这个定义存在一定的局限性，辩证唯物哲学指出，人类可以发挥主观能动性，对物质世界发生作用，即人类可以发现物质世界的运动规律，还可以依据规律，在物质运动过程中改变、创造物质世界，改造、创造精神世界。在永恒运动的世界上，一切发展变化都离不开力的推动。因此，"力"

① J. S. Coleman, Foundations of Social Theory, Cambridge, MA：Belknap Press of Harvard University Press.
② 中国社会科学院语言研究所词典编辑室：《现代汉语词典》，北京，商务印书馆，1996。

的概念不仅表现为物体对物体的作用，而且还表现为精神对物质的作用，精神对精神的作用。

2. 力与软实力的关系。总的来讲，二者是一种抽象与具体的关系，也是一般理论与具体运用的关系。从前文看，"力"是对作为"世界运动之源"的抽象概括。而软实力是对力的具体性概括。力是世界运动之源，是人类社会存在和发展的根本。就人类社会运动来说，人类社会运动归根结底是人类主观能动之力推动的运动，其作用力主要有两种：一种是自然力——客观存在之力，它直接影响人类生存与发展，是人类存在和发展的前提。另一种是人类主观能动之力，它能有目的地改造物质世界，被称为社会生产力。广义上，"软实力"作为一种运用各种资源的能力，符合"力"的这两层含义，也就是说，与改造世界的社会生产力、改造社会生产方式的主观能动力是一致的。如前文所说，主观能动作用包括依靠吸引力，而非通过威逼或利诱的手段来达到目标的能力，也包括"巧实力"所指善于综合运用软硬实力的能力。具体来说，软实力包括文化吸引力，意识形态或者价值观念的吸引力，塑造运行规则和设定议题的能力，综合运用各种资源的能力。

2.4.2　软实力与系统、环境的关系

通常来说，系统科学是从系统的结构与功能的角度，研究整个客观世界。所谓"系统"可以理解为一个由多重相互作用的要素构成的结构。[①] 因而，其中系统结构为系统内部各要素相互联系和作用的方式和秩序，而与此相对应，系统与外部环境之间相互联系和作用过程的秩序和能力被称为系统的功能。[②] 任何一个软实力自然离不开其所处的系统和环境。因此，软实力与系统、环境的关系，主要表现在两个方面：

一是软实力的目标就是适应环境，维护系统的稳定。纷繁复杂的世界，是一个由许多子系统组成的大系统。系统要有一种特殊的功能，来适应环境的变化，保持和恢复原有系统功能，这就是系统对环境的适应性。某一项或一组软实力其本身是一个子系统，需适应系统外界环境的变化，因为它的实施往往需要运用各种资源和手段、方式，在更大的、复杂的系统中实现影响他人行为，进而达到自己目的的能力。

---

① 柯武刚、史漫飞，《制度经济学——社会秩序与公共政策》，韩朝华译，北京，商务印书馆，2000。
② 金观涛、华国凡：《控制论与科学方法论》，北京，新星出版社，2005。

二是软实力的运行与环境、系统间存在交换关系。一个系统要获得生存与发展必须适应系统外界环境的变化，这是因为系统和它的环境之间，通常有物质、能量和信息的交换。环境特点和性质的变化，往往会引起系统性质和功能的变化。某一项或一组软实力作为一个子系统，是开放的，其运行必须与其环境相适应，要与其大系统相适应，与外部环境进行物质、能量、信息的交换，进而实现与环境相互适应的目的。在这个过程中要完成信息反馈、调整，能量释放和接收等诸多环节，实现正向或负向影响他人的目的。

三是软实力的运行在系统的动态变化中实现平衡。系统在旧有稳定性破坏之后，在新的作用方式下，一般又形成新的稳定结构。当系统没有变化到新的稳定结构中去时，它处于不稳定状态之中，各个子系统都在变。但只要它进入新结构所规定的范围之内，就会形成新的稳定性。[①] 某一项或一组软实力作为人类社会系统（各种组织、机构和企业甚至个人）运行的一个子系统，在复杂的系统中运行起到一个稳定器的作用。因为软实力一方面在旧系统稳定性尚未破坏的情况下，施行主体能综合运用各种资源和手段、方式，去调节、修正和影响承受主体思想、行为和结果；另一方面，在系统转换过程中根据环境变化的特点和要求，预测各个因素、各个子系统的相互作用，采取新的资源组合比例去影响承受主体的思维、行为方式和结果，从而起到减少震动、平稳转换、实现稳定的作用。

要把握好银行未来发展问题，关键是要看清形势，清楚自己所处的不断变化的环境，即时与动态变化中的系统交换各种资源信息，实现平衡。未来5-10年，无论全球银行业，还是国内地方法人银行业机构，面临危机以来更为复杂的宏观经济和政治环境的大系统，加之日益严格的金融监管政策、颠覆传统模式的技术创新以及客户需求的根本性变化，均将给全球和国内银行业的不稳定复苏带来更大挑战。

2.4.3 金融业企业文化与软实力建设的关系

1. 国家文化与软实力、竞争力关系的政策。自20世纪90年代初至今，中国已经出版了上百篇有关软实力的文章和学术论文。"软实力"术语已经进入了国家的官方语言系统。2007年10月，胡锦涛在中国共产党第十七次全国

---

① 金观涛、华国凡：《控制论与科学方法论》，北京，新星出版社，2005。

代表大会上发表重要讲话，提到"当今时代，文化越来越成为民族凝聚力和创造力的重要源泉、越来越成为综合国力竞争的重要因素"，中国共产党必须"提高国家文化软实力"。这段首次将"软实力"这个源自 20 世纪 90 年代的西方词语在国家最高官方文件的表述，阐述了国家文化与软实力、竞争力的一般关系。同时，对"用以爱国主义为核心的民族精神和以改革创新为核心的时代精神鼓舞斗志""建设和谐文化，培育文明风尚""增强诚信意识、加强社会公德、职业道德、家庭美德、个人品德建设"①等中国传统文化道德以着墨厚重方式在十七大报告阐述。

这些政策的变化反映了作为世界不可或缺重要一员的中国，在高度全球化的时代背景下，如何在文化层面以更加主动的姿态，通过对本民族文化的萃取提炼，同时吸收各国优秀文明成果，寻找一种中国和世界、传统和现代之间的平衡，并将其精髓展示给世界之需求，进行有效沟通和交流，正变得日益迫切。这正是中国提高文化软实力政策的一个重要出发点。

2. 金融机构软实力建设与金融文化资源的关系。从总体上看，金融文化源于金融实践，反过来指导金融实践，最后又随着金融实践的发展而发展。没有金融实践，产生不了金融文化；没有金融文化的影响，金融实践难以健康进行。先有金融硬实力，呼唤金融文化和金融软实力。金融文化再反作用于金融硬实力。具体表现在：

一是金融文化资源是金融机构软实力的重要资源之一。文化是软实力的来源之一，并非所有的文化都可以转化为软实力，只有那些在其他地区具有吸引力的文化才能成为软实力资源，换言之，超越本土而具有普世性的文化才可以广泛传播。②软实力行为是推广、营造和培育文化资源，能付诸实践的政治和经济的价值观，在一定范围推行当被视为合法，并具有道德权威时的经营管理政策和战略。

二是培育金融文化资源是金融机构软实力行为之一。金融机构培育文化资源，主要是首先运用现有的文化资源，其次是营造新的文化资源，实施吸引力的行为。金融机构工作人员尤其是主要高管人员参加学术和科学交流，如在学术论坛、期刊发表学术观点、见解和政策建议，也能为增强金融机构

---

① 胡锦涛：《高举中国特色社会主义伟大旗帜 为夺取全面建设小康社会新胜利而奋斗——在中国共产党第十七次全国代表大会上的报告》，北京，人民出版社，2007。

② 孙兴杰：《中国软实力需"形散神聚"》，英国金融时报中文网，2012－05－25。

的软实力发挥重要作用。文化交流影响的是精英人群，对这部分人而言，一两次关键的接触就可能产生重要的影响。通过财经媒体的传播，文化交流也能对普通民众阶层产生吸引力和影响力，在区域乃至全国金融界产生良好效应。精英之间的文化接触产生吸引力和软实力，它们为金融机构经营管理和发展战略目标作出了重要贡献。

3. 金融机构能否控制金融文化资源和软实力建设。有观点认为，在市场经济条件下，金融机构往往不能也不应该控制文化，其理由是政府或企业组织无法完全掌控吸引力。但是，有观点认为，这种软实力，一方面有可能强化金融机构官方经营管理的政策目标，另一方面也有可能与之相左。因此，政府或企业组织需确保其行为和政策是不断加强自身的软实力，而非减损。对待流行文化和体育运动等问题上，有观点认为，流行文化对大众而言是麻醉剂、政治鸦片①。信息和娱乐之间并没有一条明显的分界线，且在当今的大众传播媒体中二者之间的界限越来越模糊。流行的体育运动能在沟通价值观方面发挥作用。某些流行歌曲的歌词也能产生政治效应和经济效应。如有的金融机构将自身经营管理理念和发展战略利用资助或举办体育赛事、高雅音乐会或流行演唱会的形式表现出来，有的直接以机构名称冠名。因而，与文化有关的内容，有的时候，往往比政治或经济更具威力，它们能驱动金融机构的政治和经济发展政策目标的实现。

4. 金融机构软实力建设的作用。当前信息革命不断引发经济和社会的发展趋势，分享信息，并且具有使人深信不疑的能力，成为吸引力和软实力的重要资源。软实力在信息化时代变得越来越重要，是社会和经济发展的副产品，而不是某一政府、机构和组织的行为结果②。拥有软实力的非营利机构能够打乱并阻碍某一政府、机构和组织的努力；流行文化的商业载体既可能协助政府、机构和组织实现既定目标，也可能帮倒忙。但是，政府、机构和组织自身在打造软实力作用方面也不可小觑。若政府、机构和组织将自身资源运用得当，信息时代的长远趋势将助其一臂之力。如设立各种资助基金包括学术性项目的各种公益活动，宣扬诸如经营规则和理念、良好的原则和崇高的理想等价值观，成为竞争的一部分，以赢得吸引力、合法性和可信度。早在创设之初，江西省农村信用联社就率先在全国农村信用社系统建立自身的

---

① 约瑟夫·奈：《软实力》，马娟娟译，北京，中信出版社，2013。
② 约瑟夫·奈：《软实力》，马娟娟译，北京，中信出版社，2013。

金融商学院，用于培养员工业务素质和提升农村信用社机构综合素质，成为农村信用社企业文化与软实力建设的"教育与训练基地"。在信息时代的大趋势下，这些行为和主要手段、策略将对某一政府、机构和组织有利，这就意味着如何更好地将硬实力和软实力结合起来，即形成所谓巧实力。

2.4.4　银行软实力与企业使命、社会责任的关系

1. 银行机构企业软实力与企业使命的关系。可以从以下几个方面阐述：

（1）关于企业使命的概念。企业使命，主要是阐明企业组织的根本性质与存在理由[①]。其主要包括企业目的、企业宗旨和经营哲学三个方面。

第一，企业目的。它是企业组织的根本性质和存在理由的直接体现。组织按其存在理由可以分为两大类：营利组织和非营利组织。一般而言，企业是最普通的营利组织，而红十字会是最普通的非营利组织。

企业目标是企业使命的具体化。创立企业的目的是盈利，即首要目的是为其所有者带来经济价值。例如，通过满足客户需求、营建市场份额、降低成本等来增加企业价值。其次的目的是履行社会责任，主要有改善职工待遇、改善劳动条件、扩大市场份额、提高产品质量、减少环境污染等多种目标，以保障企业主要经济目标的实现。而盈利是创立企业的最基本的最重要的目标。因为以财务计量的盈利是最具综合性的计量[②]，盈利不仅体现了企业的出发点和归宿，而且可以概括其他目标的实现程度，并有助于其他目标的实现。因此，从根本上说，财务管理的目标取决于企业的目标，所以财务管理的目标和企业的目标是一致的，企业目标也称为企业的财务目标。

第二，企业宗旨。美国学者彼得·德鲁克（Drucker F.）提出"公司的业务是什么"，即提出了"公司的宗旨是什么"[③]。企业宗旨就是阐述公司长期的战略意向，其具体内容主要说明公司当前和未来所要从事的经营业务范围。企业的业务范围应包括企业的产品（或服务）、顾客对象、市场和技术等方面。企业宗旨反映出企业的定位。企业采取措施适应所处的环境，即为企业的定位。具体包括相对于其他企业的市场定位，如生产或销售什么类型的产品或服务给特定的部门和群体，或以什么样的方式满足客户和市场的需求，

---

① 中国注册会计师协会：《公司战略与风险管理》，北京，经济科学出版社，2013。
② 中国注册会计师协会：《财务成本管理》，北京，中国财政经济出版社，2013。
③ 彼得·德鲁克：《公司的概念》，慕凤丽译，北京，机械工业出版社，2009。

如何分配内部资源以保持企业的竞争优势，等等。可以说企业宗旨，在很大程度上规定了企业的软实力运行的范围和层次与增长空间。

第三，经营哲学。经营哲学是企业为其经营活动方式所确立的价值观、基本信念和行为准则，是企业文化的高度概括。[①] 经营哲学主要通过公司对利益相关者的态度、公司提倡的共同价值观、政策和目标以及管理风格等方面体现出来，是企业软实力的核心文化，也是企业核心竞争力的文化根基。经营哲学同其他软实力一样影响公司的经营范围和经营效果，并起着持续和关键的作用。

（2）关于企业目标的三种观点。一种观点是利润最大化。即以利润多寡衡量企业目标实现。这个观点认为利润代表了企业新创造的财富，利润越多则说明企业的财富增加得越多，越接近企业的目标。实际上，许多经理人员是基于这种观点，往往把提高利润作为公司的短期目标。这种观点的主要缺点是未将时间价值、资本价值及相应承担的风险考虑周全。一是没有将利润的取得时间考虑进去。二是没有将所获利润和投入资本数额的关系考虑进去。三是没有将获取利润和所承担风险的关系考虑进去。但是，假如在投入资本相同、利润取得的时间相同和相关风险相同的情况下，利润最大化是一个可以接受的观念。

另一种观点是每股收益最大化。即用每股收益（或权益资本净利率）来概括企业的财务目标。这种观点认为应当把企业的利润和股东投入的资本联系起来考察，以避免"利润最大化"目标的缺点。实际上，许多投资人都把每股收益作为评价公司业绩的最重要指标。这种观点仍然未将时间价值及相应承担的风险考虑周全，主要存在两个不足：一是没有将每股收益取得的时间考虑到；二是没有将每股收益的风险考虑到。但是，假如在风险相同、每股收益时间相同的情况下，每股收益取得的最大化也是一个可以接受的观念。

还有一种观点是股东财富最大化。即以股东权益的市场价值来衡量企业的目标。这种观点认为股东创办企业的目的是增加财富，增加股东财富是企业财务管理的目标。假如企业不能为股东创造价值，他们就不会为企业提供资本。没有了权益资本，企业也就不存在了。因此，企业要为股东创造价值。股东财富可以用股东权益的市场价值来衡量。股东财富的增加可以用股东权益的市场价值与股东投资资本的差额来衡量，它被称为"权益的市场增加

---

① 中国注册会计师协会：《公司战略与风险管理》，北京，经济科学出版社，2013。

值"。权益的市场增加值是企业为股东创造的价值。有时企业财务目标被表述为股价最大化。在股东投资资本不变的情况下，股价上升可以反映股东财富的增加，股价下跌可以反映股东财富的减损。股价的升与降，代表了投资大众对公司股权价值的客观评价。因此，在股东投资资本不变，股价最大化与增加股东财富具有同等意义。

因此，有时将企业目标表述为企业价值最大化。企业价值的增加，是由于权益价值增加和债务价值增加引起的。如果债务价值不变，则增加企业价值与增加权益价值具有相同的意义。在股东投资资本和债务价值不变的情况下，企业价值最大化与增加股东财富具有相同的意义。

的（3）企业核心价值观。一个企业可持续成长的关键在于企业围绕企业目标的实现，具备可持续发展的动力源泉和动力机制，就是企业核心价值观。华为总裁任正非描述说：企业的核心价值观就是适合全体员工的一道菜。一个企业只能有一个核心价值观，以此来统一企业的文化与管理。企业核心价值观应该是公司员工共同认可的规范与尺度。据调查反映，中江国际信托股份有限公司从企业是各方共同利益的载体、追求利益是人的本性、更需要格外关注困难中企业的利益问题三个方面，将"为了共同利益"作为公司的核心价值观。2004 年 6 月，从当时江信国际濒临破产而引发很多员工缺乏信念与忠诚的现状出发，公司确立"为了共同利益"的核心价值观，让所有的员工负起责任来，能够做到"公司兴亡、我的责任"，以激发员工的士气，形成不让企业继续恶化的思想基础。在此基础上，确立了"简单直接"和"效益第一、风险第一"的经营管理理念，提炼、塑造和形成"忠诚拼搏、艰苦创业"的企业精神，提出、明确和坚持实施了"十八支持、十八反对"① 的员

---

① 指"一、支持对公司昂扬向上的激情，反对对工作消极无为的态度。二、支持对公司的忠诚，反对对公司的背叛。三、支持光明磊落，反对阳奉阴违。四、支持敢于管理、敢于批评的同志，反对做老好人、一团和气。五、支持团结友爱，反对拉帮结派。六、支持加强学习和培训、提高工作本领，反对不学无术。七、支持艰苦创业、见困难就上，反对贪图享受、怕苦怕累。八、支持多劳多得，反对不劳而获。九、支持维护公司的声誉和形象，反对破坏公司声誉和形象的言行。十、支持一切创新和改革，反对故步自封。十一、支持说真话、办实事，反对说假话、做花样文章。十二、支持服从指挥、听从安排，反对指挥不动、讨价还价。十三、支持敢于承担责任、办事不推诿，反对一事当前、先替自己打算。十四、支持对工作认真负责、一丝不苟，反对敷衍塞责、马虎了事。十五、支持廉洁奉公，反对损公肥私。十六、支持维护各级班子团结、维护领导威信，反对各级班子成员相互拆台、挑拨离间、表现自己、破坏别人。十七、支持热爱同志、关心集体，反对打击、诬陷别人。十八、支持相互配合、相互援助，反对各自为政、以邻为壑。"见中江国际信托股份有限公司：《江信国际企业文化行动手册（内部资料）》，2010。

工行为准则。由此，中江国际信托从资不抵债、连年亏损的困境中迅速崛起，至 2008 年末，中江国际信托受托管理的信托财产近 1000 亿元，年经营收入超过 1 亿元，净资产 8.1 亿元，受到中国银监会的关注和江西省委省政府的高度重视，在中西部信托公司中名列前茅。

（4）关于银行机构企业软实力与其企业使命的关系。银行机构作为一种经营货币业务的特殊企业，其软实力与其企业使命的关系，可以具体从与企业价值、企业宗旨和经营哲学的关系进行阐述。主要表现在：

一是银行机构企业软实力目标与企业目标、企业价值相一致。银行机构企业与一般的企业一样，其生存、发展、获利三个经济目的不断地演进和平衡决定银行企业的战略方向。银行机构企业软实力目标就是通过综合运用各种资源，提高自身的核心竞争力，实现股东财富最大化的企业目标。而银行机构企业的目标和价值，从短期看，以实现利润最大化为其目标和价值；从长期看，以增加股东财富，实现股东财富最大化为其目标和价值。在企业战略决策中，不能只注重短期目的而忽视其长期为之奋斗的目的。在日益激烈多变的环境中，企业只有关注其长期增长与发展，才能够真正生存下来。因此，银行机构企业软实力目标与其自身目标和价值是一致的。

二是银行机构企业软实力与企业目标是手段和目标的关系。银行机构企业的目标和价值，其实现的途径和手段及其组合多种多样，这些途径和手段及其组合也千变万化，包括单纯应用硬资源或软资源的硬实力或软实力、动用各种资源广义的软实力（或称为巧实力）。其中软实力是银行机构企业实现目标和价值的最高境界，是一种综合运用各种资源，整合自身战略资源、实现战略目标的能力体系。而银行机构企业的目标和价值则是从总体上，明确自身一段时间实施软实力组合的方向和指针，有了企业目标这个方向和指针，就能动态地调整各种资源组合的结构和比例，不断提高软实力实施效率。

三是银行机构企业软实力服务范围基本是由企业宗旨所确定。银行机构企业宗旨的具体内容主要说明自身当前和未来所要从事的经营业务范围，反映银行机构企业的定位。企业的业务范围应包括企业的产品（或服务）、顾客对象、市场和技术等方面。如此，银行机构软实力服务范围就是向社会、企业和个人等顾客，所提供的产品和服务，以及产品和服务涉及的市场环境和需要的技术装备水平。银行机构软实力服务所作用的范围应由企业宗旨所确定，与其企业定位是一致的。

四是银行机构企业的经营哲学与其软实力是基准和应用的关系。经营哲学是企业文化的高度概括。银行机构的经营哲学是对其各种经营活动方式所确立的价值观、基本信念和行为准则。显然，经营哲学确立了银行机构软实力的文化基准，并通过软实力的全面性、综合性和持续地运用，将企业对利益相关者的态度、自身提倡的共同价值观、政策和目标以及管理风格等方面体现出来。因此，银行机构软实力战略是经营哲学在市场竞争的综合体现。

五是银行机构企业的经营哲学影响软实力的实施范围和作用层次。经营哲学影响公司的经营范围和经营效果。同样，银行机构企业的经营哲学是通过开展各种经营活动，包括其综合运用各种资源的软实力的实施活动，直接表现对股东、信贷和存款等客户等利益相关者的态度、政策和企业目标等方面，以集中体现其共同价值观、管理风格等。银行机构企业的经营哲学作为一种企业文化的高度概括，是企业行为的基准，影响企业软实力的实施范围和作用层次，经营哲学是否与时代发展相适应，也影响企业软实力实施的持续效果。

2. 银行机构企业的软实力与社会责任的关系。可以从以下几个方面进行阐述：

（1）关于社会责任的概念。所谓"社会责任"，是指企业对于超出法律和公司治理规定的对利益相关者最低限度义务之外的，属于道德范畴的责任。[①] 人们普遍认为，企业应当承担社会责任并遵守商业道德。很多公司制定有履行社会责任和遵守商业道德的政策或声明。从《企业内部控制应用指引第 4 号——社会责任》对"社会责任"作了定义。社会责任是指企业在经营发展过程中应当履行的社会职责和义务，主要包括安全生产、产品质量（含售后服务）、环境保护、资源节约、促进就业、员工权益保护等。社会责任是道德范畴的事情，它超出了现存法律的要求。道德行为的基本含义是只做那些应该做的事情。不能认为只要守法就是有了道德。不能认为道德问题不会危及企业生存。在金融和财务领域的道德问题已经成为世界关注的焦点之一。许多公司和银行的破产都与不道德的理财行为有关。因此，道德与企业的生存和发展是相关的。

（2）企业履行社会责任方面可能存在风险。主要有：企业安全生产措施

---

① 中国注册会计师协会：《财务成本管理》，北京，中国财政经济出版社，2013。

不到位，责任不落实，可能导致企业发生安全事故；产品质量低劣，侵害消费者利益，可能导致企业巨额赔偿、形象受损，甚至破产；环境保护投入不足，资源耗费大，造成环境污染或资源枯竭，可能导致企业巨额赔偿、缺乏发展后劲，甚至停业；促进就业和员工权益保护不够，可能导致员工积极性受挫，影响企业发展和社会稳定。这些风险能直接影响企业软实力的形成和发展。

（3）企业履行社会责任的主要内容。企业履行社会责任是企业软实力建设和培育核心竞争力不可忽视的重要内容，主要有：一是安全生产方面。企业要建立严格的安全生产管理体系、操作规范和应急预案，强化安全生产责任追究制度，切实做到安全生产；要在人力、物力、资金、技术等方面提供必要的保障，健全检查监督机制，确保各项安全措施落实到位；要贯彻预防为主的原则，采用多种形式增强员工安全意识，重视岗位培训；要按照安全生产管理制度妥善处理，排除故障，减轻损失，追究责任；要建立重大生产安全事故应急预案。

二是产品质量方面。企业要根据国家和行业相关产品质量的要求，提高产品质量和服务水平，努力为社会提供优质安全健康的产品和服务，接受社会监督，承担社会责任；要建立严格的产品质量控制和检验制度；要加强产品的售后服务。

三是环境保护与资源节约。企业要建立环境保护与资源节约制度，开发和使用节能产品，发展循环经济；要加大对环保工作的人力、物力、财力的投入和技术支持，实现清洁生产，建立废料回收和循环利用制度；要加快高新技术开发和传统产业改造，实现低投入、低消耗、低排放和高效率；要建立环境保护和资源节约的监控制度和紧急重大环境污染事件应急机制。

四是促进就业与员工权益保护方面。企业要保护员工依法享有劳动权利和履行劳动义务，保持工作岗位相对稳定，促进充分就业，切实履行社会责任；要遵循按劳分配、同工同酬的原则，建立科学的员工薪酬制度和激励机制、高管人员与员工薪酬的正常增长机制；要保障员工依法享受社会保险待遇，预防、控制和消除职业危害；要遵守国家法定的劳动时间和休息休假制度；要加强职工代表大会和工会组织建设，开展员工职业教育培训，创造平等发展机会；要创建实习基地，支持社会有关方面培养、锻炼社会需要的应用型人才；要履行社会公益方面的责任和义务，关心帮助社会弱势群体，支持慈善事业。

（4）银行机构企业软实力与社会责任的关系。银行机构作为一种经营货币业务的特殊的企业，其软实力与其履行社会责任的关系，主要表现在：

一是银行机构企业社会责任是其实施软实力的前提和范围。各种软硬资源和相应的软硬实力，其效用取决于各种环境，包括自然环境和人文社会环境。其中人文社会环境是关键性因素。如果银行机构企业能持续履行社会责任，就能为银行机构自身实施各种实力，提供施展的良好平台，就能让银行机构的各种经营活动如鱼得水。否则，银行机构企业在某一方面或领域履行社会责任的缺位或不足，会影响其软实力实施的伸展范围和效果，进而逐渐影响其软实力整体实施效果。

二是银行机构企业软实力的正确实施有助于其履行社会责任。软实力运用得好就会产生吸引力，否则会转变成排斥力。银行机构企业在遵循企业价值观、基本信念和行为准则，合乎企业长期的战略意向，以企业目标为指导方针正确实施软实力，就会对社会、股东、企业和个人等利益相关者产生巨大的吸引力，增加强大的市场竞争力。有雄厚的经济实力，可以提升其履行社会责任的能力，进而增强企业软实力。

三是银行机构企业软实力与其履行社会责任的目标相一致。银行机构企业履行社会责任的最高境界和目标就是做到经济效益与社会效益、短期利益与长远利益、自身发展与社会发展相互协调，实现企业与员工、企业与社会、企业与环境的健康和谐发展。而银行机构企业软实力则着眼于短期利益与长期效应相结合，通过综合运用各种资源，促进利润增长，增强竞争实力，达到实现企业使命的目标。银行机构企业软实力实施过程既要发挥企业现有的各种资源，也要坚持以人为本，发挥员工主观能动性，遵循企业与社会、环境的互动和谐发展。因此，从最高境界和目标看，银行机构企业软实力与其履行社会责任的目标是一致的。

3. 银行机构企业软实力在企业使命、社会责任之间平衡的重要意义。可以从以下几个方面阐述：

通常而言，除股东的极端利益外，可以用"社会效益"来代表所有企业外部利益相关者（包含股东）的共同利益。所谓"社会责任"，是企业应承担一系列社会责任，即企业外部利益者对企业的共同期望是企业应承担一系列社会责任[①]。作为最普通的营利性组织，企业使命与社会责任要求之间存在较大的冲突。主要表现在两个方面：

一方面，追求企业利润最大化的过程可能偏离社会责任要求。如前所述，企业使命包括企业目的、企业宗旨和经营哲学三个层次，其中企业目的是为其所有者带来经济价值，其次才是履行社会责任。而企业宗旨是限定其当前和未来所要从事的经营业务范围；经营哲学是企业为其经营活动方式所确立的价值观、基本信念和行为准则的高度概括。因此，无论有社会责任对企业目的的界定，还是企业宗旨和经营哲学对企业经营的限定，企业使命的直接表现是追求企业利润最大化，即围绕一定的经营业务范围、价值观和信念准则开展一系列经营管理活动，追求企业利润最大化。这样，在复杂而激烈的市场竞争和地方政府干预的影响下，在以追求利润最大化为直接目的的过程中，企业就很有可能作出偏离原先的经营理念、核心价值观，甚至超出经营业务范围，偏离社会责任的要求。如在国家政策对"高耗能、高污染和资源性"企业禁止信贷投入的情况下，一些银行机构仍然采取各种假借科目、移花接木等巧妙的方法对"两高一资"[②]企业发放信贷。一些银行机构并不执行对国家有关部门产能过剩行业发布的公告和通知，仍对产能过剩行业和企业发放新增贷款。这些银行迫于地方政府干预或为增加市场份额和经营利润，违反国家相关政策，偏离社会责任要求。假若这些银行对"两高一资"企业和过剩行业的贷款量发放较少，往往会被其真正履行社会责任所得的成效所掩盖。

另一方面，追求企业利润最大化的结果也可能偏离社会责任方向。有些方面，必须经过一段时间之后，方能反映出银行机构经营管理是否大体偏离社会责任方向。如年度经营结果出来，银行机构绩效工资收入差距是否大体符合履行社会责任的方向，是否有高管与普通员工间存在较大收入差距的情况；是否存在部分经营计划指标不切合实际、层层加码，未严格执行绩效工资延期支付规定和绩效考评结果应用不够充分、不公平等现象和问题。又如，2002~2004年，我国大型国有商业银行为股份改造上市，追求所谓规模效益，而采取对经济欠发达地区尤其县域机构网点进行撤销，对人员进行工龄货币

---

① 中国注册会计师协会：《公司战略与风险管理》，北京，经济科学出版社，2013。
② "两高一资"企业，是指"高耗能、高污染和资源性"企业，主要包括钢铁、水泥、造纸、化工、火电、铸造、电镀、平板玻璃、印染、制革、有色冶炼、焦化、氯碱、采矿14类企业。

化（俗称"买断工龄"）的方式分流、推向社会。这些政策导致经济欠发达地区和县域曾一度出现"金融贫血症"，严重偏离国家银行履行普惠金融职责的社会意义；不仅大批具有银行业务经验的人员流失，而且这些被分流的人员由于物价和收入上升等因素，对工龄货币化分流政策不满，经常集聚上访，对社会稳定产生了一定影响。2008 年启动中国农业银行股份制改造上市改革，摒弃了这种大规模撤销网点和将员工推向社会的做法，确立商业经营与服务"三农"相结合的战略，改造经营组织结构，设立"三农"事业部，创新惠农卡等金融产品，经过四年的实践，取得了较好的社会效益和经济效益。

针对企业使命与社会责任要求之间存在巨大冲突的情况，可以综合运用软实力使二者在总体上具有相互协调的共性，具有"平衡器"功能。如前所述，软实力具有综合运用各种资源的能力，坚持企业文化建设，注重维护社会利益和员工利益，善于调动一切资源，对企业内部高管层、团队、员工以及外部市场、社会客户群体和市场竞争对手产生一种吸引力，令承受者信服和归顺。因此，软实力能使企业使命中履行社会责任的目标放在更为突出的位置，通过将经营哲学的核心价值观、行为规则充分贯彻在各种资源运用的环节和方面上，可以有效调节和平衡追求利润最大化与履行社会责任之间产生的偏离方向和冲突。

2.4.5　银行软实力与战略目标、核心能力的关系

1. 银行机构软实力与战略目标的关系。可以从以下几个方面进行阐述：

（1）关于企业目标体系和战略目标的概念。如前所述，企业目标是企业使命的具体化。目标是企业的基本战略。企业目标作为一个体系，要求将企业的业务使命转换成明确具体的业绩目标，评价企业的业绩进展就有一个可以测度的标准。

从整个企业的角度来看，需要建立两种类型的业绩标准：与财务业绩有关的业绩标准和与战略业绩有关的业绩标准，分别称为"财务业绩标准"和"战略业绩标准"。获取良好的财务业绩和战略业绩，要求企业各级管理层既建立财务目标体系又建立战略目标体系。

通常而言，财务目标体系是指市场占有率、收益增长率、满意的投资回报率、股利增长率、股票价格评价、良好的现金流以及公司的信任度等财务业绩指标，需要企业实现并达到一定水平。而战略目标体系是指要求企业赢

得一系列战略业绩，主要表现在：一是获取足够的市场份额；二是在产品质量、客户服务或产品革新等方面压倒竞争对手；三是使整体成本低于竞争对手的成本；四是提高公司在客户中的声誉；五是在国际市场上建立更强大的立足点；六是建立技术上的领导地位；七是获得持久的竞争优势；八是抓住诱人的成长机会。[①]

（2）战略目标体系的作用。战略目标体系的作用是，通过向企业的管理层提出要求和明确相应的目标和责任范围，以切实提高企业财务业绩和竞争力量，从而改善企业长远的业务前景。从短期目标和长期目标的角度看：一是建立短期目标体系，可以集中精力提高企业的短期经营业绩和经营结果；二是建立长期目标体系，可以促使企业的管理者思考和明确现在应采取的行动策略，进而使企业进入一种可以在相当长的一段时期内好的经营状态。

（3）战略目标体系的参与者。目标体系要求建立包括高级管理层、经理阶层和以组成团队形式等所有管理者参与的，以结果为导向的指标与管理责任匹配体系。这就要求将整个企业的目标体系分解成企业内部各个组织单元和低层管理者明确具体的分目标。具体要求企业中的每一个单元必须建立一个具体的、可测度的业绩目标和相应职责范围的任务，其中，各个单元的目标必须与整个企业的目标相匹配。这样，在整个企业中就形成一种以结果为导向的企业文化氛围。否则，企业内部对各种行为、职责范围和目标任务不清晰，处于混沌无序的状态，企业业绩目标的完成和公司使命的实现将难以取得应有成效。

（4）银行机构软实力与战略目标的关系。可以从以下几个方面进行阐述：

一是战略目标与软实力的境界是一致的。银行机构软实力的最高境界就是通过综合运用各种资源，形成一种吸引力，以在更广的范围内实现影响现有和潜在的客户，使现有和潜在的投资者和机构投资者信服，在社会公众中形成更为广泛的认同感，从而在市场竞争的份额、立足点、技术引领、成本优势、行业声誉和成长机会等方面，获得较大的竞争潜力和综合优势。这与企业短期财务目标可能不一致，但与企业战略业绩目标相一致。因此，企业战略目标的制定和实施，应从整体的角度充分兼顾软实力的最高境界及其实现要求，建立全面协调机制，有助于企业形成持久的核心竞争力。

---

① 中国注册会计师协会：《公司战略与风险管理》，北京，经济科学出版社，2013。

二是战略目标与软实力是一种目标和手段的关系。如前所述，战略目标是企业在市场份额、质量和客服及革新、整体成本优势、企业的行业声誉、市场竞争的立足点、技术的引领地位和职场的成长机会等方面，取得长期发展业绩。软实力正是以此为目标作为最高境界实现的一系列政策、措施，可以有效调动各种资源，形成一种令承受者依附、信服的吸引力和认同感，使企业拥有综合竞争力，实现战略目标。因此，清醒地认识战略目标与软实力是一种目标和手段的关系，可以进一步厘清实现战略目标的资源状况和有效途径。

2. 银行机构企业软实力与核心能力的关系。可以从以下几个方面阐述：

（1）关于核心能力的概念。1990 年，英美学者哈梅尔（Hamel G. ）和普雷哈拉德（K. C. Prahald）在对世界上优秀公司的经验进行研究的基础上，提出了竞争优势的真正源泉在于"管理层将公司范围内的技术和生产技能合并为使各业务可以迅速适应变化机会的能力"的重要见解。随后，哈梅尔与普雷哈拉德又发表专著《竞争大未来：未来成功的基础》（*Competing for the Future*），进一步阐释竞争优势理论。由此，作为竞争优势的源泉，企业独特的资源及其运用的能力在西方管理学界、企业界日益受到重视，产生了较大的影响。

核心能力的概念，与传统企业管理把企业看成是各项业务组合的观念和思维方式不同，核心能力则是将企业作为一种能力的组合。① 所谓核心能力，就是企业在具有重要竞争意义的经营活动中，运用企业各种有价值的资源，使企业持续获得竞争优势，能够比其竞争对手做得更好的能力。从总体上讲，核心能力的产生是由企业中各种单个资源整合的结果，是各个不同部分有效合作的结果。由企业多种核心能力组合形成了企业的核心竞争能力。这些核心能力，深深地根植于企业的各种技巧、知识、价值观念和人的能力之中，对企业的核心竞争力起着至关重要的作用。

（2）企业核心能力的表现形式。每个企业所具有的核心能力都是不同的。企业核心能力的主要类型有：

一是完成某项活动所需的优秀技能。如生产高质量产品的技能，开发受人欢迎产品的革新能力，选择良好零售地点的能力等。

---

① 哈梅尔、普雷哈拉德：《竞争大未来：未来成功的基础》，王振西译，北京，昆仑出版社，1998。

二是在一定范围和深度上企业的技术诀窍。如创建和操作一个能快速准确处理客户订单系统的诀窍，采购和产品展销的技能等。

三是那些能够形成很大竞争价值的一系列具体生产技能的组合。如快速开发新的产品和进行良好售后服务的能力，很好地研究客户需求和品位以及准确寻找市场变化趋势的方法体系。

实际上，一个企业不可能只有一种竞争能力，也很少同时具有多种核心能力。企业要把握住自己的各种能力，形成各种能力的组合，超过自己的竞争对手，使之成为核心竞争能力。

（3）银行机构企业软实力与核心能力的关系。可以从以下几个方面阐述：

一是核心能力与软实力在机理上是相同的，但侧重有所不同。主要表现在：第一，两者均是强调各种资源的整合，两者侧重点不同。核心能力运用于企业各种有价值的资源，往往侧重于硬资源的整合运用，而软实力则是各种资源的综合运用，侧重于包括文化、价值观和行为准则在内等软资源的整合运用，而广义的软实力是对各种硬资源、软资源的综合运用。第二，两者均是强调各种能力的组合，两者有机性程度不同。核心能力将企业作为一种能力的组合，是企业多种核心能力的组合；软实力是由文化力和领导力两个元权力及其派生软实力的有机组合体系。第三，两者均注重环境和社会条件，但侧重有所不同。核心能力侧重关注市场竞争对手的分析，而软实力侧重关注文化传统、核心价值观的分析。第四，两者均侧重团队合作的培育，但侧重有所不同。核心能力侧重培养团队的企业能力，包括研发能力、生产管理能力、营销能力、财务能力和组织管理能力等。而软实力侧重培养企业、团队和员工文化理念和核心价值观的认同感，包括领导力和文化力等元权力及其派生软实力，包括追随力、创造力、专注力、控制力、同化力、认同力、影响力和恢复力。

二是核心能力与软实力在目标上是一致的，但侧重点有所不同。核心能力和软实力是企业核心竞争能力的重要组成部分。核心能力与软实力两者目标都是通过配置各种资源，包括有形资源、无形资源、硬资源、软资源等企业内外资源的有机整合，形成研发、生产、营销和品牌的综合实力，增强核心竞争能力，实现战略目标和履行企业使命。但是，两者侧重点有所不同。核心能力具有更多硬实力的成分，侧重增强企业有形的竞争能力，而软实力偏重于综合运用软资源，在更多的情况下，侧重增强企业有形的竞争能力。

而广义的软实力则兼顾了核心能力综合运用硬资源的能力，软实力的切实提高对于企业核心竞争力来说，同样具有重要的战略意义。

2.4.6 银行软实力"七巧板"理论的系统构成

1. 软实力体系的主要构成及基本关系框架。银行机构软实力体系主要由软实力的元权力及其派生软实力、软实力产生主体和承受主体等部分组成，并形成一套关于银行机构软实力建设过程中机构、品牌与市场间，领导者、团队与员工间行为和事件的模式，其关键功能是增进秩序，提升资源运行效率。银行机构软实力体系内基本关系如下（见图2-2）。

（1）元软实力。软实力是一种价值观、制度及其运用各种资源的系统，是一种由元软实力主导的各种更具体化要素组合（重叠）的子系统所构成的网络。所谓元软实力，即软实力的元权力，可以说是在企业软实力体系处于核心地位，具有派生其他软实力功能的软实力，是触及一个国家、组织、企业的生存发展周期、各种生存资源和资源分配的三者关系，处于支配地位的软实力，是一种能在较大范围和更深层次内决定其他软实力的软实力，能衍生软实力的软实力，能使软实力规则系统保持协调的软实力，能解决软实力建设在市场竞争变化中冲突的软实力。简单地说，元软实力，是决定软实力的软实力。这类似吴思先生提出的"元规则"。[①] 元软实力依据各自功能和性质，可以派生出一系列软实力子系统，笔者称为"软实力束"。著名经济学家保罗·萨缪尔森（Paul A. Samuelson）等关于市场经济的统治者"二元君主"论，指出市场经济的核心控制者并不是微软和通用汽车公司，也不是国会和总统，而是消费者偏好和社会可利用的资源与技术，简言之，即偏好和技术才是市场的两大君主。[②] 笔者借鉴市场经济的"二元君主"原理，认为银行软实力有两个元权力：一是从整体文化的功能来看，企业文化力是软实力的元权力之一，它可以派生整个软实力体系，从价值观念的吸引和影响的角度，派生一束权力，即同化力（认同力）、影响力、控制力和恢复力。其中，同化力和控制力是文化力最重要的派生权力，是两个软实力吸引力形成机制的软实力。二是从软实力产生的个体来看，领导力就是软实力的元权力，它可以

[①] 吴思：《血酬定理——中国历史上的生存游戏》，北京，中国工人出版社，2003。

[②] 保罗·萨缪尔森，威廉·诺德豪斯，《经济学》（第19版），萧深等译，北京，商务印书馆，2013。

派生一束权力，即创造力、专注力和控制力，以及追随力。其中，创造力和控制力是领导力最重要的派生权力，是两个功能性的软实力。如此，银行业机构软实力七巧板理论，以领导力和文化力为元权力及其派生软实力束和组合，形成一个蝴蝶形状的软实力体系（见图2-1、图2-2），其中，领导力和文化力两个元权力为"蝴蝶"形——软实力体系的一双"眼睛"。因此，银行软实力七巧板理论又可以称为"银行软实力蝴蝶理论"。这除了形式上的相像，更主要是软实力体系的效用本身具有"蝴蝶效应"（Butterfly Effect）的特征，即在一个软实力的动力系统中，初始条件下微小的变化能引起整个系统产生一种长期而巨大的连锁反应，往往对银行的各种要素及其组合以及它们对整个运行过程和结果产生深刻影响。

同时，以领导力和文化力为元权力及其派生软实力束和组合而构成的软实力理论，有助于银行业机构软实力建设在协调复杂的市场竞争中，建立以领导力和文化力为主导的、扁平化的软实力规则层级结构，为建立有效的软实力内控系统及其自我评估系统提供制度基础，可以避免大量叠床架屋的具体规则，以较为简化和精练的规则系统去设计软实力建设，协调管理软实力建设面临的新组合、新变化。

（2）文化力和领导力的关系。从软实力产生最重要的主体看，企业领导者的文化力，决定了整个企业文化力的基本方向，也决定了整个软实力建设的水平；而从软实力的最基本软权力来看，企业文化力是领导力的最基础权力能力，决定了领导力水平的高低和有效性大小。因此，文化力是领导力的最基本的"内容"，而领导力是文化力运用的最高"平台"，起着一种"制高点"的作用。

（3）从企业内部产生主体看，领导者、团队和员工产生的主要软实力。具体来讲：一是领导者主要产生和拥有的文化力（同化力）、领导力（追随力）、创造力、专注力、控制力、影响力和恢复力。二是团队主要产生和拥有的创造力、专注力、控制力、影响力和恢复力。在某种情况下，团队会产生和拥有文化力（同化力、认同力）。三是员工主要产生和拥有创造力、专注力、追随力和认同力。在许多情况下，员工群体会产生和拥有文化力（同化力、认同力）和影响力。

（4）从企业外部承受主体看，外部相关利益者、股东与机构投资者、企业（银行机构）、品牌主要承受的软实力。具体来讲：

一是外部相关利益者。包括政府、购买者和供应者、企业和个人金融业务客户、社会公众等外部相关利益者，他们承受银行金融机构的软实力主要是同化力、影响力和恢复力。

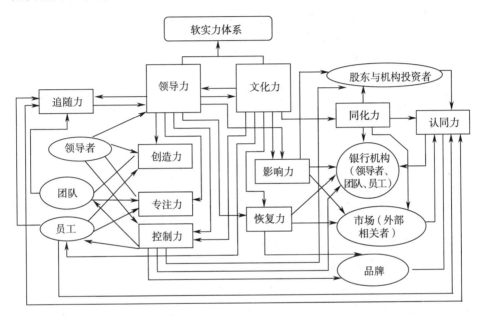

表示元软实力；　表示派生软实力；　表示软实力的实施者和承受者；

→ 表示软实力的着力方向。

资料来源：作者根据银行软实力"七巧板"理论框架设计和绘制。

图 2 - 2　软实力体系的主要构成及基本关系

二是股东与机构投资者。[①] 作为一个特殊的外部承受者，股东与机构投资者也受文化力和领导力等元权力的影响，其中派生软实力主要有影响力、控制力。

三是企业（银行机构）。作为一个整体存在经济社会之中，企业（银行机一方面承受自身的软实力主要是文化力及其派生的控制力、影响力、同化力（认同力）和恢复力，另一方面承受来自市场、社会的认同力。

四是品牌。作为企业文化建设和核心价值观的内外化身，品牌一方面承

----

① 相对企业外部利益者而言，股东与机构投资者属于企业内部利益者，但是，他们较企业内部的经理阶层和员工受企业文化力和领导力等元权力及其派生软实力的影响相对要少许多，因而，笔者在本书将股东与机构投资者看做企业软实力的外部承受主体。

受来自市场的外部相关者认同力的影响，另一方面承受来自银行机构自身的元权力，即文化力（及其派生的控制力、同化力、影响力和恢复力）和领导力（及其派生的创造力、专注力、控制力和恢复力）的影响。

2. 银行机构软实力系统的主要构成及基本关系和架构。银行机构软实力所处的企业系统，主要由内部系统、外部系统两大部分构成。其中，内部系统由企业使命（企业目标、战略目标，企业文化建设和社会责任）、企业资源（组织资源、有形资源和无形资源）、核心竞争力（软实力、硬实力，综合实力）等组成；外部系统由宏观环境（政治和法律因素、经济因素、社会和文化因素、技术因素）、产业环境（产品周期、产业竞争对手）、市场环境（消费细分、消费动机、消费者未满足的需求）等组成。根据人类绝大部分知识来自通功易事（Catallaxis）过程的原理①，即关于人们与他人的相互交往以及思想和资产的交换之原理，银行机构软实力系统应充分利用市场竞争这种甄别机制，边干边学，持续与系统内外交往，实现各种资源重组、产品和组织创新，适应市场变化，追求业绩进步的市场过程。银行机构软实力与这些系统主要构成的基本关系如图 2-3 所示。

（1）企业文化建设和社会责任是企业使命及企业宗旨、企业目标、战略目标的重要道德制约因素。企业文化建设状况和履行社会责任的层次决定企业使命及其企业宗旨、企业目标、战略目标的实现方向和质量，最终决定了企业核心竞争力的强大程度和持续性。

（2）软实力和硬实力的有机组合，成为综合实力，形成核心竞争力。其中，硬实力是核心竞争力的物质基础，软实力则决定核心竞争力的方向和质量。例如资本实力是中小银行机构的市场竞争基础，而服务中小企业和社区（如服务"三农"）等社会责任的履行是中小银行机构发展的基本方向，有助于克服中小银行"好高骛远"的经营倾向。

（3）企业内部资源是软实力运用的重要资源。软实力受制于企业内部资源，且作用于企业内部资源。其中，文化力及其主要派生软实力，即同化力、认同力、影响力和恢复力，主要是运用和作用于组织资源和无形资源等企业

---

① "Catallaxis" 是一个希腊词，它指人们在交易和交往中彼此增加各自的知识和财富，获得更多的好处。现有的中文经济学术语中无恰当对应概念，中国经济思想史专家朱家桢将 catallaxis 译为"通功易事"，"通功易事"一词借自《孟子·滕文公章句下》中"子不通功易事，以羡补不足，则农有余粟，女有余布；子如通之，则梓匠轮舆皆得食于子。"转引自德国经济学家柯武刚、史漫飞：《制度经济学——社会秩序与公共政策》，韩朝华译，北京，商务印书馆，2000。

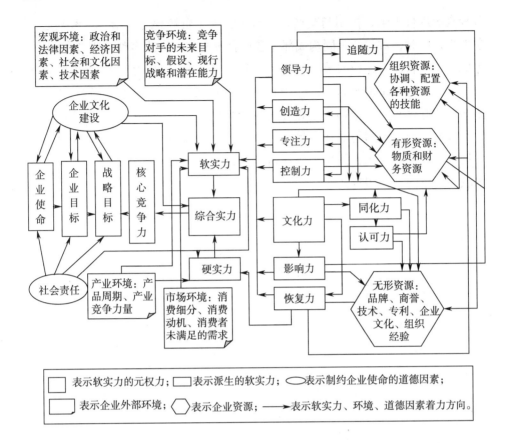

资料来源：作者根据银行软实力"七巧板"理论框架设计和绘制。

图 2-3 银行软实力系统主要构成及基本关系和架构

内部资源；领导力及其主要派生软实力，即追随力、创造力、专注力和控制力，主要是运用和作用于组织资源和有形资源等企业内部资源。

（4）外部环境是软实力运用必须考虑的环境因素，也是软实力必须加以运用的重要资源。外部环境主要包括宏观环境（政治和法律因素、经济因素、社会和文化因素、技术因素）、产业环境（产品周期、产业竞争力量）、竞争环境（竞争对手的未来目标、假设、现行战略和潜在能力）和市场环境（消费细分、消费动机、消费者未满足的需求）。如对农村信用社而言，服务"三农"和小微企业既是国家宏观政策中长期坚持的金融政策，金融服务"三农"和小微企业政策，也是农村信用社的重要政策资源。

（5）软实力体系与企业所处大系统是一种对各种资源的影响、控制与交换的关系。软实力体系根据企业所处大系统的外部环境资源和内部资源，对各种资源进行影响、控制与交换，进行各种单个资源整合，形成一种核心竞争能力；同时，对各个不同构成部分进行有效合作，形成多种核心竞争能力。因此，银行软实力建设的核心要素应该具有开放性，即在符合"商业型道德特征集"（the Commercial Moral Syndrome）[1] 的市场竞争环境中，银行机构应不断保持好奇心，适应新的、正在出现的环境，并与之进行信息、资产等各种资源的影响、控制与交换，构成开放而组合的软实力体系。随着战略目标的调整和环境的变化，预见力和逆转力可以从领导力和文化力派生出来，成为软实力束的一种相对独立的软实力。

---

[1] Jacobs, J. Systems of Survival：A Dialogue on the Moral Foundations of Commerce and Politics, New York：Random House.

3 银行软实力理论分论 I

——塑造领导者、团队与员工

3.1 引言

美国著名统计学家科拉姆－劳（C. R. Rao）称，"在理性的基础上，所有的判断都是统计学。"[①] 理性的分类和归集，避免了判断可能出现的混乱，有助于建立理论架构和指引实践。在银行软实力七巧板理论中，鉴于软实力体系每个元素的性质和功能的不同，处于战略地位的领导力被归类为元权力之一。同时，与人的因素最有直接关系的一组软实力，即创造力、专注力和控制力被划为领导力的派生权力，形成有机组合，以塑造企业内部各阶层的人群和团队，引导、控制其行为。当然，领导力及其派生权力基于企业内外集体共识，逐渐形成的认同感，会随着软实力的影响溢出企业，走向市场和社会。

3.2 软实力理论之一：拥有战略地位的领导力与造就领导者的追随力

领导者一直是企业维持和生存必需的源泉之一。领导力是领导者和追随者之间的一种信任关系。一个完整的领导力框架必须包括追随者的追随和反应，其中信誉是领导者与追随者之间关系的基础[②]。就企业而言，领导力决定企业在市场竞争中战略地位和综合实力及其基本走势，而作为领导力的"孪生兄弟"，追随力正是呼应这种地位和走势的软实力。

[①] 科拉姆－劳：《统计与真理：怎样运用偶然性》，李竹渝、石坚、白志东译，北京，科学出版社，2004。

[②] 詹姆斯·M. 库泽斯、巴里·Z. 波斯纳：《领导力——如何在组织中成就卓越》，徐中、周政、王俊杰等译，北京，电子工业出版社，2013。

3.2.1 关于领导力与追随力的理论

（一）领导力理论

1. 领导和领导者的概念。美国学者乔安妮·丘拉（Joanne B. Ciulla）统计说，自 20 世纪 20 年代至 90 年代，共有 221 种关于领导的定义，其中：在早期，学者对领导的定义，强调领导者实现个人意志的能力。在后期，学者对领导的定义，则强调关注领导者和跟随者之间的关系[①]。而约瑟夫·奈对领导者定义，指为帮助团队创建并实现共同目标的人。在这个领导过程中，有的人会尝试在团队中强加自己的目标，有的人则更多地从团队中获取自己的目标[②]。领导者要动员大家实现团队目标。

2. 领导的要素主体。从社会关系主体看，领导是一种包含三大元素的主体。一是领导者，二是跟随者或追随者，三是领导者和跟随者互动的环境。

3. 领导类型与领导技巧。主要分类有：一是从领袖人物推动历史发展的重要作用来区分，有正式权威的领导、无正式权威的领导以及权力共享型领导。二是从典型的性别认识角度区分，有男性化的领导、女性化的领导，前者的风格比较武断，重视竞争和权威，要求他人必须服从命令；后者的风格则注重协作、参与和融合，旨在诱导跟随者的行为。在后现代社会中，政治和组织领导应该是什么样的？从侧重软实力的观点看，领导会日益成为"女性化的领域"[③]。这反映了一种新型的思维定式。

现代民主社会中，领导技巧处于关键的地位。领导技巧包括远见、沟通和情商等，以及务实的政治和组织技巧。

4. 领导力的概念及背景。关于领导力的概念，学者达夫特（2005）对中外学者已经赋予其定义的统计多达 350 多种。诸多定义往往莫衷一是，但各种定义可以看出"领导力"概念存在一些基本规律。

一是从共同要素看，"领导力"包含三个共同要素。即一种影响他人的社会过程，领导者的性格决定领导风格，情境影响领导力的发挥。

二是从领导者的职责看，领导者的责任就是出主意和用干部。毛泽东指

[①] Joanne B. Ciulla：The Ethics of Leadership, Thompson Wadsworth, 2003.

[②] 约瑟夫·奈：《巧实力——权力、个人、企业和国家》，李达飞译，北京，中信出版社，2013。

[③] 约瑟夫·奈：《巧实力——权力、个人、企业和国家》，李达飞译，北京，中信出版社，2013。

出："领导者的责任，归结起来，主要是出主意、用干部两件事。"① 所谓"出主意"，就是前瞻未来、作出正确决策；"用干部"就是知人善任、使众人行。只要方向正确、干部得力，目标就容易达成②。

三是从领导者的能力和行为看，领导力是动员大家为了共同的愿景努力奋斗的艺术，是影响员工敬业度的最主要因素。领导是每个人的事，领导力源自自我。领导力不是一个想法，而是一种心声。卓越的领导者都具有五种习惯行为：以身作则（Mode the Way），共启愿景（Inspire a Shared Vision），挑战现状（Challenge the Process），使众人行（Enable Others to Act），激励人心（Encourage the Heart）③。

20 世纪的最后 15 年间，领导力的概念呼之欲出。首先在军队开始关注领导力问题，随后在美国企业运用和研究领导力，最后在公共和非营利机构运用，我们相信优秀的领导力具有标志性的意义。我们也相信优秀的领导力是能够学习的，人们可以通过学习成为优秀的领导者。

四是从追随者的认同感看，领导力的本质就是让别人追随自己。领导者要领导别人，就必须有追随者。伟大的领袖往往有使别人对自己忠心耿耿的能力，且近乎魔力，通常被称为"领袖魅力"。这种类似于磁铁引力的内在魅力，能使追随者为之倾倒，并树立强烈的认同感。④ 认同感犹如强大的信仰，使追随者对领袖坚定忠诚。

5. 领导力的准则。美国学者史蒂芬·柯维（Stephen R. Covey）对有敏锐的判断力、有高情商、有高效能人士的良好习惯进行全面的总结，提出了七个良好习惯⑤，提出了积极主动（Be Proactive）、以终为始（Begin with the End in Mind）、要事第一（Put First Things First）、双赢思维（Think Win/Win）、知彼知己（Seek First to Understand，then to Be Understood）、统合综效（Synergize）、不断更新（Sharpen the Saw）七个良好习惯。美国全球人

---

① 陈晋：《从毛泽东的读史评论看"出主意 用干部"》，载《党建研究》，2012（5）。

② 詹姆斯·M. 库泽斯，巴里·Z. 波斯纳：《领导力——如何在组织中成就卓越》，徐中、周政、王俊杰等译，北京，电子工业出版社，2013。

③ 詹姆斯·M. 库泽斯，巴里·Z. 波斯纳：《领导力的真理》，钟淑珍译，北京，电子工业出版社。

④ 马丁·戈德法布、霍华德·阿斯特：《认同力：超越品牌的秘密》，秦宏伟译，北京，新星出版社，2012。

⑤ 史蒂芬·柯维：《高效能人士的七个习惯》，高新勇、王亦兵、葛雪蕾译，北京，中国青年出版社，2013。

力资源大师戴维·尤里奇等学者研究和总结了卓越领导者必备的五大核心要素①。

准则之一：勾勒愿景。这一准则反映在领导者的战略层面，战略家通过展望未来，对组织进行准确定位，创造和回应未来，要求回答的是"我们要去哪里"的问题，并确保身边的人也理解前进方向。各个层面的管理者通过研究和理解战略性问题，帮助企业开拓新市场，提供新产品和新服务，并占领新的战略空间。

准则之二：主动变革。这一准则反映在领导者的执行层面，围绕做事的原则，实现的目标是对远景规划将战略转化为行动，关注和回答的问题是"如何确保我们能到达目的地"，要促使变革，确保责任到人，亲自决定关键决策，做好权力下放工作，信守承诺，确保良好的团队协作。为此，必须建立具备灵活性、纪律性和快速反应能力的组织，只有注重执行层面，才能将宏伟计划付诸可以衡量的行动中。

准则之三：激励人心。善于优化人才队伍的领导者要围绕"帮助员工为了组织利益而开发自己"的中心任务，不断发现和培养、激励人才，激发忠诚度，以便获得成效，储备应有的技巧，吸引人才到组织中来，确保人才为组织贡献作出最大的努力。这就要确保员工具备所需的工作能力，对工作热情投入，并在工作中感受到自己的贡献。即所谓员工应具备的"能够做工作""愿意做工作"和"找到工作的意义"等要素。

准则之四：培养接班人。从事人力资本开发的领导者要围绕实现培养下一代人才承诺的目标，通过有效的人才管理，来确保短期出成效，而人力资本开发者确保组织具备长期能力。为此，组织必须准备人力资源发展计划，以应对未来的挑战。这是未来战略成功所必需的。

准则之五：自我修炼。领导力密码的核心是个人素质。领导者的为人与能够通过他人获得成功有着巨大的关系。卓越领导者不仅自己要能所知所为，还要把做人放在首要位置。假若领导者为人正直，值得信任，就能够激发他人的忠诚和善意。假若领导者做事果断，充满激情，就能作出大胆而勇敢的举动；假若领导者自信有能力处理可能出现的情况，广大员工往往能够容忍出现的不明朗情况。因此，具有很高素质的领导者必然以强烈的道德准则规

---

① 戴维·尤里奇、诺姆·斯莫尔伍德、凯特·斯威特曼：《领导力密码》，陶娟译，北京，中国人民大学出版社，2011。

范自身的行为，必将行动与价值观紧密结合。

6. 领导力具有重要地位。领导者的成功之处，在于帮助他人以正确的方式去做正确的事情。[①] 领导者通过领导力训练和实践磨炼，能够体现个体的成熟，他们能够将自信转化为外界的支持。领导力在整个组织和企业、个人中处于首要地位。主要表现在：

一是领导力可以有效地帮助领导者更好地领导自己。无论个体存在内向或外向，还是直觉判断或行事理智等方面的风格差异，若没有信任和信用作为基础，领导者就无法被人追随。所有领导者都必须具备足够的个人素质，这就需要进行自我领导力训练和实践磨炼，方能激励追随者，成就自己和组织。

二是优秀的领导力可以有效地帮助那些在组织中被委以重任的领导者提升组织领导力。领导行为能力和技能均是可以培养和掌握的。通过培训和实践磨炼，人们可以获得战略眼光和卓越的执行力，领导者能够管理人才并发掘将来的人才，提升组织领导力。随着领导者在组织中的地位越高，需要在更多的领域，不断提升组织领导力。

三是有着强大领导力的企业能给各个利益相关者带来价值。这些利益相关者主要包括四个层面：（1）有能力且对公司忠诚的员工；（2）与拥有卓越领导力的公司保持密切关系的消费者；（3）对公司未来财务和战略有信心的投资者；（4）将声誉视为长期价值的社区群体。假若领导者能够以身作则，员工就会有清晰的预期，明白他们应该知道什么、应该做什么。同时，顾客也乐于同领导者所在的企业打交道、支持和信奉企业的产品和服务；投资者和潜在的投资者会对领导者所领导的公司的无形价值更有信心。这样，具有卓越能力的领导者，或在领导上更胜一筹，其组织将会取得更好的成绩。

四是杰出的领导力与企业的整体管控能力、运行效率、盈利能力乃至综合竞争力息息相关。[②] 领导力成了企业发展过程中必须关注的核心要素之一，领导力深入地推动了企业的全方位发展，培育了企业一流的竞争能力，将直

---

① 戴维·尤里奇、诺姆·斯莫尔伍德、凯特·斯威特曼：《领导力密码》，陶娟译，北京，中国人民大学出版社，2011。
② 戴维·尤里奇、诺姆·斯莫尔伍德、凯特·斯威特曼：《领导力密码》，陶娟译，北京，中国人民大学出版社，2011。

接影响企业参与国际竞争的综合能力和效果。

（二）追随力理论

1. 追随者的概念。通常而言，等级和行为表现一致。因此，可以在这两方面对"追随者"定义。一是从等级来界定，它是指处于从属地位的一类人群或某一人，他们缺少上级所具有的权力、权威和影响力。二是从行为来界定，它是指遵从他人意愿的一类人群或某一人。通常情况下，处于从属地位的人附和处于更高地位的人。但也有例外，即有时等级和行为互相背离。有时，处于较高等级的人追随他人，处于从属地位的人反而会成为领导。美国领导学学者芭芭拉·凯勒曼（Barbara Kellerman）按照等级将追随者界定为：追随者是指那些不具备上级的权力、权威和影响力的下级；可将其称为"非领导者"，即那些不处于权威地位，既没有特定的权力，也没有特别影响力的某一类人群或某一人。[①] 并集中讨论三种不同类型的追随者，即正式指定的追随者、非正式指定的追随者以及最终获得比领导者更大权力、产生更大影响的追随者。

2. 追随力的概念。学者芭芭拉·凯勒曼从体现处于下级地位的人（追随者）对处于上级（领导者）回应的角度，将追随力（Followership）定义为，是指下级和上级的一种关系（层级），以及下级对上级的回应（行为）。[②] 通过许多事实指出，那些没有权力、权威和影响力的人对结果的影响比我们想象得更大，普遍意义更广；如果领导者忽视或者根本不考虑其追随者，就会让自己处于危险的境地；更好的追随者造就更好的领导者。

3. 追随者的地位。按传统的观念和习惯，人们认为追随者没有领导者那么重要，甚至认为追随者根本就不重要。由于对层级和行为的混淆，人们也往往担心被称为追随者。但是，追随者对于领导者十分重要。主要表现在：

一是现时代容易转换领导者和追随者之间的关系。因为那些没有权力、权威和影响力的人对结果的影响比我们想象得更大，普遍意义更广；因为面对无法控制的力量，包括自下而上的力量，领导者越来越不堪一击。导致这些情况的根本原因是，在当今信息时代，人们不太可能像过去只了解自己的领域，按指令工作，保留个人看法，而是出现了微妙的变化和将发生潜在的

① 芭芭拉·凯勒曼：《追随力》，宋强译，北京，中国人民大学出版社，2011。
② 芭芭拉·凯勒曼：《追随力》，宋强译，北京，中国人民大学出版社，2011。

震动，即转换了领导者和追随者之间的关系。还有，不同的政治文化也会产生领导者和追随者间关系的重大转换。如在美国，以崇尚平等、自由、个性、法制和民主为信条观念，反对权力、质疑政府是对认为权力最危险观点所表现的最常见方式，也是美国政治思想的基本主题。[①] 在这种政治文化氛围，任何事情都比仅仅充当一个追随者要好。为此，如果领导者忽视或者根本不考虑其追随者，就会让自己处于危险的境地。

二是"首先追随领导，然后领导追随者"规律。每个人最初都是追随者。如人们在婴儿时期、孩提时代，都是家长的追随者；在成人组成家庭之后，则成为小孩的领导者。随后，在政府部门、组织和机构，首先追随领导，然后领导追随者。有学者指出，学会追随是学会领导的必由之路。

（三）领导者与追随者的关系

有关观点认为"每位领导者都是追随者，每个追随者同时也是领导者。处于顶端的人假如要确保追随者与自己站在一起，只能跟随他们的追随者。在某些情况下，追随者有可能实践领导力，"管理上级"，但是在其他情况下则是不可能的，追随者在各个方面、每时每刻都服从或同情掌握权力和具有权威地位的人。因此，领导者和追随者之间的关系体现为一种领导力，领导力的完整框架必须包括追随者的追随和反应。因此，领导者与追随者的关系主要表现在：

一是领导者对追随者极其依赖的关系。即离开追随者，糟糕的领导者什么都做不到，在某种程度上，更好的追随者造就更好的领导者。因此，没有追随者的管理者称不上领导者。

二是二者是以信誉为基础的关系。信誉是领导力的基石。人们愿意追随的受人尊敬的领导者必须拥有信誉，具有普遍性和一致性。一方面，卓越领导者的行为能深刻影响人们在工作中的承诺度和敬业度。统计分析显示，人们在工作场所的敬业度和承诺度受领导者行为的重要影响，而与员工的个性特征没什么关系。领导者行为对员工承诺度、忠诚度、主动性、自豪感、业绩表现的影响超过其他任何因素；员工的个性特征和组织特征对员工的敬业

---

① 萨缪尔·亨廷顿：《文明的冲突与世界秩序的重建》，周琪、张立平等译，北京，新华出版社，2010。

度、承诺度和自豪感的影响不到1%。[①] 另一方面，如果你不信任提供信息的人，你也就不会相信他提供的信息。建立可靠的领导力的信誉基础，其关键就是要说到做到。这两条准则被称为库泽斯—波斯纳领导力法则。[②]

三是二者受重视度不一样，但存在转化的关系。传统观念认为，人们关注领导者如何影响追随者，而不是追随者如何影响领导者。人们视领导者举足轻重，追随者无足轻重。但是，随着数字时代的到来，社会多元化不断发展，国家和企业、个人的权利意识在增强，希望能够实际地分享领导力，出现了兹比格涅夫·布热津斯基（Zbigniew Brzezinski）所称的"全球政治觉醒"以及一些个人和社会团体涌现的"意见领袖"，导致如今领导者日益脆弱，被追随者向不同的方向推来推去。追随者在获得权力和影响力，而领导者在失去权力和影响力。追随者不再是"附属品"的代名词，而是不可忽视的追随者。追随者具有影响力，只要追随者扮演支持者的角色，打破层级，或者什么都不做，追随者也会产生影响。

3.2.2　银行软实力与领导力、追随力的关系

（一）领导力与软实力的关系

一是领导力是企业综合运用软实力与硬实力的表现。约瑟夫·奈反复强调，一个好领导或者好领袖，应该是具有"巧实力"或者善于把软硬实力结合起来使用的人。也就是说领导力是一种综合处理事务、设计和实施战略的能力，可以说是一种巧实力。一个缺乏软实力或软实力不足的国家、组织和机构，往往难以称得上具有良好的领导力。因而，软实力是领导力的重要基础。从广义看，由于几乎不存在单纯运用软资源的软实力和单纯运用硬资源的硬实力，软实力是智慧、技巧和手段，巧实力是软实力运用各种硬资源和软资源的最高境界，领导就是广泛意义的软实力之一。

二是软实力与领导力的作用范围存在差异性。由于领导与权力相关，但并不是所有权力关系都等同于领导，领导力不只是用软资源产生权力，以吸引他人，也不只是运用硬资源所产生的权力去使对方屈服。因此，有效的领

---

① 詹姆斯·M. 库泽斯、巴里·Z. 波斯纳：《领导力——如何在组织中成就卓越》，徐中、周政、王俊杰等译，北京，电子工业出版社，2013。
② 詹姆斯·M. 库泽斯、巴里·Z. 波斯纳：《领导力——如何在组织中成就卓越》，徐中、周政、王俊杰等译，北京，电子工业出版社，2013。

导力，则要求综合采用软硬实力技巧，不同环境要求不同比例的软硬实力。例如大型银行高层管理人员在聘用和解雇方面有较强的硬实力，而小型银行则更多依靠软实力来吸引和说服员工，往往以感情留住人，以事业成就人。

三是完整的领导力是软实力建设的"基线图"。如前所述，完整的领导力框架，包括领导者与追随者，以及相应的领导力与追随力。领导力应具有战略层面的愿景勾勒能力、执行层面的主动变革能力、优化人才队伍的激励能力、人力资源的开发能力、个人素质的修炼能力。而这些反映在追随力上，就是追随者对领导者及其领导力的追随和响应，即对愿景的想象和追求、细化，对变革的主动执行与落实、纠偏与反馈，对人才激励政策的追随、吸收与转化，包括个人的自我修炼与小团体的形成和发展。完整的领导力框架就是一张企业软实力建设的基线图，因为人的因素是任何国家、组织、机构和企业最活跃的因素，企业软实力建设只有将领导者与被领导者及其领导力、追随力的关系梳理清晰，分清侧重点，提出对策，就能成为企业软实力建设的"基线图"，为软实力组合及变革、提升打下良好的基石。

（二）追随力与软实力的关系

一是追随力是企业综合运用软实力与硬实力的另一翼。如前所述，追随力本身就是完整领导力框架的一种领导力。没有追随力，就可能没有领导力，甚至领导力就不能持久存在。软实力是一个国家、组织和机构、企业综合运用各种资源的能力总和，软实力体现在领导力范畴，不仅体现在作为领导者综合处理事务、设计和实施战略的能力，而且体现在领导力的另一重要的方面——追随力，即被领导者在领导者综合处理事务、设计和实施战略上的追随和反应。也就是说，追随力是如何造就领导力的。任何领导力的形成和发展是由追随力造就、提升和转化而成。纵观历史发展，任何一个国家、组织和机构、企业均是在被领导者与领导者之间相对的地位和角色中交替式发展。它们的软实力在领导力范畴，也是在追随、领导力角色中交替式发展。在同一历史条件下的不同场合，软实力在追随力和领导力上侧重点不一样。在某些场合，软实力主要体现在追随力上，而不是领导力；而在另一些场合，软实力主要体现在领导力上。例如，银行在经济社会中拥有巨大的潜在追随者，分散在众多营业网点的员工及其提供服务的承受群体——企业和个人，他们是创造品牌和成就品牌的力量，更可能是摧毁品牌的力量。美国盖洛普咨询公司曾经对多家企业作过一项调查。调查结果表明，拥有较高员工忠诚度和较大员工忠诚群体、较高顾客忠诚度和较大忠诚顾客群体及较大品牌影响度的企业，竞争力尤其是核心竞争力强。由此可见，员工忠诚度、顾客忠诚度、品牌影响度决定了企业的命运。重视银行追随者对企业的忠诚培育，形成正向的追随力，增强市场的核心竞争力。

二是追随力是软实力不可忽视的重要力量。如前所述，在领导力范畴，软实力体现在作为领导者综合处理事务、设计和实施战略的能力，以及被领导者相应的追随和反应。追随者及其追随力对于领导者及其领导力，乃至软实力培育具有重要意义。追随力既能成就领导者，让领导者得心应手，形成有效而持久的领导力，也能左右领导者，领导者被追随者向不同的方向推来推去，失去主心骨，最终让领导力丧失。因此，追随力是软实力在领导力范畴中一支不可忽视的重要力量。无论在软实力建设还是软实力运用及其在领导力与追随力间侧重和权衡上，要重视追随者的挖掘和培养，要重视研究追随者的分层及其动机和喜好，进而为运用追随力提供扎实的基础。银行机构作为市场经济的"中枢性"企业，其业务和产品涉及经济社会各层面，员工直接面对各种客户群体，满意的员工会把满意的心情带到工作中去，提高客户群的认可度，扩大忠诚的客户群，推动银行满意绩效的实现。美国席尔士公司曾做过一项调查发现：员工满意度提高5%，会连带提升1.3%的顾客满意度，同时也因此提高0.5%的企业绩效。因此，银行机构"以人为本"的思路贯彻在企业文化与软实力建设的全过程，尊重人、理解人、关心人、爱护人，最大限度地调动员工的积极性。

3.2.3　银行软实力的领导力、追随力建设与评估

1. 银行业机构软实力建设在培育领导力和追随力上存在的主要问题，可以从以下几个方面进行阐述：

一是部分银行高管层往往重视短期效益，而忽视长远发展。具体表现为：一方面，他们整天忙于事务性工作，往往只重视眼前经济效益，而忽视长远发展，常常对战略管理缺乏深入的思考。如企业文化建设始终难以摆上议事日程，缺少一套自上而下完整的企业文化建设规划，缺少对企业文化的战略谋划。2007～2012年，全国不少省份组建了省级地方商业银行，并且基本是由省内几家不同地区的小型城市商业银行组建的。有的省为将某经济圈或经济带打造成国家战略项目，以某一地市城市银行的"牌照"为基础，通过省

财政资金控股、企业资金参股等途径，做大资本规模，组成省级地方商业银行。这样，地方银行总行同分行之间内部往往意见不统一或目标多元化，很难形成统一的价值观，缺乏系统的筹划，不能运用企业的核心价值观来规范指导企业的具体行为，形成地方银行建立新的企业文化与各家小银行的亚文化间冲突，在一定程度上影响了企业文化对企业经营业绩的指导作用。另一方面，一些银行在业务经营过程中，主要注重抓自身经济效益见效快的项目，而在企业文化建设上，往往不注重对企业精神、核心价值观念的培养，整个企业文化建设缺乏连续性，缺乏一种常抓不懈的机制和发展动力，员工无法形成统一的价值观，不能将企业的发展战略、企业使命、经营与管理体系的运行、员工价值观念的形成和行为规范的形成等进行长期地规划。

二是部分银行对企业员工忠诚度、客户认可度缺乏有效培养。具体表现为：一方面，一些中小地方银行在建设企业文化时，往往是以其领导者的个性、风格、价值观决定企业的价值观，而并不是根据本企业的发展历史、体现时代特征和可持续发展要求加以提炼，没有形成主题鲜明的企业文化，没有在企业经营管理中真正融入企业文化的精髓，导致不少中小银行企业文化同质化严重，不能起到激励员工的作用，徒增了管理层的肤浅和懒惰。另一方面，一些中小地方银行在建设企业文化时，设置了专门从事企业文化的部门（有的是工会、党委宣传部），视同银行其他业务职能部门一样进行管理，而业务职能部门通常觉得企业文化、软实力建设与自身没有关系而游离于企业文化建设之外，缺乏将企业文化精神融入各项经营活动之中的管理机制，职工往往参与度不高，对企业文化的内涵理解不深，未能形成强劲、持续的企业文化建设氛围，造成事实上的银行企业文化与员工和整个银行的各项具体工作脱节，员工忠诚度不高，所服务的客户群难以扩大，社会对品牌认可度不高，直接影响了银行机构的市场竞争力。

2. 银行业机构软实力建设在构建学习型组织，培育领导力和追随力上的着力点。如前文所述，银行业机构软实力建设的领导力和追随力建设问题涉及范围和内容较多，如何将银行打造成学习型组织，使银行业机构从"等级权力控制型"向"非等级权力控制型"转轨，是培育和提高让领导力和追随力形成有效整体的"主战场"。因为学习型组织的领导者除了思考、决策之外，更重要的是会主动与被领导者进行多方面的沟通，所做的决策往往有的放矢，能有效地克服等级权力控制型组织的领导者单线作决策的盲目性。① 同时,现代管理强调要以更具有创造性的方式来组织人们的经历和知识;领导者注意力应集中在如何锻炼、鼓励和培育其他人方面,要创造一种良好环境与优秀人才相互结合的方式;工作不再是倾听、想象和记忆,不再只是按吩咐去做,而应是一种对话式的工作方式。② 因此,这里着重从构建学习型组织的角度,培育领导力和追随力上的着力点。

(1)构建学习型高管层,提升战略决策能力和统领发展能力

一是坚持和完善高管层学习制度,提高理论水平,提升宏观驾驭能力。银行业机构高管层学习能力高低,直接影响其银行市场竞争力的提升。要坚持和完善学习制度,高管层要带头学习。只有高管层养成良好的学习习惯,才能影响和带领全行员工一起学习,全行上下形成良好的学习氛围,才能使银行业机构适应时代快速变革发展的要求。高管层要"跳出金融看金融,跨出业务看业务",加强宏观经济和货币政策、金融创新和金融监管等方面的学习,要关注政治、经济、科技、管理等方面的变化,不断提高理论水平和拓宽宏观视野。要善于从历史的角度,运用辩证法分析和研究问题,深刻理解金融发展的内在规律,不断提升高管层的思想水平和宏观驾驭能力。

二是建立健全务虚会制度,加强战略问题研究,提升战略管理能力。在当前经济形势日益复杂、市场竞争激烈和业绩压力加大的情况下,要建立以战略研讨为主的务虚会制度,重点研究银行战略发展问题,来统一领导干部的思想认识。务虚会应采取民主、讨论方式研究问题,鼓励思想碰撞,加大形势、问题、对手、自身的资源等分析讨论,为战略规划管理提供智力支持,进一步提升高管层的战略管理能力。

三是建立健全专题调查研究制度,加强调查研究,提高解决实际问题的能力。要建立和完善高管层专题调查研究制度,聚焦经营发展的重大问题和难点问题,确定和分配高管层成员调研课题,要深入基层,问计于基层,求策于员工,有效解决实际问题,从而进一步提升高管层解决实际问题的能力。

(2)建设学习型干部员工队伍,提升战略执行能力和经营管理水平

一是建立健全商学院轮训制度,提高管理层综合素质和能力。各级管理层在银行经营管理中处于承上启下的重要位置,管理层的能力和素质对全行

---

① 彼得·圣吉:《第五项修炼》,张成林译,北京,中信出版社,2009。

② 查尔斯·M. 萨维奇:《第5代管理》,谢强华等译,珠海,珠海出版社,1998。

战略执行力和经营管理水平具有关键作用。因此，目前许多大中型银行都建立或与高校合办了商学院，对管理层和员工进行轮训，以增强贯彻经济金融政策，贯彻总行目标任务的执行力，提高经营管理水平。通常用2～3年时间对全行管理层轮训一遍。

二是探索开展海外培训，拓展国际视野和专业能力。在日益开放和国际化的形势下，一些大中型银行已经开始采取海外培训的形式，培育各级领导干部的国际化视野和工作能力。通过海外培训，可以了解国际银行业最新的发展动向，学习掌握先进经营管理技术和方法，提升自身的经营管理能力和水平。

三是建立健全挂职实践学习制度，丰富基层经验和工作经历。出于增强长期在总分行职能部门工作管理层的基层经验，增加基层行长和管理层对上层管理的理解等学习目的，可以建立见习总经理、挂职锻炼、上挂任职、换岗任职和派往监管部门挂职等一系列实践学习制度，丰富工作经历，增强应对各种复杂环境下的银行经营管理，不断培养和提升这些干部的管理能力和水平。

四是构建全员学习体系，全面提升员工队伍素质。为增强对业务工作的渗透力，增强对员工职业生涯的影响力，需要建立在职学习、脱产培训、个人自学三位一体的全员学习体系，不断完善机制建设，加大资源投入，形成全员学习的局面。要围绕建设具有核心竞争优势的现代银行发展战略，不断改进教育培训计划，提高培训工作的前瞻性，使学习真正成为全行干部员工掌握业务知识和技能，提高综合素质的自觉行动。

3. 软实力建设的领导力和追随力评估。作为地方法人的银行机构在领导力和追随力上的软实力建设，一些领域是包含内容较为宏观的方面，如对企业文化建设的主导，这既可以表现为品牌建设，也可以表现为领导者的组织与管理能力，另一些领域是包含内容较为细微的方面，如与员工关系的处理，可以直接表现为领导者的组织与管理能力，这实际上隐含对员工追随力或忠诚度的培育问题。于是，需要对这些丰富而复杂的内容加以适当地归类，方能展开评估。因此，笔者认为，地方法人银行机构在领导力和追随力上的软实力建设主要体现在机构领导者的能力，以及代表机构在所在区域与地方政府间综合协调的能力，因此，根据目前笔者所掌握的资料和初步研究认为，可以将以"领导者及区域协调能力"作为一级指标来概括，"领导班子能力"

"适应地方政府政策能力""区域行业导向能力"和"廉洁纪律能力"作为二级指标。

其中,"领导班子能力"作为二级指标,包含"领导班子的凝聚力""领导者组织与管理能力""领导者应变能力"等三级指标;

"适应地方政府政策能力"作为二级指标,包含"与地方政府的互动关系""对地方政府政策制定建议能力和影响能力"和"对地方政府政策的执行能力"等三级指标;

"区域行业导向能力"作为二级指标,包含"新闻舆论的及时性""权威性和公信力、影响力"和"对行业政策制定建议能力和影响能力"等三级指标;

"廉洁纪律能力"作为二级指标,包含"中层及以上官员违规比例"等三级指标。

3.3 软实力理论之二:激发员工、保持团队活力和竞争力的创造力

创新是银行业机构发展的核心动力,是银行业机构进步的生命线,是银行业机构软实力富有市场竞争力的标志,是追求卓越中永恒的主题。在当今动态的、充满竞争的环境中,越来越多的组织很快意识到"创造力是必需的"。因为对于全球经济而言,创新是生命之源;对于全球几乎任何一位首席执行官(CEO)来说,创新始终是一项值得首要考虑的战略问题。事实上,国际商业机器有限公司(IBM)曾针对 1500 名 CEO 做了一项调查,调查显示创造力在未来的"领导能力"中位居榜首。[①] 创新想法能够革新产业,创造财富,其威力之大,有史可鉴。在 21 世纪初的十年里,创造力研究已在学者和业界中形成一种共识,领导者可能极大地推动了当代组织对创造力的渴望,保持组织更多的活力和更强的竞争力。因此,任何一家银行业机构都必须重视创新,尤其要有强烈的创新意识,有良好的创新机制,才能在竞争中求得生存与不断发展。

---

① IBM,"Capitalizing on Complexity: Insights from the Global Chief Executive Officer Study", May 18, 2010.

3.3.1　关于创造力的理论

1. 创造力的概念。关于创造力的定义，创造力既可称为结果，又可称为过程。也就是说，为了得到创造性成果，个体需要参与到特定的过程中，让自己更具有创造力的潜质。因此，至少可以从以下几个方面定义创造力。

一是从创造力作为结果来看，一般来说，创造力被定义为新颖的事物。在心理学中，一些学者将创造性成果定义为头脑风暴的产物，涉及流畅性、灵活性和原创性，并且这三点高度相关。从心理学和组织行为学的其他定义中，有学者（Amabile，1988；Mumford 和 Gustafson，1988；Shalley，1991）认为，创造力是新颖且实用的，[1] 或者包括适当的创意、过程或程序。[2] 它是一个新颖且具有适当反应的成果、产品或是一个开放性问题的解决方案。[3] 又有学者 Rogers（1954）将创造力定义为由于个人和情境（如环境条件、事件、人物）的独特性而产生的新颖的相关产出。[4] 在此基础上，学者 Amabile（1983）认为，创造力是个体或小型的工作团队所产生的新颖且适当的想法。[5] 新颖的想法是指与已有的其他想法相比，独一无二的想法。实用或适当的想法是指，在短期或长期内有升值的潜力。因此，有学者（Mumford 和 Gustafson，1988）指出，创造性成果可以是对流程方面的渐进性改进的建议，也可以是革命性的突破。[6]

二是从创造力作为过程来看，有学者（Basadur，2004；Basadur，Graen 和 Green，1982）将创造力定义为一个会产生结果的过程，即创造力包括持续地发现、解决问题并实施新的解决方案。这种反应必须是全新的，也是适合于完成任务和解决问题的。[7] 这实际上不仅仅是依赖习惯或直觉的行为，也是

① Amabile, T. M. (1988). A model of creativity an innovation in organizations. In B. M. Staw & L. L. Cummings (Eds.), *Research in behavior r* (pp. 123-167). Greenwich, CT: JAI.

② Mumford, M. D., & Gustafson, S. B. (1988). Creativity syndrome: Integration, application, and innovation. *Psychological Bulletin*, 103, 27-43.

③ Shalley, C. E. (1991). Effects of productivity goals, creativity goals, and personal discretion on individual creativity. *Journal of Applied Psychology*, 76, 179-185.

④ Rogers, C. (1954). Toward a theory of creativity. *A Review of General Semantics*, 11, 249-262.

⑤ Amabile, T. M. (1983). *The social psychology of creativity.* New York: Springer-Verlag.

⑥ Mumford, M. D., & Gustafson, S. B. (1988). Creativity syndrome: Integration, application, and innovation. *Psychological Bulletin*, 103, 27-43.

⑦ Basadur, M. S. (2004). Leading others to think innovatively together: Creative leadership. *Leadership Quarterly*, 15, 103-121.

一个循环的过程，即包括思考和行动、寻求反馈、实验、商讨新方法。① 又如学者 Koestler（1964）认为，创造力类似一个双边的社会性过程，经过深思熟虑，将两种本不相关的想法或事物联系在一起，而产生新的见解或发现。这个定义着重强调了要以独特的方式来看待事物，要具有辨别新信息及用它来解决问题的能力。② 学者 Wallas（1926）将创造性思维过程的经典模型分成四个阶段，即准备（如研究要解决的问题和目标）、酝酿（如不在刻意思考，但下意识地思索可能仍在发生）、启发（如方案自己浮出水面，灵光一现）、确认（用逻辑和知识将创意变成适当的解决方案）。③

三是从创造力作为一种能力来看，认为创造力是由知识、智力、能力及优良的个性和品质等多因素综合优化构成的，是人类特有的一种综合性本领。创造力就是指用自己的方法创造新的、别人不知道的东西。创造力是产生新思想、发现和创造新事物的能力。可以说，创造力是创新人才的智力结构的核心，是决定人属于上层人才还是中下层人才的分水岭，是个人乃至社会都不可或缺的要素。创造力能有助于克服自卑心理、增强自信心，让你在创造中找到真正的幸福。④

基于这些定义，学者阿马比尔（Tereasa M. Amabile，1983，1996）不断完善其关于创造力的组成理论。创造力的组成理论是为心理和组织创造力研究提供全面服务而设计的理论，描述了创造力的过程以及对创造力过程与结果的各种影响。⑤ 它的基本成分与所描述的创造性过程，总体上类似于心理学和组织研究中关于创造力理论的，但其所强调的重点和相应的机制有些不同。在组成理论中，创造力的影响包括问题解决者个人本身的三个因素：与领域相关的技能、创造力相关的过程、内在的工作动力，以及个体以外的因素，即工作环境。⑥ 这里笔者对其分别介绍。

2. 创造力相关的过程和作用机制。可以从以下几个方面介绍：

---

① Basadur, M. S., Graen, G. B., & Green, S. G. (1982). Training in creative problem solving: Effects on ideation and problem solving in an applied research organization. *Organizational Behavior and Human Decision Processes*, 30, 41–70.

② Koestler, A. (1964). *The act of creation*. New York: Macmillan.

③ Wallas, G. (1926). *The art of thought*. London: Cape.

④ 丁一:《专注力》，北京，电子工业出版社，2013。

⑤ Amabile, T. M. (1983). The social psychology of creativity: A componential conceptualization. *Journal of Personality and Social Psychology*, 45, 357–377.

⑥ Amabile, T. M. (1996). *Creativity in Context*. Boulder, CO: Westview Press.

（1）领导力对工作场所中创造力的作用机制。在当今组织面临的动态环境下，促进员工的创造力成为当代领导力的特点之一。领导力层次包括组织、团队、两人对子、个体等，它们在领导力与创造力之间，以多个层次的方式系统性直接或间接地影响员工的创造力。当领导力的各个要素（主要是特质、行为和关系）影响到普遍存在于组织情境中和员工等个体中的"演变系统"——认知、动机和能力时，领导力便开始发挥作用。承认领导者可以对情境和员工等个体系统都施加影响，同时这两个系统也可以影响彼此。领导者在激发创造力方面的效能体现为一定水平的工作热情；领导者内在的创造性工作动机对于员工创造力的影响，其结果呈现一种交互性作用的影响：当领导和下属都拥有内在动机时，他们能产生更多的创造性成果。但是，有学者 Pamila Tieriley（2001）指出，如果员工等个体缺乏创造力的动机，与一个拥有内在动机的领导一起工作时，实际上会对他们的创造力产生负面影响。①

（2）反馈工作对创造力影响的作用机制。反馈是组织行为体系中一种最常使用的激励策略和行为矫正工具。反馈工作对创造力的影响主要：一是反馈影响创造力的心理过程。反馈主要是通过内在动机、情绪状态和对于标准的理解与策略技巧的掌握，对创造力产生影响。二是反馈对创造力影响机制的实际运用。主要是反馈可以鼓励对相关课题的更多研究，以及给予管理实践者启示，并使他们了解迄今为止已知的使用反馈来提高员工创造力的方法，以及哪些行为会抑制创造力。"创造力"和"创造性行为"这两个概念通常可以互换，被定义为员工对相关工作中的产品、服务、程序以及过程提出新奇而且可行想法的过程。因此，最近研究者提出，许多职业都需要创造力且可能表现出创造力，而破除只有科学家、工程师以及艺术家才被认为是与创造力相关的传统观点。如号称"三铁"的银行业机构各个领域均有改进和创新的空间，不仅高管人员需要而有可能表现创造力，一线员工也有创新的可能。一位信贷员可以创造性地提出同时解决信贷员短缺和改进信贷效率的方法，一位营业网点的柜员可以通过创造力来改进业务流程，提高业务运转效率。这就是说，一个可以称得上创造性的想法或解决方案必须既新颖又可行。三是反馈是对员工的创造力有直接或间接影响的关键因素。反馈激发了接收反馈员工的创造力。主要是：反馈可以激发接收者的内在动机。内在动机是

① Pamila Tieriley：《领导力与员工创造力》，周京、克里斯蒂娜·E.莎莉主编，载《组织创造力研究全书》，北京，北京大学出版社，2010。

创造性工作的关键因素，创造力更可能来自员工对所从事工作的强烈兴趣、持之以恒和加倍努力；反馈可以影响员工的情绪状态；反馈可以向员工澄清创造力产出的标准，即反馈可以作为一种有用的信息来源，帮助接收者知道、了解进而内化创造力的标准；反馈可以促进接收者对创造力相关技巧和策略的掌握，能够帮助个体在创造力过程中发现正确的问题，产生各种创意，并采用恰当的标准来评估和提炼创意。[①]

（3）通过角色期望和适当的情境，管理者支持和培养创造性活动的机制。创造力和创造性绩效在文献中通常被定义为那些关于产品、程序和服务既新颖又有用的创意产物。而创造性活动则被定义为创造的驱动力，它包括参与试图提出创造性成果的过程。三者如联结多个来源的创意，就会找出做事情的新方法。管理者要让员工愿意从事创造行动，关键在于激励员工，使他们感觉被鼓励冒风险，打破常规，产生新奇的行动。这还需要一个关键性的文化环境，即支持创造性活动并重视创造性成果的组织文化和组织生态环境。拥有创造的目标以及创造性的工作要求将会使员工更愿意经常参与创造性活动。

一是目标设定，是组织影响创造性活动发生的方式之一。通过目标设定对自我调节机制的作用影响动机，向员工提供可以引导其精力的清晰目标，以激发、调控、提高人们的注意力和努力程度，使之关注任务或项目的重要方面，并有利于获取信息。当人们对目标高度认可，并得到他们在达成目标上所取得进步方面的反馈时，目标就更有可能实现。创造性目标被当做诱使人们表现某些特定行为、出色地完成预期任务的一个内在机制，也是评估工作行为的一个标准。如一个人的产出应该是有创造性的，或者人们的努力行为应该是一种从事创造性活动。目标设定的过程可以帮助集中注意力并调整精力。显然，收集不同的信息有助于打破认知思维框架或"打破惯例去思考"，这是创造力的一个关键因素。

二是使创造力成为一项工作要求，是组织影响创造力发生的方式之二。创造性工作关心的是员工是否意识到，为了有效地开展工作，创造力是必要的或必需的。如此说来，将会有更多的员工愿意并有动机去尝试创造性活动，进而最终导致更多的创造性成果和产出。如果意识到工作需要创造力的团队

---

① 周京：《以反馈促进创造力》，周京、克里斯蒂娜·E.莎莉主编，载《组织创造力研究全书》，北京，北京大学出版社，2010。

成员越多，这个团队就越会经常地参与到创造性过程中。

三是创造性角色期望，是组织影响创造力发生的支持性情境条件。组织可以通过确保工作环境符合工作的创造性角色期望，来有效管理创造力。如果组织打算使创造力成为一种角色期望，员工会期待得到基于创造力的评估，并在创造性活动的发生或创造成果出现时得到适当的认可与奖励。为此，组织和部门管理者需要评估员工是否尝试开始从事创造性活动，并对尝试从事创造性活动和有实际创新成果的员工都进行奖励。这样，假如员工感觉到组织和部门管理者重视创造性活动，并也因此得到了认可，就可以激发创造性活动。管理者可以提供一种工作环境，员工可预期从中得到关于他们在目标达成方面取得进步的建设性反馈，从而为创造性活动的角色期望提供支持；员工会将其看做一个学习和成长的机会，进而培养员工从事更多创造性活动的意愿。支持的、不控制的上级会持续创造一种有利于创造力的工作环境。

因此，如果组织和部门的管理者期望员工更加具有创造力，就需要找出鼓励员工从事创造性活动的方法。其中，提出创造性的角色期望，或者通过目标设定，或者通过将创造性活动变成为一项工作要求，以及支持这些目标或工作要求的工作环境，就可以推动创造性活动的开展和创造性成果的不断出现，持续增强组织活力和竞争力。

（4）提高和促进小组和团队创造力的机制。在日益复杂的现代社会条件下，组织中的许多工作是由团队或小组完成的，往往不是个体所能完成的。而组织中通常有一种强烈认为小组或团队工作具有在员工士气、动机和创造力等方面优势的观念。因此，许多团队会议和问题解决会议往往涉及构思或想法的交流，构思上的创造力则成为这些会议的核心内容。所谓构思创造力是就某个具体问题产生的创意。例如，如何为一个新产品做市场营销，或者如何为已有的产品开发新的用途。这就要求小组或团队具有一定的特点。①

一是成员知识或专业、经历的多样性，对决策制定或创造性任务具有积极意义。从本质上看，交流想法是一个认知的过程，大家分享基于各自独特经历和教育背景的知识、观点和信念。假如小组成员有不同的经历和教育背景，让大家分享各自不同的想法，可能接触一些与自身迥异的想法或观点，也可能使人们应用相关领域的知识或经历。这一过程，借助不同的途径激发

---

① Paul B. Paulus：《促进小组和团队的创造力》，周京、克里斯蒂娜·E. 莎莉主编，载《组织创造力研究全书》，北京，北京大学出版社，2010。

每一个小组成员思考更多的点子。涉及决策性或创造性任务所需要的知识、观点和立场的多样性对于那些要求不同信息或观点的任务，如决策制定或创造性任务，是最有用途的，因为多样性更有可能滋生高质量的想法。

二是提高成员的注意力，有助于整合各自的基础知识和所分享的想法，能激发出新的想法。这就需要小组成员仔细注意每个人的想法和意见。在小组互动的过程中，每个人要尽量想出自己的点子，倾听他人的想法，将自己的经验和知识基础与所分享的想法整合在一起，还要协调自己发言和其他小组成员发言的时机。这个过程可能会分散对他人的想法的注意力，这就要小组成员努力提高注意力水平，自然会增加额外的负担。因此，可以采用书面讨论的方法，小组成员在发表自己的想法之前先阅读其他人的想法，或者请小组成员对交流的想法作出评价，如此，可以提高他们对他人想法的注意力。

三是克服小组成员的认知"惯轨"，采用多种任务结构加以应对。小组讨论误认为已经在知识的广度和深度上做得很充分，但实际上往往会陷入关注某些类型知识的倾向，即落入一种认知"惯轨"，卡在某个问题或某类知识上。对此，可以运用涉及增加任务结构的办法来克服这种惯轨，将更多的想法和知识种类包括进去。主要有：

第一种为短暂的休息结构法，是在头脑风暴的过程中，组织参与者进行短暂的休息，可以降低了人们纠缠于旧想法或旧知识的倾向，额外激励人们继续他们的搜索想法，以便产生更多的想法；第二种为分歧思考练习的休息结构法，是在休息时，让小组成员做一个分歧思考练习，刺激人们在之后的头脑风暴中再次广泛考虑各种类别的知识和想法，使得他们更容易地去考虑新的想法和知识；第三种为头脑风暴情境化结构法，是在头脑风暴过程中，给参与者提供一个要考虑的问题或事项的清单。小组按顺序依次一项一项地进行讨论，而不是同时考虑所有的问题，成员可以充分考虑每一事项，会产生更多的想法。

但是，作为一项认知活动，小组交流想法发生在团队情境中，受到来自社会和团队的其他活动的影响。如出现小组责任不明确而产生怠慢或"搭便车"的倾向，造成"动机损失"的现象；小组互动会分散或者限制小组成员贡献自己的想法，即所谓"产出阻碍"的问题；在社会比较体系下，由于存在小组内和小组间竞争而产生一种积极向上的比较，假如存在缺乏竞争意识，或"搭便车"的诱惑，则产生一种怠慢情绪，可能会蔓延到其他任务和情境；

小组倾向于关注那些大家都熟悉的信息或想法，而不是那些独特的信息，如此产生的信息偏差就会对创造力产生负面影响。在这些影响中，有的会抑制小组发挥认知潜力的能力，而有的则为想法的产生提供了额外的推动力。

（5）社会交往促进创造力的社会网络机制。所谓社会网络，是由一系列节点（即个体，广义讲还包括组织）和节点之间的联系（或关系）组成，其可以分为正式关系、非正式关系。其中，正式关系是指基于工作流的关系，可以被视为工作中正常需要的关系。而非正式关系是指工作中以及工作之外的非正式交往。尽管非正式的交往并不是正规意义上工作所需的一部分，但它们对创造性地解决问题常常是最为重要的。这里主要介绍非正式的社会关系如何影响创造性的贡献，主要从关系类别和结构的相互影响，关系总体类型的位置，团队和组织网络的结构等方面进行研究。

一是从关系类别看，弱关系具有促进创造力的优势。按关系强度的亲密程度，大体分为朋友关系、熟人关系。从关注创造性和突破性思维的角度，拥有社会支持、信任以及喜好的朋友关系，并没有帮助，甚至无益处。根据Granovetter（1973）所提出的"弱关系的优势"（Strength of Weak Ties）理论，随着时间的推移，在相互认识的人们中间就会建立一个密集的网络，并逐步形成关于看法和观点的"凝聚力感染"的效应。[①] 即在一个日益密集的网络中，由起初他们之间并没有相似的观念，进而看法和观点就会迅速传播，并随着时间的推移会逐步达成一致。这样，就不太可能在与朋友的交往中接触不同寻常的视角和观点。因此，从创造力角度，朋友关系不仅是冗余的，也是没有益处的。但是，相比那些看起来无关紧要的或不太重要的较弱的熟人关系，却可能会相互激发创造性思维。因为朋友往往认识同样的人，拥有相似的资源，共享同样的信息，无法从密集的群体中获得新的信息资源，而弱关系是联系具有不同视角、远见、兴趣和经历的人们的最好选择，弱关系更有可能联结拥有不同观点和视角的人，能使人们接触更多的非冗余的信息。这样，弱关系提供了认知方面的刺激，有利于新的、多种知识的获取，可以促进更多独立的思考，并建立看似没有关联想法之间的联系，为提出创造性解决方案的可能性提供了更为广阔的基础。当有较弱关系的人们解决不相干的问题时，就很有可能提出创造性的解决方案。尤其是接触不同的人可以激

---

① Granovetter, M. S.（1973）. The strength of weak ties. *American Journal of Sociology*, 6, 1360 – 1380.

发多种认知过程，帮助达到创造性的结果。

二是从关系总体类型的位置看，处于网络中心有助于创造力。在一个有限范围内总体的关系类型，所处的网络位置，对创造具有非常重要的意义。测定一个人在网络中的位置可以用"紧密中心度"的方法。所谓"中心度"即为一个人在网络中的位置或高度融入网络的程度。而紧密中心度则是在社会关系层面，一个人到网络中其他任何的平均社会距离。一个有高紧密中心度的人能够通过最少的连接接触到最多的人。在非正式沟通网络中，处于中心位置的个体更有可能被提升和更有影响力。因此，从创造性思维的角度，在关系类型的中心度中，非正式社会环境如何影响创造力。对创造力来说，关键在于与谁结识和这种间接结识的类型。在相对有限的网络中越趋于中心位置，就会产生越多的创造性思维。因为更中心的个体有更积极的视角，基于社会地位更会感到自信，更能接受有所准备的冒险。同时，处于更中心的个体具有更多信息基础，拥有更多有意思的想法和解决关键问题的能力。因此，当一个人或一群少数人为组织作出创造性思维方面的贡献时，更多的联系就会指向这个人或这些人。这个人或这些人也就因此成为大家寻求帮助的对象。这样，这些人在相对有限的网络中的位置就会变得更为中心，中心度和创造力之间积极的自我强化的螺旋关系就会持续下去，但最终会到一个高点结束。这就是网络中心度与创造力间的螺旋式关系。

三是从成员间紧密程度看，网络化促进团队的创造力。这与之前研究从非正式关系对创造力影响的角度不同，它是从正式关系的角度，研究团队成员之间紧密程度与团队创造力关系。通常而言，团队成员之间应有合理的亲密关系。那些非常有凝聚力的或人际关系亲近的团队有很多优势。团队有更多对团队非常满意的成员，思想容易达到高度一致。高度紧密的团队（如彼此之间都是朋友）具有非常创造力。因为熟人团队相对不容易被亲密关系分散精力，可以更加专注于独特的想法。这与前面研究得出"凝聚力如何导致群体思维并限制对其他选择的考虑"结论不同。因为那些朋友团队可能有更高的信任并对团队经历更为满意[1]，会更忠诚于团队目标。这不仅使他们坚持解决可能需要创造力的困难和问题，而且这些团队也会更愿意分享不同的信

---

① Jehn, K. A., & Shah, P. P. (1997), Interpersonal relationships and task performance: An examination of mediating processes in friendship and acquaintance groups. *Jourunal of Personality and Social Psychology*, 72, 775 – 791.

息和可能的新想法。主要表现在：

首先，团队拥有众多外在的联系是创造力非常重要的资源。在获取政治支持、分享适当的知识或获取资源时，这些联系对团队创造力是非常重要的。这些联系对团队需要更为快速地完成项目、克服项目实施过程中的困难或需要更加高效时是非常重要的。因为这些外在的联系会帮助不同团队引入更为广泛的专业联系和特定的专业领域。相反，社会上那些孤立的团队不是非常具有创造力的。

其次，作为拥有不同社会背景个体集合的团队，这些不同的社会背景会影响团队的创造力。个体可以跨越团队界限，转变行为和解决问题的方式，以使他们与团队外部的非正式社会关系能影响他们解决问题以及与组员打交道的方式①。因此，团队会通过外部的弱关系把这种行为方式带到团队中，把提高灵活思维和提出独特的解决方案成为可能，扮演重要的创造性角色，进而影响团队其他人的创造力。同时，与团队外部不同国籍的人有非正式社会关系的个体也会把更灵活的思维引进团队。因为他们可能更善于开放地接受新思想，调整行为以适应各种环境，以及表现出更高解决问题的灵活能力和创造力。

再次，组织内部社会交往的网络化，影响团队的创造力。组织内部社会交往的网络化，被称为"小世界网络"，即那些有密集群落（如在一个团队内有共同的成员资格的个体）以及联系群落的个体。在创作团队"小世界网络"里，其成员是完全关联的，他们能在创造过程中形成适当的小视野，并在凝聚力、信任和专业内部的信息转移之间保持最佳的平衡，进而形成一个整体的关系，有助于提高组织的集体创造力。

（6）提高和促进团队创造力的文化氛围机制。通常，创造力要求人们在创造性工作②时，感觉不到威胁和压力，即人际关系和团队关系具有信任、合作导向以及人际安全感，并且在一个充满支持的环境中进行。有创造力的、创新的组织是使大部分人拥有一个坚定的、共同的信念以达到组织所努力实现的诱人前景。即人们对工作环境的感知——组织的氛围和组织的潜在文化，

---

① Beakman, C. M. （2006）. The influence of founding team company affiliations on firm behavior. *Academy of Management Journal*, 49, 741 – 758.

② 所谓创造性工作，指人们所从事的工作具有创造性特征。见 Michael A. West, Andreas W. Richter：《工作中的创新和创造力与氛围及文化》，周京、克里斯蒂娜·E. 莎莉主编，载《组织创造力研究全书》，北京，北京大学出版社，2010。

包括共同的意义、价值观、态度和信念。组织文化和氛围影响个体、群体和整个组织创造力的作用机制。主要表现在：

一是影响个体创造力和实施创新的氛围机制。创新要求群体和组织具有共同的文化氛围的环境——共同的愿景、知识多样性、对勤奋与技能的整合、外部的挑战或要求，以及实践上对创新的支持等工作环境。从个体创造力和实施创新及氛围的角度，创造力被视为个人提出新的想法，包括"安全的、积极的、无压力的氛围和需要创造性的工作特征"；而实施创新是个人对那些新想法在实践中的应用，包括"需要创造性的工作特征"和"高工作要求、外在奖励"的氛围。在这种工作环境下，当一个新的想法根植于个体的认知过程中，随后在团队的互动过程中逐渐形成，并在组织的支持下得到实施。其中，有一种外在奖励与内在动机相结合的互补驱动力量在激励人们实施创新。当人们的注意力从工作转向奖励时，外在奖励可以激励人们实施创新。在工作描述和实践上，那些可辨别的工作（角色）特征——技能多样性、任务同一性、任务重要性、自主性和工作反馈[1]，一直影响创造力和实施创新。对于员工而言，高工作要求如改变角色目标、策略或关系、适度的压力等是外在的刺激因素，它们对激发他们作出创新所需的额外努力是非常必要的。

二是影响群体创造力和创新的团队氛围机制。群体工作的外部环境，如组织的氛围、市场环境和环境的不确定性，可能对群体的创造力和实施创新都有非常重要的影响。实施创新涉及改变现状，这意味阻力、冲突和持续努力的要求。一个想要实施创新的团队可能会遇到组织中其他人的阻力和冲突，因此需要持续地努力以克服对创新的阻碍。以下六个方面是影响团队氛围的关键因素，它们可以使团队将任务特征以及知识多样性的影响转化成创意并实施，以便改进产品、流程、服务或工作方式。具体来讲：

关键因素之一：团队愿景清晰化，确保对团队愿景的认同。这个因素是在整合知识多样性的基础上，新想法可以得到更为精确地甄选，促进创新，是满足团队工作任务要求的必要条件。

关键因素之二：参与决策。这个因素是在适当条件下，通过向群体成员和团队提供一个比较的标准，进行社会比较，与他人分享想法包括决策方面的信息和影响，在团队内部可以共享，对个体业绩提供反馈而被激发和产生

---

① Oldman, G. R., & Cummings, A. (1996). Employee creativity: Personal and contextual factors at work. *Academy of Management Journal*, 39, 607 – 634.

更高水平的创造力。团队成员之间有高水平的互动，提供新的和改进的工作方式。

关键因素之三：建设性地处理冲突和少数人的影响。这个因素是，组织或团队管理具有任务的相关性或信息的冲突性，因为它主要起源于对共同的目标——任务、绩效、质量的共同关注，即所谓任务的相关性；信息的冲突性在评估团队的任务过程和绩效，以及对其提出建设性的挑战时得以体现。这就是管理竞争性的观点，它对创造力与创新的产生是非常重要的。在一个参与性的环境中，少数人的不满，也会导致创新无法开展，通过鼓励辩论以及考虑可得信息的其他解释可以产生整体的创造性解决方案。

关键因素之四：支持创新。所谓创新支持，就是期待、赞成以及对尝试性工作的实际支持。如在工作环境中引入新的、完善的做事方式。创新更有可能在支持创新以及创新性的尝试中被奖励，而不会因创新而受到惩罚。这样，对个体和群体行为有很强的塑造力，会鼓励或阻碍团队成员引入创新。

关键因素之五：培养团队内部的安全感和信任。所谓团队内部的安全感是指，当团队伙伴在场时，尤其在整个团队互动期间，团队成员感觉到的心理或社会心理安全感。它包括团队情调、安全氛围和接受冲突等相关概念。本质上一个积极情调的团队，是有创造性的。安全是想法产生或创新的重要因素。团队内接受冲突的规则，是指在团队内，在拥有一个开放和建设性的群体讨论氛围下，能有效增强与任务相关的冲突对相关个体和团队业绩的积极作用。

关键因素之六：反省性。所谓团队的自反省，是团队成员在多大程度上集体思考团队的目标、战略和流程，以及他们更大的组织和环境，并因此作出调整。团队的反省性可以预测团队的创新及有效性。

三是影响组织创造力和创新的组织氛围机制。组织的工作环境关键特征，主要包括三方面：其一是组织对创新的激励，即组织对创新的基本导向，对创造和创新的支持。其二是管理活动，包括组织各个层面的管理，其最重要的是对单个部门或项目的管理，如上级的鼓励和工作小组的支持就是与创新相关的管理活动。其三是资源，它是组织所获得用来支持工作创造性的一切事物。在组织环境中，组织对创新的激励、管理活动以及资源配置三个方面的水平越高，组织就有越多的创新涌现。这些工作环境因素，通过影响专业知识、任务动机和创造性技能来影响个体及团队的创造力。这就是"工作环境影响创造力——创造力孕育创新"的影响组织创造力和创新的组织氛围机制。创造力工作环境的类型是鼓励创新（包括组织鼓励、上级的鼓励、工作小组的支持）、自主性或自由、资源（要求充足的资源）、压力挑战（挑战性的工作、工作量的压力），以及创造力的组织阻碍。

同时，组织文化氛围中层级结构/文化、组织规模和组织年龄因素，会出现创新的"两难"困境。一方面，高集权化和强层级化不利于创新，如紧密连接的不同部门之间的关系有利于组织中产生新产品；另一方面，一定程度的分权对想法的产生是必要的，而要在更广的组织内有效地实现这些想法，集权化在确保实施创新时也是必要的。但值得注意的是，在大型组织中，由于团队、部门和专业领域的整合对沟通和分散知识的共享缺位，造成分权和专业化，将难以有效确保创新。

3.3.2 银行软实力与创造力的关系

根据国内银行业监管部门的官方定义，金融创新是指商业银行为适应经济发展的要求，通过引入新技术、采用新方法、开辟新市场、构建新组织，在战略决策、制度安排、机构设置、人员准备、管理模式、业务流程和金融产品等方面开展的各项新活动，最终体现为银行风险管理能力的不断提高，以及为客户提供的服务产品和服务方式的创造与更新。[1] 从这个定义看，基本上将创新中涉及的科技投入归于硬实力范畴，而将战略决策、制度安排、机构设置、人员准备、管理模式、业务流程和金融产品等纳入软实力范畴，并强调引入新技术、采用新方法、开辟新市场、构建新组织、形成新机制。因此，创造力是银行业机构软实力建设的"主战场"，也是银行业机构发展的核心动力，是银行业机构富有市场竞争力的标志，是银行业机构追求卓越过程中永恒的主题。

一是创造力是软实力保持活力和竞争力的武器。一个国家、组织、机构和企业软实力建设的根本目标是通过综合运用各种资源，依靠吸引力，使自身保持活力，具有强大而持久的竞争力；而创造力是一种基于个人独特性和文化氛围与环境条件下而产生的新颖，在相关团队的支持下，转化成相关产出——创造性成果，其目标往往能产生较高的效率，为组织保持活力和竞争

---

① 中国银监会：《商业银行金融创新指引》，http：//www.cbrc.gov.cn/chinese/home/docDOC_ReadView/2891.html.2013 – 06 – 13。

力提供智力支持和物质保障。因此，创造力的目标与软实力建设的目标是一致的。

同时，创造力不单体现在新颖且实用的成果，即物质技术的改进和创造上，而且也反映在各种适当的创意、过程或程序上。如一个开放性问题的解决方案、经营规则的升级、组织结构的调整、文化氛围的营造、价值观念的更新和改造等。这与软实力建设要综合运用各种资源，保持活力和提升竞争力的内在要求是相通的。软实力要维持吸引力，就得拥有能综合运用各种资源的创造力，才能体现软实力的真正价值。因此，创造力是组织和团队软实力保持活力和竞争力的"重武器"。如南昌银行，2008 年将发展方向明确定位于小企业金融服务和个人消费贷款，要求在转型中，将创新与品牌塑造结合，实施品牌创新战略。2009 年，为中小企业量身定做的"及时贷"产品，作为全行单户 500 万元以下小企业信贷业务与产品的统一与专用品牌，形成了丰富的产品体系，包括普通中小企业信贷业务、洪城"及时贷""钢市通""商驻宝""商城路路通""应收通""知识产权质押贷""个人创业轻松贷"等。南昌银行"及时贷"产品因此获得一系列荣誉：2009 年荣获中国金融营销奖"金融产品十佳奖"；2010 年被中国银监会评为"全国银行业金融机构小企业金融服务特色产品"，被中国银行业协会评为"2010 年服务小企业及'三农'十佳特优金融产品"；2011 年"个人创业轻松贷"产品被中国银监会评为"全国银行业金融机构小微企业金融服务特色产品"。

二是优良的软实力为创造力的生存发展提供重要环境。创造力的生存和发展，除了物质条件外，还有两个难以替代的重要因素，富有创造潜质的个体和有助于个体和团队创造力的各种环境条件。其中，有助于个体创造力的各种环境条件，包括领导力的作用机制、反馈工作的作用机制、管理层支持和培养机制、社会交往的网络机制、小组和团队的作用机制，以及团队的文化氛围机制等一系列有助于个体和团队创造力的培育和作用机制。无论这些作用机制的建设，还是根据不同社会环境条件，选择相应的机制，以及愿景的设定、具体目标的设置、角色期望的提出、工作要求的规定、网络类型的选择、注意力的培育等诸多要素把握，均是企业软实力建设应该重点关注的内容之一。也就是说，企业软实力的全面建设能为创造力的生存发展提供一个重要的宏观软环境和扎实的基础条件。其中，软实力建设得好，就能吸引更多富有创造潜质的个体涌入，积累有利于创造力的条件要求和环境的形成，进而培育出更多的创造力，转而增强软实力。据调查，南昌银行在人才使用和成长机制建设上，形成"用人重才品，循规成方圆"的创造立行环境机制，必须依靠一个综合素质优秀、价值观念正确、反应力快速、执行力强大、善于学习和创新的团队；通过完善规章制度，将合规和风险制度逐步完善，最终形成独特的合规文化。

3.3.3 银行软实力的创造力建设与评估

1. 银行业机构软实力建设在培育创造力上存在的主要问题。主要表现在：

一是业务发展注重市场规模，忽视金融产品创新和服务质量。一些中小银行受市场竞争压力的影响，普遍存在盲目扩大规模、恣意争夺市场、轻视服务质量、忽视文化建设的经营和战略管理倾向，在经营绩效考核中，基本上未将企业文化建设纳入其中，有的地方银行对服务质量、产品创新的考核甚少，导致企业文化建设涉及科学经营管理理念、培养和鼓励创造的意识并没有深入人心，更没有借助规章制度的建设，创新氛围的营造，激励员工加以落实，使创新思维成为组织、团队和个体的行为习惯。

二是在创新上往往看重模仿和照搬，忽视切合实际的创造。一些中小银行一方面受国家层面缺乏刺激金融创新环境和机制的影响，另一方面受自身传统经营管理理念和创造意识不足，人才相对匮乏等因素影响，导致在考虑成本和收益及其市场条件后，更多采取外购经营管理技术、模仿金融产品和照搬服务方式，形成在区域金融产品和金融服务同质化严重，市场竞争"板结化"，缺乏活力，金融风险不断向内积聚，市场活力下降。这与这些中小银行长期缺乏创造意识、团队协作、鼓励岗位创造等文化氛围有直接关系。

2. 银行业机构软实力建设在培育创造力上的着力点。金融创新机制是激发全员创新、保护客户权益，控制金融创新风险，确保金融创新由内部连接市场和社会的制度安排；保护客户利益是银行创造力延伸市场和社会的着眼点。创新的风险管理，是确保金融创新产品和服务持续发展的生命线。要把信息化银行建设作为提升经营活力与管理效率的重要手段，通过推进信息化成果在协同服务、流程优化、考核评价、资源配置等领域的深入应用，构建更具活力、更富效率的经营管理新体系，打造转型发展的"升级版"。①主要

---

① 姜建清：《银行业的现状、挑战与未来》，载《财经·2015 预测与战略》，2014（11）。

有三个方面。

（1）创新运行机制建设，是银行培育创造力长久有效的根本保障。

一是董事会金融创新的管控职能。银行业机构主要通过制定各项创新发展战略及与之相适应的风控政策，并监控战略政策的执行情况，实现与全行整体战略和风险管理政策相一致。要确保高级管理层有足够且适当的人、财等资源，以有效管控战略实施和创新过程产生的风险。

二是高级管理层的金融创新管理职能。银行业机构主要通过执行董事会制定的各项创新发展战略和风险管理政策。高级管理层要建立能够有效管理创新活动的风险管理和内部控制系统、文件档案和审计流程管理系统，以及培训和信息反馈制度。

三是组织结构和业务流程的设计。银行业机构要根据银行内外环境的变化，不断对内部组织结构和业务流程进行优化，形成前台营销服务职能完善、中台风险控制严密、后台保障支持有力的业务运行架构。要结合实际情况，减少管理层级，逐步将现有的"部门银行"改造成适应金融创新的"流程银行"，实现前台、中台、后台的相互分离与有效的协调配合。

四是金融创新产品和服务的推出。银行业机构应做到制度先行，制定与每一类业务相适应的内管制度、操作规程和客户风险提示内容，条件成熟的应制定产品手册。其中，内管程序的制定和完善应从需求发起、立项、设计、开发、测试、风险评估、审批、投产、培训、销售、后评价和定期更新等阶段，对市场需求、目标客户和成本收益等进行分析，开展科学的风险评估和风险定价，准确计量经风险调整后的收益。

五是金融创新的科技投入。银行业机构应建立有效的创新业务技术支持系统和管理信息系统，保证数据信息的完整性、安全性，以及经营计划和业务流程的持续开展，以提升金融创新的科技含量。

六是金融创新的客户关系管理。银行业机构应立足实际，要把信息化银行建设作为深度开发客户价值和拓展业务蓝海的重要抓手，借助大数据技术，建立和完善以客户为中心的客户关系管理系统，整合客户信息，通过挖掘分析客户行为特点和交易习惯，识别出客户真实需求，为强化智能营销和精准营销提供支持，为客户提供更多的创新产品和服务。

七是金融创新的绩效考核。银行业机构应逐步建立适应金融创新活动的绩效考核评价机制，形成促进金融创新的有效激励机制和企业文化氛围。

八是金融创新活动的人才激励。银行业机构应逐步制定适应金融创新活动的薪酬制度、培训计划和人力资源战略，不断吸引经验丰富的专业人才，提高金融创新专业能力。

九是金融创新的培训。银行业机构应通过各种形式培训，确保员工熟悉创新产品和服务的特性及业务操作流程，保证从事创新业务的员工具备必要的专业资格和从业经验。

（2）切实保护客户利益，是银行面向市场和社会，培育创造力的着眼点。

一是创新产品和服务的行为操守。银行业机构应遵守行业行为准则和制定员工操守守则并要求执行，要向客户准确、公平地进行信息披露，充分揭示相关的权利、义务和风险。

二是创新产品和服务合约的遵守与义务。银行业机构应遵守法律法规的要求及与客户的约定，为客户提供专业、客观和公平的意见，忠实履行对客户的义务和责任，包括履行必要的保密义务。

三是银行与客户的利益平衡机制。银行业机构应建立健全银行与客户关系的处理机制，能有效识别金融创新产品和服务引发的各类利益冲突，妥善处理好各类利益冲突，公平合理处理银行与客户之间、银行与第三方服务提供者之间的利益冲突。

四是客户资产的风险管控。银行业机构要把信息化银行建设作为从根本上变革管理方式、提升新时期风险防控能力的重要支撑，通过实现对异常信息及风险事件的准确识别和事前预警，推动风险控制从过去单客户、单品种、局部化、碎片化的管理方式，向业务关联、上下游联动、跨账户交易的信息流风控方式转变；要严格界定和区分银行资产和客户资产，采取有效的风险隔离管理，以充分保护客户资产，维护银行的市场和社会形象。

五是创新产品和服务的客户评估机制。银行业机构应建立适合创新服务需要的客户信息档案管理制度，做好客户对于创新产品和服务的适合度评估，引导客户理性投资与消费。

六是客户投诉的处理机制。银行业机构应建立健全有效受理客户投诉和改进建议的渠道，及时高效负责地处理客户投诉，定期汇总分析客户投诉情况，向部门和高管层定期报告客户投诉及处理情况，不断改善金融创新业务的质量和水平。

七是金融创新业务的社会舆情监测。银行业机构应建立健全产品和服务社会舆情监测机制，将客户、市场和社会公众对金融创新业务意见和建议纳入重点舆情监测，研究和处理客户、市场和社会公众对金融创新的潜在需求和改进建议，不断提高金融创新的服务质量和服务水平。

（3）加强创新业务风险管理，是银行持续发展，培育创造力的生命线。银行业机构应建立全行统一的风险管理体系，将金融创新活动的风险管理纳入其中，实行统一管理，确保金融创新业务的持续健康发展。

一是董事会的金融创新风控职能。在董事会下设风险管理委员会，制定切合实际的风险管理程序和风控措施，明晰界定业务条线和相关风控部门的责任，将金融创新业务风险和传统业务风险纳入全行统一管理。

二是高级管理层的金融创新风控职能。银行业机构应制定完善的风险管理政策、程序和风险限额，确保各类金融创新活动能与本行的管理能力和专业水平相适应。

三是金融创新的风控框架。银行业机构应建立健全适合业务创新和发展的风险管理架构，打造切合实际的管理信息系统，能对各类金融创新业务风险进行充分识别、计量、监测和控制，确保整个银行的风险管理工作有序进行。

四是金融创新业务的内控制度。银行业机构应建立健全与各类金融创新业务性质及规模相适应的内控制度，确保内部和外部审计的独立性，全面检查和掌握内控制度的建立与执行情况。

五是金融创新业务的合规性审查机制。银行业机构应建立任何金融创新活动必须经过合规性审查才能进入市场的制度，准确界定金融创新业务的各种法律关系，明确可能涉及的法律法规及其风险，研究制定完善措施和解决办法，切实防范合规风险。

六是金融创新业务的风险预警和应急处置机制。银行业机构应建立健全风险预警和应急处置机制，将金融创新业务纳入其中，修订风险预警和风险处置预案，及时应对金融创新业务的相关政策调整和市场环境变化，周期性地对关键模型、假设条件和模型参数进行验证和修正，做好创新业务的风险预警工作，提高风险处置预案的应急性和连续性功能。

3. 软实力建设的创造力评估。战略规划能力是商业银行的核心竞争力之一。一家银行能够在百年时间内延续发展，首先靠正确、清晰的企业战略引领。尽管从广义来看，企业的战略规划和实施战略的能力可以归类为企业的领导力范畴，但是，基于战略规划和实施战略的能力是一个典型发现机遇和整合资源的过程，其本质就是创造，因此，笔者将从战略规划的制定、战略功能的定位到战略规划实施的评估，归纳为"发展战略规划能力"作为地方法人银行在创造力上软实力建设评价指标之一。"发展战略规划能力"作为二级指标，包含"战略规划制定的科学性""战略功能定位的准确性"和"战略规划实施评估"三级指标。

同时，将"设计策划能力""科技信息的转化能力""创新文化氛围""创业观念和意识"等指标作为地方法人银行在创造力上软实力建设评价指标体系。

"设计策划能力"指标，着重运用"设计策划能力""设计策划团队建设"三级指标；

"科技信息的转化能力"指标，着重运用"科技信息的获取能力""科技信息的转化能力"三级指标；

"创新文化氛围"指标，着重运用"求新意识""兼容心理"三级指标；

"创业观念和意识"指标，着重运用"辛劳精神""开拓意识"和"竞争心理"三级指标。

3.4 软实力理论之三：使领导者、团队和员工聚焦各种资源的专注力

老子云："一生二，二生三，三生万物。"无论政府组织和机构，还是企业和个人，面临的选择多种多样，其首要解决的是专注力提高问题，有了专注力才能有其他一切。地方法人银行软实力对内的组织、团队和员工，对组织外客户和个人产生吸引力。如某种流行文化在接触类似文化时更易吸引人，进而产生软实力。吸引力通常具有扩散效应，产生的是一般性影响，而不是某种具体可见的行为效果。在信息化时代，并不是所有的信息都是稀缺资源，只有提供真实、客观、理性信息的渠道（如媒体）才能赢得信息接收者的信任，需要对专注力进行分解和构建。因此，地方法人银行软实力建设的一个不容忽视的方面，就是在培养吸引力的同时，着力构建专注力体系，以增加有效的软实力实施过程和结果的聚焦性和专一性。

3.4.1 关于专注力的理论

1. 专注力的概念。从心理学的角度，专注力是指人们在认知上"心理活动"的指向和集中、协调处理某件事情的能力。[①] 专注力体现在自我控制、注意新事物、多元化思维等方面的能力。

从管理学角度，专注力就是在方向管理上，善于关注和把握事物发展新趋势的能力，具体在流程管理上，侧重以过程为向导的管理能力。因此，专注力不仅是一种行为能力，也是一种善于思维的能力，更是一种自身动用和管理各种资源的能力。

2. 专注力的衡量。衡量一个人或组织专注力的品质，主要从四个方面分析，即专注的广度、专注的稳定性、专注的分配和专注的转移。具体来讲：

一是把握专注的广度。若在注意的范围广的情况下，能有效排除外界的干扰，说明其专注力相对较强；反之较弱。

二是把握专注的稳定性。若在一定注意范围的情况下，能持续集中精力处理某件事，说明其专注力相对较强；反之较弱。

三是把握专注的有效分配。若在进行多种活动时，能把注意力平均分配或有效分配到活动当中，则说明其专注力相对较强；反之较弱。

四是把握专注的有效转移。若在一定注意范围的情况下，能够主动地、有目的地及时将注意力调整到应该关注的事件中，则说明其专注力相对较强；反之较弱。

3. 专注力的重要性。主要表现在：

一是专注力是提高创造力的重要前提和基本途径。创造性思维与一般性思维是一种具有开创性意义的思维活动，其思维方向更加发散，思维结构更为灵活，思维进程更加活跃，思维效果更为完整，思维表达更加新颖等。创造性思维能力要经过长期的知识积累、素质磨砺才能具备，其中专注力培养和形成创造性思维能力，其基本过程为：激活个体乃至团队的专注性，表现为一种思维兴奋点振动及其覆盖的内容，且能在振动范围中精确地形成有效的吸引点，将掌握的细节转化为创造性思维，达到激发创造性思维目的。在大脑中画出相关的联想，思维链越长、越复杂地重复或扩大增多，创造的能

[①]　丁一：《专注力》，北京，电子工业出版社，2013。

力就越强。所以，专注是创造性思维能力的保证，是当今社会乃至个人都不可或缺的要素。

二是专注力是发挥"潜意识能量"的基本手段和方式。通常而言，一般的意识是显性的。而潜意识能量是指潜藏在人类大脑中一般意识下的一股神秘的、隐性的力量。有研究显示，人类大脑的实际使用部分几乎未达到其功能的1%。而世界潜能大师博恩·崔西指出"潜意识是显意识力量的3万倍以上"。人类的智慧和知识目前仍处于"低度开发"阶段，人类大脑是个巨大的宝藏。人们要开发自身处在休眠状态的潜能，要实现自己的梦想，都得依靠自身的潜意识。充满专注力的过程，就是显意识与潜意识沟通的过程，是无意识的思维加工和处理过程[①]。潜意识的活动过程大致为：只要人们能专注地控制，使好的信息或暗示性"原材料"进入潜意识区域，就会生成富有新意的"作品"。当专注力受到阻断时，潜意识思维也戛然而止，甚至可能难以接续。在创作过程中，潜意识起着重要作用。因此，在一定激励条件下，人们通过专注力的培养和训练，往往就能把潜在能力充分发挥出来。

三是专注力是促进身心健康的重要途径。身心健康是人们工作、生活和社会交往的重要基础。通常人们往往重视身体健康，而容易忽视心理健康。广义上的心理健康，是指一种高效而满意、持续的心理状态。在生活实践中，人们能够较客观地认识自我，自觉有效控制自我，正确地对待外界的多方位影响，使心理保持平衡和协调，这就具备了心理健康的基本特征。其中专注力是使心理保持平衡和协调的重要途径。专注力活动过程，就是在留意新事物，积极寻找差异，帮你撇开不利场景的影响，持续地转移和集中到有意义的场景中去，减少和消除思维定式中的偏见、心理落差，从而对人和环境重新敏感起来，向新的可能性敞开，形成新的视角，达到心理平衡和协调。

四是专注力是冲破习惯束缚的重要方式和能力。面临困难和问题时，每一个个体、团队和组织会本能出现"果敢前行"或是"怯懦后退"的情绪和行为。影响问题解决的是人们习惯性思维，而最终破除和控制人们身心的是专注力。只有那些意志坚定、充满专注的人，才会有敢为人先的精神，从而改变人生，取得成就。其中思维定式是影响人们前行的最大障碍。而要改变

① 丁一：《专注力》，北京，电子工业出版社，2013。

习惯，就要专注，必须从改变潜意识开始，有意识地与潜意识进行沟通与交流，勇敢地认识差距，迎头赶上，适应新环境，从而实现成功。这一过程就是不断改掉旧习惯，不断养成新习惯的过程。

4. 专注力的培养与应用。

（1）要把更多时间和精力专注于至关重要的20%

一是帕累托法则。根据帕累托法则（Pareto's Principle），存在20%的人拥有全国80%收入等案例，其核心思想是80%的收益或价值其实仅来源于20%的努力。因此，只要把更多的时间和精力专注于已经在做的一些事情上，克服碌碌无为，就有能力完成更多的事，获得更多的成功。

帕累托法则适用于产品和服务上。许多银行业机构有非常庞杂的产品线，若他们对其利润来源进行分析，就会发现这些利润其实来自相对很少的产品。这很可能是因为这些产品的销量很大或者因为其价值最高。银行业机构拥有很多的客户，但大部分的利润其实来源于相对较少的一些客户。很可能是银行业机构为20%的客户占用80%的时间来处理一些费时的问题、细枝末节的抱怨。提供最大价值的这20%通常并不是制造最多问题的20%。

二是要努力消除20%的消极力量。通常大多关注和采取的是那些能带来积极结果的行动，而往往忽视20%消极的事情。如在与某家公司或某种产品的接触中，遭遇一位行事粗鲁或毫无头绪的客服代表可能只占到很小的比例，但这就足以改变人们对于该公司的整体印象。因此，对于消极举措，要尽量减少而不是增加这20%。在大多数情况下，最好的策略就是做一些能够带来正面效果的事情，从而让消极的事情无处立足。[①]

（2）找出关键的20%，专注于第一个目标

一是采用SMART目标法设定目标。要想做到专注，首先需要明确想要获取什么，找出关键的20%。所谓SMART目标法，S（Specific）代表目标的具体性，最好要设立一些积极的目标。M（Measurable）代表目标的可计量性。一旦变得具体，计量你是否实现目标的方式也常常不言自喻。A和R，分别代表目标的可获得性（Attainable）和现实性（Realistic）。唯一现实的问题是你所愿意作出的牺牲和你的目标范围是否吻合。如果答案是肯定的，那么放手去做。如果你竭尽全力付出，你便很有可能实现自己的目标。T代表及时

---

① 沃尔夫·J：《专注力：化繁为简的惊人力量》，朱曼译，北京，机械工业出版社，2013。

（Timely），一般而言，这是指为将要实现的目标设置一个截止日期。这个因素也摧毁了很多希望和计划。因为通常设定截止日期的目标注定要失败。在很多情况下，要想实现目标，需要其他人的配合，可以影响他们的反应情况，却无法对此进行控制。

二是把宏伟的目标分解成一个个小目标。采用绘制目标地图，规划好所有通向目标的主要步骤，并为这些小的目标绘制分解地图。如此，无论组织还是个人，就会一直有进步和有所成就的感觉。在实现最终目标之前，不要吝啬于庆祝，要及时对作出突出贡献的部门和个人给予表彰。

三是规划诚可贵，行动价更高。要提防"规划上的巨人，行动上的矮子"，要把更多的注意力放在实现目标上。这在银行业机构里，就是要合理安排好工作计划，扎实实施计划。

（3）建立新的、更加有效的时间模式

一是改变不良模式的方法。一些最常见的与时间利用相关的不良模式：先做最不重要的事情拖延；经常处于"救火"状态，做最紧急的而不是最重要的事情；任由内心的自责主宰思想。这些惯用的不良时间模式，人们极易受到干扰从而无法实现目标，这是在日常工作中常常能看到的情形。可以学习发现自我模式的 6 种不同做法。[①]

A. 询问他人法。通常是能够看到他人的错误，他人自然也能看到我们的错误之处。忠言逆耳，只有这么做，才能进步。

B. 反思前任或上级模式法。思考前任或上级都有哪些消极的模式，然后评估自己是否正在复制这些模式。

C. 自我分解法。考虑一种想要更好地了解自己行为的情形。让自己处于"分解状态"，观察和找出自己能做些什么。

D. 自己问题输出法。把自己的问题教给别人，教会别人怎样用自己的方式工作，给他们确切的详细指导，反馈自己模式存在的问题。

E. 重新规划法。下一次运用某一模式时，同时进行规划。

F. "高层自我"审视法。假使"高层自我"来信，对那些自己想要改变的事情，问问自己的"高层自我"对于自己目前的主要时间模式有些怎样的见解。

---

① 沃尔夫·J：《专注力：化繁为简的惊人力量》，朱曼译，北京，机械工业出版社，2013。

二是不断尝试不断犯错的过程。仅仅改变模式还不够，你必须要找出对你有用的方式。那就是在改变的同时，还能获得原有模式所能够给你带来的同样结果。如果这个条件没法满足，那么这种新的模式也不会持续很长时间。这就是不断尝试不断犯错，建立新的、更加有效的时间模式的过程。

（4）克服专注障碍，做最重要的事

一是摆脱不太重要80%的策略。这80%里的很多事情对自己的高价值任务都会起到很好的支撑作用，甚至可以说这些事对促成高价值事项的完成是必要的。这些事情和人的合作与配合好坏，很有可能影响最有价值任务的顺利完成。因此，采取良好的策略，真正做应该做的事情。①

A. 直接删除或减少的办法。通常情况下，有些事情是可以完全不必去做的，或者可以少花点时间在这上面。

B. 分配任务法。谋划剩下的哪些工作可以分配给其他人去做。

C. 先分解再做法。对一项过于庞大的任务，要将任务分解成易于完成的子任务，之后再开始做。要持续不断地对任务进行分解，直到这些子任务完成。

D. 寻找缺失法。要找到80/20法则中缺失的部分：抛开不必要的工作、处理能够委派的工作、更有效地做你该做的事，至此已经成功了一半。成功的另一半就是让高附加值的工作变得更加有趣、更加简单。

E. 最易下手法。很多情况下，并不需要从头开始。在最易下手处或有灵感处开始工作，也可以选择自己觉得有意思的事情作为开始，这就为剩余的工作准备好了冲劲。

二是创造一个做最重要事的"流程"状态。当"流程"状态出现时，常常无比投入于所从事的事情，而失去了时间的概念。就要把握四个关键因素：

A. 任务与能力相适宜。选一个刚好在能力范围之内或者刚刚高出能力范围的任务，否则，都不会进入"流程"状态。

B. 任务应有即刻反馈的机制。任务执行要能即刻反馈，以便能随时了解任务完成的情况。

C. 营造注意力分散点的环境。

D. 善于分解时间。把那些零散的时间利用起来，可以做成很多事情。

---

① 沃尔夫·J:《专注力：化繁为简的惊人力量》，朱曼译，北京，机械工业出版社，2013。

3.4.2　银行软实力与专注力的关系

一是专注力与软实力建设内在要求的一致性。专注力由最初一个心理学的概念拓展为一个管理学的概念，即由个体的"心理活动"能力拓展为组织的方向管理、流程管理的能力。专注力集中反映了组织、团队及高管层、普通员工在不同阶段和场合能做到指向和集中、协调处理事务的要求。而事实上，软实力建设也是一个由个体到主体的拓展过程，是综合运用各种资源，以形成一种吸引力为手段，达到目标的能力。可见，专注力与软实力在主体和作用对象上具有一定相同性。软实力的内在要求就是能根据企业战略发展的不同阶段特点和要求，将软实力各种资源专注于某一领域，才能对软实力的影响对象产生一种有效的吸引力。因此，培育个体和组织的专注力是组织软实力建设的内在要求。在软实力建设过程中，一个国家、组织、机构和企业需要培养一种善于关注和把握事物发展、集中协调处理的能力，否则，软实力就不可能持久，甚至无效。以区域银行信贷市场为例，大型银行与中小型银行机构存在市场激烈竞争的局面，需要银行机构尤其是中小型银行，及时进行市场细分与其自身市场定位。城市商业银行和农商银行（在城市的）根据实力和市场服务的定位，应将其主要资源（包括机构设置、人员配置和信贷资源投向等）集中于中小企业、小微企业的信贷支持上，否则就难以对自身市场的定位进行细化。据调研，在不少省份，相当一部分地方性银行在着手自身的市场定位中，大体从宣传语中可窥其一斑。如××银行在其宣传语"××人自己的银行"，而××省农村信用联社在其宣传语"××人民自己的银行"。假如中小银行未能在市场细分中进行市场定位，难免不让这些大同小异的宣传语成为一句空话，因为其毫无特色。

二是软实力为专注力提供了施展的舞台。一个国家和组织的软实力要在文化吸引力、意识形态或者政治价值观念的吸引力以及塑造国际规则和决定政治议题的能力等方面有效地施展"拳腿"，必须把握住这些领域和方面的方向性问题，进行全局管理；必须关注事态进展，进行流程管理。这就有专注力广阔的用武"空间"。具体包括政治、文化、精神、价值、制度、政策、形象、传媒等各种手段的运用"空间"。在金融机构软实力建设过程中，如何着力培育使用专注力就表现得尤其重要。在日益复杂的金融市场，每一家金融机构，一方面时时刻刻无不与投资者、消费者、政府和部门管理者、公众、媒体等诸多主体打交道，另一方面，每一笔金融业务的处理往往涉及许多环节和方面，光靠高管层的行政命令难以控制日常经营管理的遗漏和不足，也难以防范经营风险的发生，需要在金融机构培育一种"战略管理的执着、经营管理的专注、日常业务处理的细致"的文化氛围，镶嵌在整个软实力建设与实战全过程之中，助推金融企业市场竞争力的提高。

3.4.3 银行软实力的专注力建设与评估

1. 银行法人机构软实力建设在培育专注力上存在的主要问题。主要表现在：

一是部分中小银行缺乏市场自信和战略定力，市场定位模糊。从调查看，绝大多数中小银行是在城市信用社改制和发展中成为商业银行的，因而其市场定位和发展方向为中小企业金融服务和个人消费贷款。但是，在激烈的市场竞争下，由于缺乏市场自信，经不起市场诱惑和经济周期波动的冲击，或者受地方政府的信贷干预和大股东的偏好和蛊惑，往往会偏离原先的市场定位和发展方向，部分银行缺乏战略管理的定力，市场定位模糊，信贷管理难以专注、持续有效，甚至出现盲目跟风的现象。这些中小银行往往难以在复杂的市场环境中实现转型，真正成功实施品牌创新战略。

二是部分中小银行信贷投向四面出击，诸多管理环节缺乏专注力。这些行为和现象，导致银行对每个信贷领域（即行业和企业）的特点不熟悉，难以及时掌握其市场变化和风险趋势，信贷员疲于应付，业务难以做精。据调查显示，××银行出现融资性担保不良贷款上升问题，2013 年 6 月末，该银行融资性担保不良贷款余额 3.86 亿元，较年初增加 2.76 亿元，是年初的 3.5 倍。据调查显示，该地方性银行出现银担合作风险暴露问题，表面是由一些小贷公司股东挪用信贷资金发放贷款形成的，实际上是在银行贷前审查、贷后管理的环节上出现把关不严，导致一些小贷公司以业务一手清和仅凭介绍办理业务就能轻易获得贷款，加之，信贷员涉管的小贷公司和信贷企业较多贷后跟踪乏力甚至缺位，导致银担合作风险问题不断累积、放大。

2. 银行业机构软实力建设在培育专注力上应着力提高服务能力。

（1）培育服务文化，提高银行服务的专注力

一是牢固树立服务意识，不断更新服务理念。服务理念是银行的一面旗帜。要借鉴国内外先进的服务经验，真正明白"服务就是市场竞争力"的道

理,牢固树立以人为本、服务至上、真诚服务、全员服务、服务创新等先进理念。只有不断审视银行服务的观念、态度、措施和技能,找出与先进服务文化的差距,才能形成和建立新的理念。要坚持以顾客满意为目标,强化客户关系管理,用真诚博得信赖,用服务赢得支持。

二是构建公众信任的服务文化,积极承担社会责任。信用是银行最宝贵的资源。在经历了百年一遇的金融危机后,消费者正在重估服务价值,在消费者的观念中,商业银行的声誉和社会责任已经变得越来越重要。因此,要始终把客户、市场和社会公众的信任视为银行服务的生命线。要严格遵守职业操守,严格规范服务,始终坚持公平、公正、透明和诚信的原则,充分提示产品与服务的风险点。要把诚信文化、安全文化与服务文化有机地融为一体,积极地承担银行服务的社会责任。

三是着眼创新服务,积极打造服务品牌。要与时俱进,不断提升顾客价值。据美国布鲁金斯学会的研究表明,21世纪初以来,人口结构最突出的变化是中等收入阶层占比增大——中产阶级和富裕人群迅速壮大。这对银行提出了更高的金融服务要求,即日益要求先进的金融产品和服务。要着眼顾客关注的焦点,实施有效的创新,打造有竞争力的服务品牌。要用心感知客户,要把注意力放在做好服务对象的细化工作上,按特点、对象和目标分为生命客户、重点客户、潜在客户、控制客户,使客户服务细化和专业化。要有进有退,有所为有所不为。要把注意力放在对服务流程细化的工作上,理顺和调整服务流程。提供多元化、高收益、富有特色的金融产品和服务,正成为银行金融机构赢取中产阶级和富裕人群客户的重要途径。

四是要善待客户抱怨,要关心弱势群体。应把客户的抱怨视做对银行的信任和期望。要设身处地为客户考虑,要以安抚、疏导和化解的方式,帮助客户解决问题。同时要公平对待所有消费者和客户。要始终把为弱势群体服务作为责任和必不可少的内容,从设施、流程和制度交易改进和完善的角度,始终保持对弱势群体的服务能力。如此,要努力在银行服务的社会责任履行上充分体现自身特色。

五是培育和谐团队,提升服务技能。和谐团队是实现优质服务的基础,服务技能则是提供优质服务的支撑。要倡导团队合作精神,不断提高服务能力,齐心做好客户服务工作。要不断适应社会发展和市场需求,精通专业知识,拓展服务技能,不断满足客户和市场日益增长的服务需求。

（2）扎实做好基层网点服务，倾注履行社会责任的着力点

一是建立健全客户服务体系，强化中后台的有效服务。要树立"为客户提供最好银行服务"的理念，专注规划好"以客户为中心"的服务体系，大力营造"一线为客户，二线为一线，职能部门为基层"的大服务格局。从纵向看，要求从董事长到一线员工，围绕"以客户为中心"，实现从按产品设置机构转变为按客户设置机构，再到以客户需要为依据转为为客户设计产品组合。从横向看，要求二线部门和岗位始终践行"以客户为中心"的理念，从相关制度和办法的制定到操作流程的设计，再到相关业务的审核审批，间接为客户提供服务或者为改善服务而发挥各自的作用。银行最好的服务源于中后台。要准确定位中后台的角色，强化中后台的主动服务意识，注重细节，不断提高中后台的服务技能。

二是健全有效的激励机制，持续提供最好的服务。要建立把实现银行的服务价值与员工的个人价值相结合的激励机制，使员工能够持续地为客户创造最好的服务。要为员工因努力工作和成效卓越而提供职业晋升的舞台。要健全与个人绩效密切挂钩的物质利益的职业回报机制。要为员工因努力工作和成效卓越而得到客户赞誉和上司肯定营造职业价值认可的文化氛围。只有科学合理的利益驱动，才能起到奖优罚劣、奖勤罚懒的作用，才能真正提高银行的服务水平。

3. 银行法人机构软实力建设的专注力评估。关于企业专注力运用范围是相当广泛的，也就是可以体现专注力的领域涉及企业的战略决策、经营管理和市场品牌管理等方方面面。其中，由于金融机构经营日益市场化，体现在"社会责任履行能力"建设方面却容易被忽视，需要给予其突出的位置。同时，在银行软实力"七巧板"理论框架下，通过对软实力束的性质和功能进行比较，"社会责任履行能力"建设与专注力这个软实力束相通，可以纳入专注力进行评价，而难以将其划归到其他软实力束及其指标组中去评价。而专注力也体现在"业务发展模式改进能力""经营审慎管理能力"和"内控管理能力"上，但是，这些能力不易被忽视，而且会自然而然地倾注更多的注意力，实际上需要更多的控制力。因而，通常将"业务发展模式改进能力""经营审慎管理能力"和"内控管理能力"放入控制力中去评价，以防止和减少"营业外支出过高""内部案件数量增加"和"内部违纪违规人数上升"等问题发生的概率。

因此，本文在指标设计时，仅仅将"社会责任履行能力"作为地方法人银行机构在专注力上软实力建设评估的先行观察指标，并将"贷款投向自觉能力""企业员工参与公益事业""企业交往操守"等指标作为其二级指标。

其中，"贷款投向自觉能力"作为二级指标，主要是考察地方法人银行在信贷投放应履行的社会责任，包括"两高一资"贷款占比、"产能过剩行业贷款占比""支农服务贷款占比""社区贷款占比"等三级指标；

"企业、员工参与公益事业"作为二级指标，主要是考察地方法人银行和员工参与公益事业的意愿和实际行动，包括"员工慈善捐款占年工资收入比重""员工参加志愿者服务人数比重""企业公益慈善捐款占税前收入比重""企业参与公益事业管理机制"等三级指标；

"企业交往操守"作为二级指标，企业交往操守实际上往往更多表现出员工在履行工作职责过程中集中反映出来的道德操守，因此，包括"诚信意识""协作精神""法制观念"等三级指标。

3.5 软实力理论之四：使各种措施落实并反馈的控制力

地方法人银行包括软实力在内的所有实力，其对内的组织员工，对组织外客户和个人产生吸引力，需要依赖一定的环境（实施者和承受者在何种条件下）发挥作用。相比硬实力，软实力更加依赖自发的解读者和接受者。这就是软实力在运用各种文化资源、价值观、经营管理政策和战略管理过程中，解读者和接受者必然与实施者的目标产生一定偏离。因此，地方法人银行软实力建设的一个不容忽视的方面，就是在培养吸引力的同时，必须着力构建控制力体系，及时有效地掌控软实力实施的进程和效果。完善切合实际的制度体系，为有效地执行提供有力的制度文化基础，这也是金融机构控制力建设的前提和基础。

3.5.1 关于控制力的理论

1. 控制力的概念。对于控制力的定义，目前学术界尚未作出一个普遍认可、含义明确的定义。主要有：

一是从管理的基调和理念看，控制力是一个基调、一种理念。因此简单地说，控制力就是企业自我控制的能力，而是领导者控制企业执行的能力，而且这种能力会决定企业能否有效地执行自身最终目标的实现。① 因此，其目的是通过强化提升控制力，有效地执行和实现企业的最终目标。

二是从管理的流程和方法看，控制力不是企业天生就有的，而是一个可以培育和操作的体系。从这一角度看，控制力就是一个能够遵循特定的步骤与方法去构建的系统，以实现企业最终目标的管理体系，包含从战略、组织、控制手段，到人力资源及责任机制、企业文化建设等一系列管理的方法，这些管理的方法将帮助企业领导者、各级管理者有效地引导企业战略、运营与人员流程的运作。

2. 控制力的理论基础。主要有：

一是从管理职能角度，"控制"是一个重要的管理职能。控制是企业领导者运用计划、指挥、激励等多种控制要素以求实现其既定目标的一个活动过程，这一过程也是领导过程的一个重要组成部分。

二是从控制理论角度看，控制系统是战略实施的主要工具。20 世纪 70 年代战略规划和预测成为管理焦点，美国哈佛商学院教授罗伯特·N. 安东尼（Robert N. Anthongy）指出，企业战略实际上是透过一个企业的控制、组织结构、人力资源管理和文化来实现的。"组织结构说明了在组织内部作出决策的角色、报告关系和责任关系。人力资源管理处理挑选、培训、开发教育、提升和解雇员工。人力资源的决定必须同选择的战略和结构一致，从而可以发展所需要的知识和技能。文化指组织既定的一些共识、态度和标准，它们或明确或暗中引导管理行为。"②

三是从管理手段角度，控制力就是一套基于控制管理理论的可操作的管理方法与工具。其中，平衡计分卡是实现控制力一系列核心的咨询解决方案。平衡计分卡是哈佛商学院教授罗伯特·卡普兰和复兴全球战略集团（管理咨询公司）总裁大卫·诺顿，在总结十几家绩效管理处于领先地位公司经验的基础上，大力推广的重要战略与绩效管理工具。

3. 控制力的基本理论。可以从以下几个方面进行阐述：

（1）控制力提升的理论。针对企业实现战略的精确制导，提升战略执行的意愿、提升战略执行的能力等问题，管理学专家秦杨勇和张正龙等提出控

---

① 秦杨勇、张正龙：《控制力：不要被执行蒙蔽双眼》，北京，中国经济出版社，2006。

② 罗伯特·N. 安东尼、维杰伊·戈文达拉扬：《管理控制系统》，刘霄仑、朱晓辉译，北京，人民邮电出版社，2010。

制力提升的理论。通过提升控制力来改进和完善企业执行力的解决方案，其由实现目标的责任、执行的意愿、执行的能力三个要素的构建而展开，即在明晰企业战略、计划基础上，通过平衡计分卡的导入、企业流程的优化、组织的澄清、人力资源管理与企业文化的建设，来构建企业的控制力以最终提升企业的执行力。企业运用控制力理论、可操作管理方法与工具来指导管理实践。在此基础上，进一步理顺控制力与执行的关系，方能改善自身的战略执行力。

（2）具有控制力的企业的基本特征。一个具有控制力的企业，应当具备以下八个方面的条件和特征[1]：

一是企业战略具有明晰性和规划性。控制的目的就是确保战略决策与战略执行保持高度的一致，最终实现企业的战略目标。假如企业离开了战略谈运营控制，控制就会偏离企业战略的宏观监控框架，失去其应有的意义。因此，判断一个企业是否具有控制力，首先要看它有没有明晰的战略及动态的战略监控系统。

二是经营计划控制具备有效性。经营计划是一种将企业战略转化为可操作的行动计划，是实现战略目标的载体。经营计划是企业控制日常经营活动最基本也是最重要的手段之一。分析判断经营计划运用得好坏，能直接反映企业控制力执行的状况。因此，经营计划控制手段的运用，是评价一个企业控制力的重要标准之一。

三是财务控制系统具有合理性。企业的日常运营乃至战略目标的实现，必然体现为资金的流动。而财务控制系统就是对企业整个资金流动进行全方位的管理，包括会计核算制、财务预算制等一系列控制手段和方法。因此，财务控制系统的稳健性状况，是评价企业控制力的重要标准之一。

四是日常运营控制的良好性。企业日常基本运营控制是对拥有企业基础价值的职能部门及其相关联的职能控制与被控制进行明确和界定，具体是对研发、采购、生产、营销及售后服务等职能部门各环节的控制。企业唯有建立起一个良好基本运营的控制系统，营造有效的控制力，才能保证价值链条诸环节的顺畅。因此，企业日常基本运营控制的状况，也是评价企业控制能力的重要标准之一。

---

① 秦杨勇、张正龙：《控制力：不要被执行蒙蔽双眼》，北京，中国经济出版社，2006。

五是企业文化具有协同性。企业控制系统能否发挥作用依赖于其与企业文化氛围是否具有协同性，能否对企业控制系统产生有效的支持。如果企业文化适应企业战略系统，氛围良好，企业控制系统的功效就能够得到有效地发挥；反之，即使控制系统再健全，也难以获得有效的控制力。

六是组织架构具有匹配性。组织架构作为控制系统运行的重要承载者之一，组织架构与控制系统是否具有匹配性，组织架构的合理与否将对企业的控制系统的功能发挥产生重要的影响。如果组织架构本身存在不合理，就必然制约控制系统功能。因此，将组织架构与控制系统是否具有匹配性作为控制力提升的重要标准。

七是人力资源管理具有支持性。作为企业最重要的资源——人力资源，与企业战略的执行力之间有直接的正相关关系。企业人力资源的优劣直接影响企业战略执行力的有效性，这与企业的人力资源管理系统有最直接的关联。假如企业对人力资源缺乏有效的控制，缺乏相应的绩效考核机制，导致控制系统失效，员工的执行力下降，甚至会出现大量优秀人才流失。

八是责任机制具有有效性。企业责任机制主要解决的就是企业的战略目标、部门与员工的目标和行为保持协同的问题。一个良好的责任机制是否具有有效地牵引集体与员工行为的功能，直接影响控制系统运行的有效性。企业缺乏有效的责任机制，实际上就是缺乏规范员工行为的机制。因此，在企业控制力提升的理论与实践中，通常将责任机制建设列为首要问题。

4. 提升控制力实施的五个步骤。在决策层和管理层以及企业其他阶层了解和掌握应遵循的主要步骤之后，企业管理就能有效地推进变革，实现控制力的提升。企业管理控制力提升变革，应当遵循五个重要的步骤：

一是变革的前期准备阶段。这一阶段，主要为管理变革营造一个良好的氛围并准备相关的资源。具体有组建提升控制力的团队、编制提升控制力项目的推进计划、做好提升控制力的前期调查、做好前期宣传与培训等。

二是战略梳理阶段。这一阶段，明晰战略是控制力提升的重要前提。具体有战略环境分析（分为企业战略的外部环境与内部环境分析）、战略规划（包括集团与集团内部业务单位任务系统设计、各层面战略目标、战略关键举措、职能风险应对原则、重点战略实施计划等内容）、战略实施方案细化（主要是重大行动方案的制订、战略决策机制设计、年度经营计划与预算编制等内容）等环节。

三是集团管控模式设计。进入这一阶段，主要针对母子公司，要研究母子公司的管理架构，需要具体确认集团管控的模式。大型国有股份制银行在综合经营的发展趋势下，几乎持有兼营证券业、保险业牌照，基本采取集团管控的模式。目前地方法人银行采取分支行制的管控模式，可以参照集团管控模式设计控制系统。

四是流程优化与组织架构设计。这一阶段，建立企业管理控制系统的重要方法是流程优化。第一，流程是企业控制的基础，是实现企业规范化管理的重要工具，是企业执行力形成的基础。不同的企业在不同的发展阶段以及企业的关注点上，往往会在流程再造（适用于新成立的企业或事业部或者接受新并购的企业）、流程优化（适用于企业不断突破和创新）、流程控制（适用于企业设计建立流程和强化控制手段，或对流程的执行进行严格控制）等模式选择和决定流程变革。第二，组织结构是落实管理规则的载体，是执行力的前提，也是企业明晰管理控制中责任机制的前提。企业组织结构的设计，其主要步骤为明晰组织结构的影响因素与设计重点的考虑因素（战略、组织规模、技术、环境）、明确组织的目标（企业使命、经营性目标以及设置方法）、梳理组织的功能（经营内容、经营深度）、确定组织的管控模式（包括财务管理型、战略管理型、操作管理型）、设计组织架构（包括企业事件分析、企业功能清单、设置部门、设计制约机制、确定组织层次、确定结构图等）、描述组织的职能等步骤。

五是平衡计分卡、人力资源管理与企业文化建设。这一阶段，企业进行人力资源管理与企业文化建设，关键是以平衡计分卡为核心工具以链接战略、流程、组织架构、人力资源管理与企业文化，形成一整套管理系统的整合。平衡计分卡主要从财务、顾客、内部运营、学习与发展四个互为关联维度来平衡定位、考核企业各个层次的绩效水平。平衡计分卡能有效促使企业主动检讨公司战略，确保控制力的前提明晰化；控制系统的实施是以平衡计分卡作为牵引和控制的着力点；平衡计分卡是企业战略、管理控制系统、组织架构、人力资源和企业文化的整合器。

5. 控制力的现实意义。对于企业尤其是中国企业而言，培育和提升控制力的现实意义，主要体现在两个方面：

一方面，控制力能帮助企业梳理和制定有效的战略决策。战略是企业管理的核心，是企业控制力提升的前提，因此，控制力的提升首先可以通过企业战略的梳理，明晰目标和实现目标的路径，帮助企业构建起一个全面、动态的战略决策与监控体系。而战略的梳理和战略管理监控系统的建立，能够有效地避免在企业战略决策中"长官意志"和"拍脑袋"现象的发生。在控制力体系中，战略管理不仅是企业高层个人的事情，而且应是依照一定的框架体系，让企业上下参与运作，对战略全面、适时监控的全过程。这样，企业有效的控制力能够避免高层个人疏忽所谓的关键细节。

另一方面，控制力是日常运营的管控实施与战略目标实现管理系统的整合器。控制力是企业通过日常运营的实施，以确保战略目标的实现。而管理控制系统的设计就是对企业以流程与制度为主线，规范企业经营计划与财务预算、管理与基本运营体系的活动；战略目标的实现在母子公司管理条件下，影响集团管控模式，共同决定管理控制的流程、组织架构、人力资源管理、企业文化。控制力就是通过管理控制的标准转化为管理流程的绩效标准，以平衡计分卡将责任落实到位，有效链接日常运营的管控活动与战略目标的实现，进而整合企业资源。这就是控制力能够帮助企业获得有效运营执行及各种资源的保障，进而实现战略目标。

3.5.2 银行软实力与控制力的关系

一是控制力是确保软实力建设质量的核心"工具"。软实力建设涉及组织内外的各个领域和环节，是一个复杂的系统工程。软实力在运用各种文化资源、价值观、经营管理政策和战略过程中必然产生解读者和接受者与实施者目标的偏离，甚至出现背离的行为和方向，严重制约战略目标的实现。这就需要建立控制系统，确保相关信息及时准确地反馈，以掌控软实力实施的过程和效果。因此，控制力是确保软实力建设质量的核心力量。而平衡计分卡又是实施控制力常规有效的核心工具。平衡计分卡能将企业战略、管理控制系统、组织架构、人力资源和企业文化整合在一起，并置于控制范围，成为软实力的核心之一，共同引导企业战略的执行。例如，当前中小银行的企业文化建设，往往借助管理咨询公司编制的一套企业文化建设方案，其中包括企业文化纲领（企业概况、战略远景、核心文化）、制度文化建设方案（企业行为规范、企业文化管理制度）、表层文化建设方案（主要是表层文化建设手册）。但是，光有纸上的企业文化建设的各种方案，没有经过倡导和实践，难以将企业的核心价值转化为一种具有竞争力的软实力。因此，中小银行必须借助平衡计分卡这个控制力的核心工具，扎实做好绩效管理工作和将企业文化与员工能力素质管理对接的两项企业文化实施工作。[①]

二是软实力的广泛运用是控制力有效实施的软环境。软实力就是通过综合运用各种资源，尤其是文化资源、价值观、经营管理政策和战略管理，对解读者和接受者产生一种吸引力。而这种吸引力的不断积聚，将为各种资源的运用形成一种有效持续的软环境。控制力的有效实施需要依赖这种环境，因为管理文化的本质就是"流程规则"或"规程文化"。控制系统存在信息接收、反馈环节及其反复过程，方能使控制力变为有效和持续。如果企业文化中缺乏一种"规程文化"，就会让控制系统失去理解和接受的环境，变得形同虚设。如有的中小银行在初创时期，尽管也编制不少操作流程，往往依据"创业精英"的个人魅力在进行管理，而不是基于"规则"的管理。随着银行进入高速发展时期，在达到一定规模以后，依靠在"精英文化"下的个人魅力管理企业越来越困难了。其主要原因是银行在达到一定规模以后，必须依靠流程规则进行管理，防范经营管理风险；而原先适宜人治管理的"精英文化"，却难以适于流程控制而未能有效运行。因此，中小银行要控制系统的有效发挥，就得让"规则文化"深入人心，变成一种软实力。

3.5.3 银行软实力的控制力建设与评估

1. 银行法人机构软实力建设在培育控制力上存在的主要问题，主要表现在：

一是部分中小银行存在隐式战略倾向，战略管理控制形同虚设。由于不少中小地方银行组建时间不长，处于起步阶段，发展思路尚未真正理清，对自身特点和拥有资源以及市场发展趋势认识尚不到位，经营计划和战略规划往往脱离实际或过于理想化。这些经营计划和战略规划在市场竞争冲击和地方政府部门干预下，只能通过内部各职能部门的活动，依从于其业务性质和负责人兴趣的驱使，潜行于各职能部门，各自为政。这种隐式的战略管理模式，难以把企业上下纳入战略管理框架而不能形成有效战略的整体效果。在这种情况下，加之企业控制意识薄弱和控制落后，技术控制系统的信息反馈和纠错功能往往缺位或形同虚设，战略管理的控制系统难以真正发挥作用，

---

① 秦杨勇、张正龙：《控制力：不要被执行蒙蔽双眼》，北京，中国经济出版社，2006。

直接影响软实力作用的正常发挥，导致银行核心竞争力下降。

二是部分中小银行对企业文化建设的控制系统缺位，"墙头价值观"普遍存在。2007 年国际金融危机以来，国内一些中小银行开始加大对各项业务风险防范系统建设的投入，相关控制系统逐步得到完善。但是，对企业文化建设仍停留在做表面文章上，有的在设计阶段就开始相互抄袭所谓核心价值的标语、口号，没有真正挖掘自身特点和历史发展积淀，更重要的是，大多中小银行忽视企业文化实施，没有得到倡导，没有建立企业文化建设控制系统，将企业文化和软实力建设纳入各项业务活动中，去真正贯彻，而基本上成了写在纸上挂在墙上的"墙头核心价值观"，没有浸润在员工心里，体现在行动上。据调查，大部分省份的地方法人银行机构对两项最为关键的企业文化建设控制系统工作没有进行，即企业文化实施的绩效管理、企业文化与员工能力素质管理对接工作尚未开展，直接影响了企业文化建设真正落实到位。

2. 银行法人机构软实力建设在培育控制力上的着力点。

（1）建立有效的沟通系统，培育银行业机构系统的控制力

在银行业机构有效沟通涉及的范围和领域很广，其中决策层成员之间的沟通、管理层与决策层之间的沟通是最核心的，直接关系到银行决策的正确、顺利实施和自身的长远发展。

一是要保持决策层成员之间、管理层与决策层之间的有效沟通。通过沟通把银行正确的方针政策传达给所有分支行，传达给所有员工，并把基层和员工的不满和建议反馈给管理层甚至是决策层，以适时调整，使既定的计划和目标真正得以实现。

二是要保持决策层与员工之间、管理层与员工之间的有效沟通。这就要构建学习型企业，搭建有效沟通的平台，营造基层的学习氛围，决策层相关领导可以和基层员工一起学习交流，以便及时准确地传达有关决策和近期的情况。决策的表达应该是准确、清晰、简洁的，易引起员工的注意力和共鸣，防止仅仅布置、问责和追究式的沟通。如此，银行的决策才能得到准确、有效地实施。

三是要保持银行内部职能部门与部门之间的有效沟通。这是协调各经营单位、各职能部门的协作关系，形成银行整体创业的凝聚力和良好企业文化的重要途径。作为流程银行，银行业机构设为前台、中台、后台之间的流程操作，需要相互支持。其中全面风险管理，需要各类具体风险管理部门与总

分行风险管理牵头职能部门的相互合作，各方要认清总体目标，常换位思考，明确责任，明确任务要求，防止互不相让，各自为政，才能有效提升全面风险管理能力。

四是要保持组织与员工的有效沟通。这是激励员工，提高整体形象，提升可持续发展能力的重要途径。要使全体员工全身心地投入，组织管理者通过有效的沟通方式让全体员工及时准确地认可、遵守和执行，不断地深化、营造"员工以银行为家，银行以人才为本"双赢的企业氛围和企业文化，增强员工的责任感和对银行的归属感，激励员工成为绩效创造者。管理者应采取不同的激励方式，应把经验丰富的老员工安排在适合的岗位，调动他们的工作热情；应给予年轻人更多的鼓励和提醒，必要时给予指导和帮助。

五是要保持银行同业之间的有效沟通。银行同业既是竞争对手，又是合作伙伴。因此双方特别需要有效的沟通，互相补充、互相信任，避免暗箱操作。有时，银行同业合作难免会有误解，能否及时消除误解并达成协议，关系到银行效益和市场的声誉。要及时解决实际工作中的难题，达到合作成功，实现共赢。

（2）构建制度的有效执行机制，培育银行业机构制度运行的控制力

一是强化制度执行情况的常规性检查。银行所有分支行机构都要把制度的有效执行作为各级管理人员的首要职责，做到常规性检查。总分行的职能部门要定期制订自律监管检查方案，事后的检查结果要书面通报全辖，并作为考核职能部门工作质量的主要依据。对前台部门、安全保卫、信息科技、营运、信贷等部门要制定出规划和检查的频率；要有检查提纲和检查报告，以确保检查质量；要突出风险点检查，要将职能部门人员，信贷和财务监管等人员充实到检查队伍中。

二是实施盈利可持续增长质量的评价考核机制。主要是评价盈利增长模式的可持续性，挖掘业务增长潜力是否有效，是否更多依靠创新和转型，改善盈利结构的措施是否合理，是否通过大力发展差异化中间业务，开拓新的盈利领域，提高手续费及佣金收入等非息收入的规模和占比等途径和手段。也就是说，在当前我国的利率市场化与金融脱媒、互联网金融发展等情形下，对银行资产端和负债端两头明显挤压、净息差收窄的速度和幅度加大，着重考核银行机构是否真正通过改革创新走出一条盈利可持续增长之路。

三是实施严格的问责机制。主要问责内容是：职能部门是否按规定组织

本专业制度执行情况的检查，所查出问题的整改和落实情况如何；检查组人员是否存在做"和事佬"而放松检查的情况；职能部门负责人及管辖员工的制度执行情况；各级经营班子各项经营指标的完成情况和各项制度的执行情况。通过建立问责制度，对制度执行不到位的，要提出批评。造成损失的，要进行责任追究。对制度执行有力的员工，要及时进行表彰以弘扬正气。

四是实施严格的责任倒查制度。要明确和实行：检查人员对检查事实要负责任，以增强责任心和提高检查质量；基层行行长和职能部门未加强管理、未按规定组织各类检查、未及时组织整改而延误时机造成损失的要倒查其责任；各级决策者要承担决策责任，责任不单都在执行者，要做到责、权、利的统一。

五是实施关键和重点岗位的强制性定期轮岗。这是落实银行监管部门要求，防范各类风险和暴露问题的有效途径，也是约束有关人员对违规心存侥幸心态产生的重要方法，也是锻炼人才、培养复合型人员的有效途径。

六是改进合规教育和制度培训。培育制度运行控制力的重要保障之一是对制度与合规要求的熟悉和掌握。这就要不断改进教育培训的方式和内容。要结合案例，加强分析解读，让员工充分了解不同规章制度的区别和约束力，以及不同规章制度的逻辑关系。为此，要进行必要的合规制度教育考试，不断促进全体员工的合规意识和制度的执行能力。

（3）构建基层案件的防控机制，培育银行业机构"案防"的控制力

对于银行而言，案件防控是制度有效执行的直接结果，控制力好坏的一个重要标志是案件防控是否有成效。从四个方面入手：

一是加强宣传教育，增强员工执行力意识。执行力本质就是一种工作态度。执行力需要精神信仰作支撑，需要激情作动力，需要耐心和毅力作能源。因此，要加大对员工的教育力度，不断增强制度意识，牢固树立严格按制度办事的观念，养成自觉执行制度的习惯，把制度转化为领导和员工的行为准则、自觉行动。要加强风险事件和案件的提示，增强全员防范案件的控制力。

二是制度建设与执行并举，明确职权优化流程。要对现有的规章制度（包括岗位职责、业务流程）进行及时评价，检查制度是否与实践相符合；要及时对制度进行清理、修订、完善和补充，使制度成为规避风险案件的"利器"；要通过培训学习，集思广益，分清制度的条条框框，分解到各个部门、环节和岗位，明确各自职责，通过自上而下的合力使执行更顺畅。

三是健全监督约束和激励机制，保障制度的有效执行。要建立健全有力的监督约束机制，明确责任部门和具体责任人，把制度执行情况作为员工立功受奖、提拔使用和评先评优的重要依据。要坚决追究直接责任人和有关领导的责任。要对制度落实情况定期进行分析，检查结果及时通报，考核结果及时反馈。对倾向性和关键性问题，要早发现、早纠正、早处理。要建立健全有效的绩效考核机制。对各个管理岗位的绩效考核办法必须体现内控与案件防范的要求，逐步改变重制度轻执行，重发展轻管理的状况，要变被动为主动，确保内控与案防工作落到实处。要综合运用多种手段，激励和引导员工自觉执行制度。

四是营造控制力文化建设，打造案件防范的长效机制。要着力从理念、知识、规范、标准、环境等层次，重视和不断推进控制力文化的建设。要树立"风险调整收益"的观念，加强"案件就在身边"的警示教育，使每个员工都牢固树立风险与案件防控意识。要以"内控优化"为原则，对案件防范的控制力文化实行目标管理，调动全员积极性。要加强员工业务培训，加强条线管理和条块制衡，加强前台业务稽核和后台业务监控，把控制力文化建设落实到每个岗位、每个员工的身上。

3. 银行法人机构软实力建设的控制力评估。如前所述，从软实力建设角度，控制力涉及范围较为广泛，不仅表现在组织管理、内部控制及其执行能力上，而且表现在企业文化和市场品牌建设的影响力上。但是，考虑控制力与领导力这个元权力存在较为直接的派生关系，加之控制力本身在企业内部管理运行上表现得更为明显，因此，笔者考虑将"组织模式及执行能力"和"管理及内控能力"作为控制力在银行法人机构软实力建设评价的两个重要先行指标。一方面以"组织文化建设能力""法人治理结构""管理层素质"和"执行能力"等二级指标用于分析"组织模式及执行能力"；另一方面则以"管理制度执法能力""业务发展模式改进能力""经营审慎管理能力"和"内控管理能力"等二级指标用于分析"管理及内控能力"。

其中，"组织文化建设能力"作为二级指标，包含"组织基本理念""组织文化建设"等三级指标；

"法人治理结构"作为二级指标，包含"基本结构""决策及执行机制""激励约束机制"等三级指标；

"管理层素质"作为二级指标，包含"管理经验""专业能力""年龄结构"等三级指标；

"执行能力"作为二级指标，包含"执行政策的灵活性""企业部门管理的创新探索""学习能力"和"交流活动"等三级指标；

"管理制度执法能力"作为二级指标，包含"守法自觉性""执法公正性"等三级指标；

"业务发展模式改进能力"作为二级指标，包含"发展模式的稳定性""发展模式的自我调整能力"等三级指标；

"经营审慎管理能力"作为二级指标，包含"发展战略规划""业务模式""规模扩张""网点建设""存贷款平滑度""短期融资依赖度""贷款集中行业"和"客户景气度"等三级指标；

"内控管理能力"作为二级指标，包含"营业外支出比率""内部案件数量/网点数量"和"内部违纪违规受处分人次/总人数"等三级指标。

4 银行软实力理论分论 II

——塑造企业、品牌与影响市场

4.1 引言

美国著名历史学家戴维·S. 兰德斯说："如果经济发展给了我们什么启示，那就是文化乃举足轻重的因素。"① 在银行软实力七巧板理论框架下，借鉴保罗·萨缪尔森等关于市场经济的统治者"二元君主"原理，摒弃"一山不容二虎"的传统文化观念，文化力是与领导力一同列为软实力体系的元权力，成为银行软实力"七巧板"理论的两大支柱。当然，这是基于软实力体系每个元素的性质和功能划分归类得出的，并将基于互惠互利原则，与影响文化、价值观和行为准则最有直接关系的一组软实力，即文化力及其"孪生"权力——同化力和认同力，以及其派生权力——影响力和恢复力，形成有机组合，去塑造企业、品牌，影响市场和社会，其目标是增强员工对企业归属感，深化市场对企业信任感，形成社会对品牌的认同感，提高对企业与市场、品牌风险的恢复能力。当然，文化力及其派生权力同样是基于企业内外集体共识形成的认同感，由企业内部溢出企业，走向市场和社会，影响市场和社会。

4.2 软实力理论之五：增强企业凝聚的文化力、深化市场的同化力与超越品牌的认同力

当今世界多元文化竞争日益剧烈，各国都在采取种种措施强化民族文化力。一个国家和地区的历史传统、政治和经济的价值观和道德观念，浸润在制度体系之中，让制度体系具有影响并塑造他人意愿的能力。完善的

---

① 戴维·S. 兰德斯：《国富国穷》，门洪华、安增才、董素华等译，北京，新华出版社，2010。

切合实际的制度体系，能增强一个金融机构的软实力。金融机构设计经营管理规则和制度体系，推行了自己的价值观。这些规则、制度与国家或区域经济体系中的文化特性是大体一致的，尤其具有共同认可的文化和共同价值，那么，这些规则、制度及其组织文化则对机构内部组织、员工具有吸引力，并对机构内部组织、员工进行逐步同化；同时也对机构外部的社会公众、客户、市场机构及其员工产生吸引力，并逐步接受这些规则、制度及其组织文化。

4.2.1　关于文化力、同化力和认同力的理论

（一）文化力理论

1. 文化力的基本概念。通常而言，"文化力"是指由弘扬主流文化、传承先进文化和来自历史源头的精神文化作用于人们社会生产、科技、文艺和生活活动而产生的观念形态的力。因此，文化力是民族精神力量的同义语。当今日益竞争的世界，各国都在采取各种扶持本文化政策、措施强化民族文化力，包括动用经济、军事等维护手段，但更重要的还是取决于文化内涵本身。一个有深厚文化底蕴的民族，在强权政治面前也会立于不败之地。故文化是永久制胜之本。

2. 文化力的地位。一个国家和地区、组织和企业、机构的文化力在其软实力体系中处于重要地位。判断文化力是否为软实力体系的核心，可以从三个条件去看。

一是从软实力角度判断文化力，文化是否具有主导性。文化是文明的基石。文化力是文化活动的引擎，它把一个民族、一个国家的文化活动的物质成果和精神成果，凝聚成永恒的民族精神。同时，文化是社会肌体健康的基因。没有先进文化力灌注和支撑的政治，会产生强权专制或懦弱腐败，会产生迷信与盲从，甚至是冷漠、无情和残酷。没有相应的政治支撑，文化力也难以有效持久发挥，文化就可能被边缘化甚至消亡。没有文化力对经济的推动，经济也难以维系持久的繁荣与稳定。文化力推动了政治与经济协调进步，共奏凯歌。

二是从硬实力角度判断文化力，文化是否具有先导性。文化力对其物质生产活动具有正向、负向两种引擎作用。

三是从综合的角度，文化力是否具有开放性和包容性。文化是人类创造

性地改造自然和改造自我活动的产物。一个国家和地区的文化唯有开放性，方能表现出包容和豁达的心态。这样，文化就能随着物质世界的发展而发展，也能较好地吸收一切优秀文化。优秀文化既是一种生产力，更是一种强大的精神动力。文化力与物质科技硬实力，相互作用，相互依靠，难以分离。两者如车之两轮，鸟之两翼，凤鹏并举同前进。

四是从参与市场的角度，文化力是否具有操作性。文化是一种基于价值观的行为方式。每个企业都是其内部文化的缔造者，文化影响了企业参与市场活动的方式。① 不久前的丰田召回事件是最能彰显内部文化价值的案例。这一事件告诉我们，前辈苦心打造的内部文化并非是导致召回的原因，真正的原因恰恰是丰田背离了自己的文化传统。丰田想称雄全球汽车市场，但却急于求成，忘记了自己的价值观和内部文化。它的公开道歉表明，公司决心重归传统，重拾价值。因此，文化影响力最终反映在企业对事务处理和操作的价值取向上。

3. 组织中的文化含义及其分层。

一是组织文化的定义。由于组织文化的概念较为多样和复杂，但是从组织文化执行力的角度，美国管理心理学家雪恩（E·H. Schein）所给出文化的定义，可以说是文化所具有软实力的作用。在《在组织文化和领导层》一书中，雪恩将文化定义为："组织成员所共有的、被无意识执行的深层基本假设和信念，是被组织本身和外界环境认为'理所当然'的"。② 他还这样来定义文化："一个特定企业在适应外部、整合内部时，处理问题的过程中创造、发现或发展的基本假设模式，这些模式效果良好，所以被认为是有效的，并且被当做是处理此类问题的正确分析、思考和感知的方法教授给新成员"。③ 文化的本质是人们评价和行为基础的假设模式。④

二是组织文化的层次。在雪恩看来，文化是一个具备三个层次的过程。这是个动态、互动、持续的过程。

---

① 马丁·戈德法布、霍华德·阿斯特：《认同力：超越品牌的秘密》，秦宏伟译，北京，新星出版社，2012。

② Schein，E. H.（1985）. Organizational Culture and Leadership ［M］. San Fransisco：Jossey - Bass. p. 6.

③ Schein，E. H.（1992）. Coming to a new awareness of organization culture ［Z］. in G. Salaman (ed.)，*Huraan Resources Strategies*. London：Sage，p. 237.

④ Schein，E. H.（1985）. Organizational Culture and Leadership ［M］. San Fransisco：Jossey - Bass. p. 112.

第一层次是人为及创造层。这一层具有较为可视化的特征。通常是经过实践而提炼的企业核心价值、企业精神、企业形象识别系统、行为准则、管理理念、经营理念、服务理念、发展愿景等一系列企业文化行动指引，如许多企业将之挂在墙上、局域网上，有的还印成手册作为员工的行动指引，有的印在企业宣传品上等，这些被称为行为模式。

第二层次是评估层。这一层可以探究上一层行为背后的原因。若评估持续起效，意味它在更大意义上是正确的，必定正确地反映现实，那么这种情况就会发生；同时，当评估开始被当成理所当然的，它们逐渐变成信念和基本假设，也就被抛出了意识范围之外，就像是习惯会变得自动而无意识一样。到那时，基本假设往往会变得不可对抗和不可打败，并且组织成员可能会发现基于其他假设（而不是这些假设）的行为是不合适的。[1]

第三层次（不可视）是理所当然的假设。这一层是形成组织文化核心。这些理所当然的假设是存在于普通意识之外，并且很大程度上不能被意识所接受的，[2] 是组织生活中难以被人们识别和解释的方面，这也组成了组织文化中的典范。

这些组织文化中的行为准则、典范，既存在于企业高管层和个人员工行为中的认知，也植根于社会和组织结构中，它超出了可用的规则、事实、理论和操作。但是，可以在集体和个人的层次上找到，并可以成为企业竞争力和竞争劣势的来源。

（二）同化力理论

1. 同化力的基本概念。目前不同学科在广泛地研究和运用同化力的理论和概念，因此，同化力的基本含义主要有四种：

一是从生物学角度看同化力的含义。新陈代谢包括同化作用和异化作用。简单地说，同化作用就是把非己变成自己；异化正好相反是把自己变成非己。其中同化作用（Assimilation）是新陈代谢当中的一个重要过程，其作用是把消化后的营养重新组合，形成有机物和贮存能量的过程。因为是把食物中的物质元素存入身体里，故谓"同化作用"。消化过程是同化作用一个典型的例

---

① Schein, E. H. （1985）. Organizational Culture and Leadership ［M］. San Fransisco：Jossey - Bass. pp. 16 - 17.

② Hatch, M. J. （1997）. Organization Theory：Modern, Symbolic and Postmodern Perspectives［M］. Oxford：Oxford University Press. p. 210.

子。根据生物的呼吸作用是否需要氧气，可将生物分为需氧生物、厌氧生物和兼性生物。光合作用是一个重要例子。在这过程中，植物利用二氧化碳和阳光自己制造食物（有机分子），并把这些有机分子储存于植物自己体内。碳反应阶段，所提供的能量（ATP、NADPH）和还原剂（NADPH）是光合作用过程中的重要中间产物，一方面这两者都能暂时将能量贮藏，将来向下传递；另一方面，NADPH 的 H^+ 又能进一步同 CO_2 合并形成中间产物。这样就把光反应和碳反应联系起来了。由于 ATP 和 NADPH 用于碳反应中的 CO_2 同化，所以把这两种物质合成为同化力（Assimilatory Power）。而异化作用，则是生物的分解代谢，是生物体将体内的大分子转化为小分子并释放出能量的过程。

生物体在新陈代谢过程中，从外界摄取物质，使它转化成本身的物质，并储存能量，这个过程叫做同化作用。不论有多少异物侵入体内，都能够全盘接受，渐渐地将其转换成无害物质，这种力量即称为同化力。

二是从地质学角度看同化力的含义。简而言之，它指岩浆熔化围岩，将围岩改变成为岩浆中一部分，称为同化作用。岩浆熔化并与围岩及捕虏体交代的作用。与同化作用相反，岩浆吸收围岩及捕虏体中的某些成分，使原来岩浆成分发生变化的作用，称为岩浆混染作用。因此，只要岩浆与围岩及捕虏体发生过熔化、交代作用，则必然既有同化作用，也有混染作用，所以，通常统称为同化混染作用，简称同化作用或混染作用。

三是从社会学或人类学角度看同化力的含义。它指不同文化单位融合成一个同质文化单位的渐进或缓慢的过程。换句话说就是潜移默化，即在一个群体的长期影响下，你会吸收这个群体的好和坏，从而使得自己变得跟这个群体一样。如汉族的同化力非同一般，在历史与汉族接触的其他民族，如匈奴、回鹘、吐蕃、蒙古、满洲等，所有曾与汉族（或是中原民族）有过矛盾、冲突和战争，最后都逐渐被汉族同化，融入中华民族的大家庭。汉族不仅在数量上具有优势，而且在文化上具有无法比拟的优势，这些周边少数民族在文化和技术上，大多落后于汉族许多，所以他们多数同化于汉族。其中，汉族文化哲学基因——儒家学说是一种普世哲学，其并不排外，具有相当的包容性。因此，这些汉民族周边的少数民族逐渐被融入到以汉文化为基调的中华民族大家庭之中。

四是从管理学角度看同化力的含义。从不同类型的行为与特定资源之间关系密切程度，分析软实力和硬实力各自运用资源情况。软实力资源与同化力密切相关，控制力资源则与强势行为相关联。不过，在组织内，广义的控制力是包括同化力在内各种软实力落实的重要手段。其中，同化力指的是影响并塑造他人意愿的能力，依赖的是文化和价值的吸引力，或者通过操纵议程令人知难而退的能力①。

2. 从管理实践角度看同化力的作用范围。当软实力对具体目标产生作用时，同化力更易对一个国家或组织的整体目标产生影响。如企业开拓市场的经营政策，区分两个目标的实施范围：特定且有形的"占有目标"和更为宽泛的"周边环境目标"（如塑造一个有利于产品行销的环境）②。企业成功地实践这两个目标，对于企业发展战略至关重要。

（三）认同力理论

1. 认同力的基本概念。可以从以下两个方面来阐述：

一是认同感的概念。品牌宣传试图在产品与消费者之间建立联系，使民众相信产品，相信品牌。消费者一旦认可某个商品，这个商品就具备了市场领导力，能吸引更多的顾客购买。从品牌营销学角度，认同感是一种将有形资产和无形资产结合的神奇力量，在消费者与产品之间、民众与政客之间建立联系，牵线搭桥。认同感也是一种强力胶，是"超级"黏合剂，将消费者与产品、民众与企业高管牢牢地黏在一起。③ 认同感可以联系产品与消费者，消除妒忌，实现希望。认同感也是想象力的一种积累和结果。这是认同感超越物质现实的原因。④

二是认同力的概念。认同力就是厂商通过市场调查，发现社会群体消费文化存在某种价值观和集体共识，迎合这种价值观和集体共识，不断生产和销售与消费者联系的品牌，借助品牌宣传，唤起消费者的注意力，让人们认识产品，了解产品，使消费者对品牌产生亲密感和依附感，进而产生足够的信心，并长期维持品牌与消费者的关系——拥有集体共识的能力总和。认同力可以在产品用户和产品制造者之间创建社区或联盟。认同力也可以在消费者和品牌之间订立契约，能克服产品功能和地域限制，还能克服产品变化的

---

① 约瑟夫·奈：《巧实力——权力、个人、企业和国家》，李达飞译，北京，中信出版社，2013。

② 约瑟夫·奈：《软实力》，马娟娟译，北京，中信出版社，2013。

③ 马丁·戈德法布、霍华德·阿斯特：《认同力：超越品牌的秘密》，秦宏伟译，北京，新星出版社，2012。

④ 马丁·戈德法布、霍华德·阿斯特：《认同力：超越品牌的秘密》，秦宏伟译，北京，新星出版社，2012。

影响，走出平凡领域，走入消费者内心，并将全球消费者的品牌意识疆域不断向前扩展。[①]

2. 认同感的培养，形成超越品牌的认同力。发现价值观，寻找集体共识，可以从几个方面来阐述。集体共识是市场的特征，决定了政治活动和消费市场的成败得失。[②] 无论个人决策事关政治、还是消费者决策事关消费，个人和消费者所做的决策蕴含深刻的智慧。这一决策存在某种集体共识，且这一共识来源决策过程。在决策过程中找到突破点，进而影响决策的性质和效果。因为市场中的集体智慧迟早会洞悉事实，集体共识会给出判断。根植于文化的集体共识体现了群体的想象力，确立了社会的主要特征。集体共识背后隐藏群体的影响力，隐含人类加入群体的原因。同时，要影响人类行为，必须懂得社会的价值构架体系，因为价值体系会影响自身行为。因此，在市场事实里，寻找和领会民众潜在的价值观，理解和掌握市场集体共识。价值观是行为处事的标准。只有深入彻底地了解价值观才能理解人类行为的标准及其变化。

当今世界，每个品牌都在不断地推陈出新，不断为延续知名度而努力，力图长盛不衰，其目的是规避经济和社会转变所引发的经济周期或人口变化。为此，企业要发现和分析市场，依据和鼓励客户按照自身的利益改变消费倾向，推动客户，拓宽客户。

但是，当今社会高度分化和全球化，寻找集体共识成为企业家和政治家最直接的挑战。价值观是内在、本质的东西，是品牌的内核，而品牌的核心承诺已经成为认同感的核心要素。一直以来，厂商在想方设法弄清"何为价值观""价值观在哪里"和"如何利用价值观"的三大问题。人们所找寻的和被吸引的具有一致性。人们想了解自己得到的东西，想得到他们所了解的东西。他们希望自己的信任得到回报，不愿失望也不愿背叛。这种始终如一的品质促使消费者信任某种产品。因此，厂商和广告商在探寻社会的不同阶层，按照心理特征来划分人群，根据精巧的办法来找出具备新价值体系的社会群体。一旦接触到不同的社会群体，厂商就可以按照相应的价值体系来影

---

① 马丁·戈德法布、霍华德·阿斯特：《认同力：超越品牌的秘密》，秦宏伟译，北京，新星出版社，2012。

② 马丁·戈德法布、霍华德·阿斯特：《认同力：超越品牌的秘密》，秦宏伟译，北京，新星出版社，2012。

响他们的行为。

3. 培养品牌认同力的基本原理。市场研究是改变革新的原动力，其中变革的关键是市场调查，变革的动力是市场营销。客户与调研者、产品与消费者之间必须保持透明和信任，通过与客户的共同语言，达到"相互信任"，实现有效交流，让客户信服企业的信念。通过市场研究的一系列工作，理解、发现和掌握消费背后文化精神动力——集体共识和价值观。

第一，要做好倾听集体共识的工作。市场研究工作者必须一直保持和发扬倾听的美德。直觉是解决问题的途径，是迸发奇思妙想、取得创新进步的源泉。倾听是直觉的前提，直觉又融合了思考和感觉。市场直觉是发明创造产生的前提，它超越了定量研究，是定性研究的核心。[①] 唯有市场调查，才能创造奇迹。倾听的内容主要有故事，研究文化物品，解读复杂的法规、信息、思想、语言和日常用语。对于自身经验，被调查者必然会提及、反思、思考、表达。一个优秀的市场调查者，必定是一个优秀的倾听者。市场调查者必须从环境和感知出发，从这些环境和感知中，从那些用词和语言中，慢慢厘清思路和理解问题。

第二，实践调查，深入了解文化。研究文化必须展开实践调查，需要参与者亲自参与，细致观察、深入寻访并收集大量数据。优秀的市场调查者需要具备文化人类学的意识和视野，透过文化人类学解读市场，找到正确点，接近它，观察、倾听、尽力理解行为者和行动的意义，并运用于市场和消费研究。

第三，懂得青年阶层及预期消费行为。要研究消费文化，就必须观察青年人为之生存、行动和梦想的社会结构，仔细考察其内部的价值体系。"人口因素决定一切"。由青年人来代表趋势、决定市场，其可能性胜过以往；懂得青年阶层，就有可能预期消费者的行为。[②]

第四，创造新语汇与客户产生共鸣。在调查基础上，市场调查人员要创造新的用词和语言，与客户产生共鸣。语言是思想的先导，是思维和观点的门槛。市场调查人员必须创造新的用词和语言，才能展开有益的研究。只有

---

① 马丁·戈德法布、霍华德·阿斯特：《认同力：超越品牌的秘密》，秦宏伟译，北京，新星出版社，2012。

② 马丁·戈德法布、霍华德·阿斯特：《认同力：超越品牌的秘密》，秦宏伟译，北京，新星出版社，2012。

新颖恰当的用词，才能表达创意和新点子，让客户对你的语言产生共鸣。

第五，由价值转化品牌。适应价值观和集体共识的变化，生产出新产品及产品系列。改变意味着去寻求卓越，寻求更好、更多。品牌是革新与预见的结合，是用价值的稳定性来挑战改变。生产者未来的成功是与品牌化相联系的——对新消费者和新全球市场的一种对应机制，即品牌 = (有形特质 + 超越价格的无形特质) / 价格 = 价值，即"品牌 = 价值"。

第六，外部品牌化的建设。一个人需要在无处不在的改变和对产品的熟悉感之间找到平衡，为此，人们就必须在改变的大环境下找出一些稳定性和可预见性。[1] 品牌化就是为了提供这种平衡，创造出消费者和产品间的信任，而品牌化的一切建设活动，诸如品牌认知、品牌管理、品牌形象、品牌标识、品牌个性以及品牌承诺等，就是为了创造出这种信任。这就需要作出一个承诺，并实现这个承诺。任何承诺都需要被价值环绕，正是那些价值驱动了行动。

第七，内部品牌化建设。即明确品牌的内涵，改善品牌承诺。品牌化不单纯是外部市场的过程，而实际上，品牌存在于组织内部，得把它找出来、塑造出来、赋予它品性，才可以对外展示。这就需要厘清企业内部的核心价值观，要求由每个商业部门和大股东参与讨论和定义各种各样的价值观，进行品牌的演练，取得一致意见，形成一个理念。企业内所有的元素均由这个理念推动，推动内外部采取合适的策略，实现品牌承诺的兑现。在相当长的时间内坚持并做到品牌承诺，超越品牌，建立认同感。

（四）文化力与同化力的关系

在软实力建设中，文化力与同化力的关系，除两者为元权力与派生权力的关系外，它们的关系还主要表现在：

一是文化力与同化力两者具有相同的作用机制和追求目标。两者的作用机制大体相同，都是以文化为基本元素，两者都是实施者综合运用以文化为基础的多种资源，在一定范围内，营造政治活动、消费活动的共同认可的文化氛围，对接受者产生一种吸引力，使接受者接受和信服、归顺，达到增强接受者在政治理念、文化传统、价值观念和企业精神等方面的认同性和可接受性之目的。如中小银行金融机构在企业文化建设中，开展在组织文化建设

---

① 马丁·戈德法布、霍华德·阿斯特:《认同力：超越品牌的秘密》，秦宏伟译，北京，新星出版社，2012。

与品牌建设过程是大体一致的，从自身发展历史、时代赋予的机遇和可持续发展要求来确定企业文化内涵及价值理念，并综合运用文化力和同化力机制感化消费者和客户，并使之信服、接受，达到同化的品牌效应。这就要将企业文化内涵及价值理念在组织文化建设、品牌文化建设加以贯彻，逐步在市场竞争中形成一个完整的企业形象。

二是文化力与同化力两者作为软实力建设的重要手段和途径，各有侧重，存在一定的差异。文化力面对的对象较为广泛，实施系统和控制系统较为松散和不确定，着眼于长远的效果，目标讲究营造较宏大的、同一的文化氛围和环境，具有宏观性特征。而同化力针对的对象较为具体明确，操作性较强，实施系统和控制系统较为明确和标准化，因而，同化力的手段和途径具有较为明显的微观性特征。例如，中小银行在战略管理过程中文化力与同化力两种手段运用存在较为明显的差异。在实践中，同化力体现对表层文化建设发挥作用，具体在基本要素设计、应用系统设计、形象广告系统设计等内容，将企业文化建设总体精神加以贯彻。这样，银行业机构能在短时间内，对外以员工制服、室内外各种标识、广告标志等诸多形式，给社会和市场传递一个企业和品牌的初步形象；对内则以制度、规章等文本形式，传达一个企业经营管理的统一形象。但是，这些同化力活动，要通过长期坚持和完善等一系列的建设活动，将企业文化内涵及核心价值观浸润在每一项规章制度的起草、制订和执行之中，反映在每一创新项目的创意、开发和利用上，如此，同化力就有可能转化、实现文化力的意义和目标，经过长时间的锤炼，文化力方能真正形成持久有效的影响，才称其为文化力。

（五）文化力与认同力的关系

在软实力建设中，文化力与认同力的关系，除两者为元权力与派生权力的关系外，它们的关系还主要表现在：

一是文化力与认同力两者是一种实施与接受的关系。文化是一种基于价值观的行为方式。从主体的角度，文化力主要由实施者对某种文化、价值观和伦理道德、政治信仰等文化观念进行宣传，对这些文化观念的承受者进行渗透和更新，而产生一定影响，形成一种吸引甚至依附和归顺。而认同力正是一种反映和评价文化力实施效果综合实力的直接概括。具体来讲，认同力是由承受者对某种文化、价值观和伦理道德、政治信仰等文化观念的接受和认可，并将其转化为一种实际行动，如支持这些文化观念的实施者，或消费群体以改变自己原先的消费习惯，形成对品牌的认同感，等等。而从企业软实力建设看，每个企业都是其内部文化的缔造者，文化直接、间接影响了企业参与市场活动的方式。企业文化建设必然向市场延伸，成为品牌文化，形成市场认同感，成为维系消费者与产品的桥梁，是消费者对产品的信任感，即产生了认同力。

二是文化力与认同力两者有一个共同的基础是集体共识。美国著名人类学家露丝·本尼迪特克曾指出，"真正把人联系起来的是他们的文化，即他们共同具有的观念和标准"。[①] 也就是说，对于文化力和认同力而言，无论实施者还是承受者，均要参与、阐述和识别这种集体共识——他们共同具有的观念和标准。因为集体共识是市场的特质。如企业文化建设，不仅需要企业领导者对企业自身发展历程在企业内外进行文化调研和归纳，而且需要企业发动广大员工参与这种企业文化建设活动，其中包括文化的调研活动。让企业上下对企业文化的形成和发展一直存在参与、识别、阐述和弘扬的过程。如此形成的企业文化便成为企业共同具有的观念和标准。一个品牌文化的形成也是企业内部文化的塑造向外延伸的结果，即企业根据自身成熟的文化理念，在调查当前社会流行文化的各种需求的基础上，将某一些消费群体价值观念融入本企业产品和服务，使消费者对品牌形成一种长时期的联系，即认同感。这就是在企业和消费者间形成持久的集体认识。

4.2.2 银行软实力与文化力、同化力和认同力关系

（一）软实力与文化力的关系

在软实力建设中，软实力与文化力的关系，除两者为整体与部分（或体系与元素）的从属关系外，它们的关系还主要表现在：

一是文化力是软实力建设的先导力量。文化是人类社会特有的活动，又是人类各种精神活动和物质活动的健康基因。而文化力对各种精神活动和物质活动具有引擎力和先导作用，推动各种政治、经济活动的协调进步。软实力的基础就是文化，要求实施者和承受者（解读者和接受者）对文化有协同性。软实力建设以一种健康积极向上的文化统领，综合运用各种资源，进而形成一种文化认可的吸引力，而非采取强制手段，潜移默化植嵌于人心和行

---

① 露丝·本尼迪特克：《文化模式》，王炜等译，北京，社会科学文献出版社，2009。

动的潜意识中，让解读者理解、接受者自愿接受和追求其想要的东西。因此，文化力是企业软实力建设的先导力量。例如，许多中小银行为提升发展战略，往往从企业文化构建着手，大多从对银行自身的成长历史与发展阶段的理解和系统认识、时代与社会环境对银行提出挑战与机遇的敏锐感知、对银行自身可持续发展的战略要求等三个方面进行调研、分析和诊断，提炼企业战略愿景、核心文化和核心价值理念，设计和制作企业文化方案、制度文化建设方案和表层文化建设方案，借助以平衡计分卡为核心工具的控制系统展开全面实施和后续的评估。如南昌银行基于自身 15 年的发展历史，提炼出"创文化"的企业文化，并提出具有时代特色、区域特色的战略愿景目标，即"创建灵活高效的特色精品银行、爱国履责兴旺昌盛的红色银行、科技创新与时俱进的蓝色银行、持续发展和谐高效的绿色银行"作为南昌银行的发展定位。

二是软实力建设为文化力运用提供广泛的价值空间。软实力强调的是如何运用政治、文化、精神、价值和制度与政策，以及形象和传媒等一系列手段和方式，起到吸引或影响的目的。软实力的相关手段和方式，其基础是文化及其主导性，文化力贯穿软实力建设和运用的各个领域、环节和方面，或直接表现在正面，或隐藏在组织和个体的行为、价值观念之中，起到主导作用和引擎作用，以使各种软实力运用方向偏离度控制在一定范围。这样，软实力涉及银行业机构与政策环境、市场环境互动关系、与政府、监管部门、企业和个人等客户群关系、与内部部门、团队、员工的关系等领域、环节和方面，银行业机构的企业文化建设往往贯穿这些领域、环节和方面，确保其战略定位的长期性和准确性。如江西省农村信用联社在激烈市场竞争的冲击和农村信用社商业化改革的迫切要求下，自 2003 年改革以来的十余年间，始终坚持"立足社区、服务'三农'"的市场定位，将着力打造全省最大的社区型、零售型银行体系作为其基本目标，并以此作为市场定位和基本目标，构建完整的江西省农村信用社品牌管理体系，推出"百福银政平台"服务品牌，创建的财政惠农补贴"一卡通"模式在全国推广。

（二）软实力与同化力的关系

在软实力建设中，软实力与认同力的关系，除二者为整体与部分（或体系与元素）的从属关系外，它们的关系还主要表现在：

一是一般意义的同化力与银行软实力的作用范围具有一致性。软实力的作用往往具有扩散性效应，一般意义的同化力主要是借助文化和价值的吸引力，影响并塑造他人意愿的能力，或者通过操纵一定范围通行的议程令人知难而退的能力。因此，二者在作用范围具有非特定性。但是，同化力在通过设定的议程时，可能是针对某一特定的对象和范围，而其效果则往往是扩散性的。如某一金融企业在营销贷款、吸收对公存款等业务时，往往是特定且有形的"占有目标"，采取相应的经营政策。相比硬实力，软实力或许在短时间抢占市场占有率等方面略逊一筹，但软实力对实现"周边环境目标"却有特别重要的作用。软实力在银行机构守法合规经营、平等互利竞争、优质服务和绿色经营理念等方面，扮演着关键性的角色。尽管这些软实力发挥吸引力的作用会随环境和目标的不同而变化，但这并非意味着它的作用有限。实际上，在遇到防止恶性竞争、限制"两高一剩"信贷政策和可持续发展等问题时，一味降低贷款准入标准和回扣、赠送礼物等未必能如软实力一般发挥作用，反而，使一些金融企业陷入恶性循环的困局。

二是一般意义的同化力是银行软实力的主要作用机制。从运用资源的有形程度看，分析银行软实力的行为性质和作用机制。当银行软实力作用机制主要运用于企业文化内涵、核心价值观、政策的优势和规章制度的弹性等软资源时，依赖自身文化和价值、经营政策和制度的吸引力，影响和塑造企业等客户和员工意愿的能力，或者通过操纵议程等谈判优势、令市场竞争对手知难而退或让步予以合作的能力。这就是同化力作用机制。当然，广义银行软实力并不排除运用一些介于软资源与硬资源之间的准软资源，诸如动用政府力量、利用人脉等行政干预、罚息等经济制裁、利率优惠和期限宽限等优惠经济诱惑、馈赠礼品等准软资源。银行机构在开展对外市场竞争时，适当运用这些准软资源的目的是通过增加经济上互惠，成为吸引力的辅助来源，以增强互惠合作关系的稳固性和长期性。在激烈的市场环境下，银行与企业客户间馈赠纪念品、宣传品等形式相当普遍，当然，典型意义的商业贿赂是法律所禁止的。

（三）软实力与认同力的关系

在软实力体系建设中，软实力与同化力的关系，除二者为整体与部分（或体系与元素）的从属关系外，它们的关系还主要表现在：

一是软实力与认同力是一种手段组合与单一目的的关系。如前所述，软实力是一种由文化力和领导力两个元权力及其派生权力的体系，它是一种依靠吸引力，而非通过威逼或利诱的手段来达到目标的能力。作为银行业机构来说，软实力是在企业内外综合运用各种资源和手段，在员工与社会、品牌与市场之间形成一种吸引力或影响力，从而达到企业内多数员工对企业文化具有认同感和归属感、区域和消费群体对企业产品和服务信任感，形成一种认同力。软实力的主要资源和手段，包括文化、精神、价值、政治、制度、政策、形象、传媒等各种软资源，也包括塑造各种企业内部规则、行业规则和决定行业议题的能力等手段。因此，软实力是一系列包括认同力等软权力手段的组合体系；而认同力是软实力体系的一种目标性手段。

二是软实力的主要作用机理是企业内外形成更为广泛共识的认同力。从目前研究来看，软实力的作用机理主要有两种形式：寻找和培育集体共识能力，培养和形成专门或通用的能力。其中，通过寻找和培育集体共识能力，形成软实力主要是文化力、同化力、认同力和影响力，它们需要实施者运用共同的文化理念、价值观和价值标准，向承受者寻找和培育集体共识，获得认同感和归属感，增强信任感，这就是在企业内外形成更为广泛的认同力；而通过培养和形成通用或专门的能力，形成软实力则是领导力、创造力、专注力、控制力和恢复力，它们是一种对企业、团队和员工进行战略管理、组织管理、内控管理和风险管理的通用或专门能力。但是，这些通用或专门能力同样需要在寻找和培育集体共识的基础上，才能真正形成持久的软实力。如企业要形成创造力，首先要在企业上下培育和形成团队合作创造和人人皆可创造机会和能力的创造意识和氛围；又如专注力，首先企业要营造敬业氛围和对某项职责形成合乎企业价值观和社会利益的共识，才能培育和形成。因此，软实力的主要作用机理是企业内外形成更为广泛集体共识的认同力。

4.2.3　银行软实力的文化力、同化力和认同力建设与评估

在银行业机构软实力构建中，要重视文化力、同化力和认同力建设，要防止出现采用传统性政治式的宣传，这对商业银行企业文化力、同化力和认同力建设而言，是一种禁忌。因为任何宣传都有压制性，这与软实力所强调的吸引、同化是相背离的。软实力更多的是一种间接的权力，是主体与客体之间双向互动过程中产生与积累起来的。所以，银行业机构软实力可能更适合以"文化使者"的角色，采用非官方色彩的沟通渠道，润物细无声，营造一种彼此信任的氛围。这是银行业机构软实力生成的关键所在。

1. 银行机构软实力建设在培育文化力、同化力和认同力上存在问题。主

要表现在：

一是金融文化建设缺乏核心理念，难以形成集体共识。企业文化的核心理念是由企业领导者与员工群体在事业心和成功欲，逐步转化为具体目标、信条和行为准则，是企业对在价值观上所形成集体共识的一种提炼概括和体现。核心理念要体现企业使命、经营思想和核心价值观，并得到员工和利益相关者（股东和机构投资者、市场消费者群体）广泛而一致的认同。部分银行机构在企业文化建设过程中，并没有对企业发展历程进行全面回顾和系统的总结，对文化内涵缺乏科学梳理和提炼，往往表现为文化肤浅、随波逐流、照抄照搬，没有一套立足自身实际的企业文化建设规划和战略谋划，致使理应指导和影响经营管理的价值理念模糊不清或残缺不全，难以在企业内外形成集体共识——广泛认同和遵循的价值观，不利于企业核心竞争力的形成和发展。

二是金融文化建设脱离经营管理，难以形成品牌文化。金融文化建设是一项长期的系统工程，企业文化需要企业立足企业内部，由企业历程和现状延伸到社会，连接和植嵌于市场，需要经过长期的锤炼和潜移默化，转化成行动的潜意识，才能成为企业上下共同行为的规范和价值观，成为企业品牌文化的核心。但是，部分银行机构的企业文化建设缺乏总体思路，缺乏长远目标和规划，缺乏一种常抓不懈的机制，往往随意性较强，偏重于形式的建设，忽视内涵建设，常常是效益好或空闲时就抓一抓、轰轰烈烈，效益欠佳或繁忙时就不抓、停滞不前、冷冷清清，缺乏连续性和整体性，导致企业文化建设偏离或脱离企业经营宗旨，企业文化理念和价值观没有推动从企业内部延伸至社会和市场，停留于企业内部，未能扎根市场，难以形成独特的品牌文化，不利于增强企业综合实力。

三是金融文化建设员工参与度不高，难以形成持久的认同感。如前所述，企业文化是在特定背景下企业通过在自身经营管理活动中，经过长期共同努力而形成的具有本企业特色的、得到广泛认同和遵循的价值观。这其中强调的是从企业文化的调研、讨论和提炼，到承诺和践行，再到反馈和修订的各个环节，需要企业员工的全程参与，方能在企业内外产生持久的认同感、归属感和信任感。但是，相当部分银行机构在企业文化建设时，往往将其视为和银行其他的职能管理部门，由专门从事企业文化建设的部门进行管理，甚至被看做工会、宣传部门的事务，加之有的企业文化建设定位偏离经营管理，有的企业往往以高管的个性和个人喜好代表企业的特色，造成业务职能部门常常觉得与自身没关系而游离于企业文化建设之外，许多员工全然没有到企业文化建设的各个环节中去，对企业文化的内涵理解不深，难以培育多数员工对企业产生持久的认同感和归属感，市场和消费者对企业产品和服务缺乏持续的认同感和信任感，不利于企业形成可持续发展的原动力。

2. 银行机构软实力建设在培育文化力、同化力和认同力上的着力点。

人是企业文化建设最根本的基础。银行业机构企业文化建设的任何方面和领域，都需要人来贯彻落实。为此，银行业机构企业文化建设要贯彻坚持以人为本的原则，在培育文化力、同化力和认同力上扎实推进基础性工作。

一是员工队伍的建设，是加强企业文化建设的根本出发点和最终落脚点。人是首要因素，人应当成为企业管理的出发点和归宿点。企业文化建设与员工息息相关，人本管理是企业文化理论和实践的中心和主旋律。因此，银行业机构要立足于人的建设，加强员工队伍的建设。

一方面，要尊重和重视员工，要理解和关心员工，要依靠员工和团结员工，要持续培育员工对企业的认同感和归属感。要充分考虑员工的多层次需要，尽量为员工创造好的工作环境和文化氛围，形成员工对具有普遍认同和归属的集体共识。只有如此，千方百计调动员工的内在积极性、创造性，才能充分激发员工的"主人翁精神"，才可能促使员工创造远远超越他们收入的价值，才能齐心协力渡过难关，求得更大的发展。

另一方面，要坚持以客户为中心，以服务为本的经营理念，提供优质服务，形成市场和社会普遍认同的品牌效应。要以客户为中心，对社会和公众负责，用诚恳的服务态度、娴熟的服务技能、灵活的服务方式、先进的服务手段、满意的服务效果来赢得客户。要运用科学的信息系统、有效的流程、审慎的意识做好各类风险管理工作，维护好银行的信用和公众的信心。

二是培育员工树立正确的价值观和道德观，奠定银行业机构扎实的文化建设基础。要加强教育引导，持续开展职业道德教育，培育员工进一步坚定正确的理想和信念。引导员工自觉改造主观世界，牢固树立正确的世界观、人生观和价值观，不断提高自身思想政治素质和业务工作能力，增强遵纪守法自觉性，增强防范和化解金融风险的意识和能力。

三是树立人文理念，企业文化战略的设计规划要增强可操作性与可接受性，建立长效的企业文化监督机制。通常情况下，文化建设的可操作性比提炼理念要困难和复杂。在设计规划企业文化战略时,银行业机构一定要树立人文理念,要考虑可操作性与可接受性,防止"抽屉型""墙头型"文化战略规划,导致一些概念和要求难以被广泛接受,难以入心入脑,实效性不强。同时,文化建设是循序渐进的过程,越是深入人心的观念,越需要一定实践和时间的沉淀。因此,银行业机构要建立长效的企业文化监督机制,需要在对文化建设推进过程存在偏离企业宗旨和战略方向的问题,进行不断反馈和修正。

3. 软实力建设的文化力、同化力和认同力评估。如前所述,笔者将"恢复力"视做"文化力"派生的软实力之一。从更深层次的含义看,由于涉及"风险管理及危机恢复力"实际上是反映了企业的风险意识、风险危机管理文化忠诚和信心度的培育问题,因此,笔者将"风险管理及危机恢复力"与"企业文化及建设能力"和"品牌文化及建设能力"一同作为评估地方法人银行机构软实力的企业文化建设的成效和文化力运行质量。

"品牌文化及建设能力"虽与"同化力""认同力"在作用原理上是一致的,品牌建设的直接目标就是获得市场消费者的认同感,赢得市场份额,但是基于互惠规则,其在市场、顾客关系上表现为更为深刻的"影响力"关系,因此,笔者将"品牌文化及建设能力"作为"影响力"在软实力建设的评价指标。而"风险管理及危机恢复力"也单独作为"恢复力"在软实力建设的评价指标。于是,"品牌文化及建设能力"和"风险管理及危机恢复力"将随后分别在"影响力""恢复力"软实力建设评估部分进行阐述。

企业文化及建设能力作为一级指标,包括"企业文化建设机制能力"、"企业文化保护与传承力""企业文化投入能力""员工的受教育程度""人才建设能力""人才融合能力"等二级指标。

其中,"企业文化建设机制能力"作为二级指标,包含"企业文化建设管理机制创新""企业公共文化基础设施"等三级指标;

"企业文化保护与传承力"作为二级指标,包含"企业传统文化的保护""企业传统文化的传承""文化事业费增长率"等三级指标;

"企业文化投入能力"作为二级指标,包含"企业文化建设从业人员比例""专业文教投入比例""员工人均文化事业费"等三级指标;

"员工的受教育程度"作为二级指标,包含"人均受教育年限""研究生学历所占比例""本科学历所占比例""本科学历以下所占比例"等三级指标；

"人才建设能力"作为二级指标，包含"人才引进专项资金""专业技术人才比例""科技开发人员数量""专利产品数"等三级指标；

"人才融合能力"作为二级指标，包含"城市外来人才比例""企业外来人才比例"等三级指标。

4.3　软实力理论之六：以互惠互利增进企业与市场合作的影响力

软实力最本质的东西就是影响他人、吸引他人，基于互惠原则影响和塑造他人。也就是说，软实力本质是一种信誉的较量。因此，从最广泛意义看，影响力的作用机理可以说是软实力最主要的作用机理之一。作为特殊的企业，银行机构要扩大影响力，同样要基于互惠互利原则，增进与市场的理解和合作，方能在不同客户群体和社会中逐渐形成集体共识，获得持续的认同感和信任感。同样，影响力作用范围是由企业内部向企业外部扩散，以品牌扎根于市场和社会。

4.3.1　关于影响力的理论

1. 影响力的概念。目前学术界和实务界对"影响力"尚未作出一个普遍接受的定义。现在主要有：

一是从方法论角度的定义。美国学者科里·帕特森（Kerry Patterson）和大卫·麦克斯菲尔德（David Maxfield）等从方法论的角度，对"影响力"作了定义，即影响力就是一种人们发现和运用穿越成功和失败线索的能力[①]。假若在处理各种关系时，人们较早意识到了成功和失败的线索，就会投入更多的精力寻求更新、更好的方法用于提高企业和个人的影响力。

二是从基础理论角度的定义。美国学者艾伦·R. 科恩（Allan R. Cohen）和大卫·L. 布拉德福特（David L. Bradford）从互惠的基础理论角度指出，影响力是指以平等互利为基础的资源"交易"，施与者对被施与者提供合作利

---

① 科里·帕特森、约瑟夫·格雷尼、大卫·麦克斯菲尔德、让·麦克米兰、艾尔·斯维斯勒：《影响力 2》，彭静译，北京，中国人民大学出版社，2008。

益，使"合理劝说"发挥作用，达到"具有想象力的引导"成功①。在良好的合作关系基础上，人们只要直接向对方提出即可，而不必再去费尽心思地"揣摩"现状和"寻觅"合适的机会。当然，这是一种达到更高境界的影响力。

三是从引发机制角度的定义。美国学者罗伯特·西奥迪尼（Robert B. Cialdin）从影响的引发机制角度，对"影响力"作了定义，"影响力"是在"固定行为模式"（Fixed - action Pattern）下，若出现触发特征（Trigger Feature），就会产生错综复杂的一连串的行为，而且每次触发特征出现时，都以相同的方式按同样的顺序发生，从而产生影响人们的选择行为，将被影响者引向既定的目标。② 人们面临风险和收益的选择排序时，至少应该首先选择收益。假使没有那些模式化的行为，人们就只能停滞不前，站在原地进行分类、评价和比较，在采取行动上往往犹豫不决或浪费时间。因此，在未来，人们会更加依赖这些模式化的行为。尤其面对变得越来越复杂多变的情景，则会更加依赖捷径去应付这一切。

2. 影响力的基础理论。影响就是以平等互利为基础的资源"交易"。其中互惠规则的"交易"——"付出与索取"的互动渗透于所有影响力理论，是影响力的基础理论。所谓互惠，就是通常所说的"有付出就有收获"或英语习语"No pains no gains"，从原始社会一直沿用至今，中国儒家孔子一句曾被后人所诟病的"惠则足以使人"③，则是它最好的诠释，其深刻揭示了任何影响均是以"互惠"为基础的交易机理。"多劳多得"更是经济社会人们日常生产和生活活动的常理，人们通常是期望不欠他人"人情"，并会寻找合适的机会进行报答。正是在这种互惠观念和规则驱使下，人们合作得以成功。其中，互惠规则提供了必要的条件。

基于互惠规则的"交易"，也适用于高级组织或团队。没有相互的付出与索取，事情就不会朝人们所想象的方向发展。当然，还有诸如"合理劝说""共同磋商""人格吸引""建立联盟""奉承讨好"和"施加压力"等一系列能够产生影响的行为的方法。但是，种种方法都是孤立的方法。只有在交

---

① 艾伦·R. 科恩、大卫·L. 布拉德福特：《影响力：如何展示非权力的领导魅力》，亓晓颖、叶凯译，北京，电子工业出版社，2008。

② 罗伯特·西奥迪尼：《影响力》，陈叙译，北京，中国人民大学出版社，2006。

③ 原文"恭则不侮，宽则得众，信则任人焉，敏则有功，惠则足以使人。"见孔子：《论语》，上海，上海古籍出版社，2000。

换——用自己的价值换取想要得到的东西的前提下才能把它们联系起来。任
何形式的影响都是以"互惠"为基础的交易。① 例如，"合理劝说"只有在被
劝说的人看到了合作的利益情况下，才会发挥作用。也就是说，人们感觉和
明白这一动机将带来的好处，才会使"具有想象力的引导"得以成功。同样，
"奉承讨好"要在有些人偏偏喜欢这种被奉承的感觉的情况下，方能产生效
果。否则，假使被施与者没有觉察其中的利益关系，"合理劝说"和"奉承讨
好"就不能取得成功，也只能以货币进行补偿。因此，在互惠互利原则下，
人们采用广泛的途径和方法，才能更为有效发挥影响力。这些方法就是影响
力理论的核心内容——缜密地考察别人的兴趣、评估自身价值、注意关系的
培养。

3. 影响力的运行模式。美国学者艾伦·R. 科恩和大卫·L. 布拉德福特
对影响过程概括成 7 个步骤，称之为"科恩—布拉德福特影响力运行模式"。
具体为：

第一步，假定所有人均为自己的潜在同盟者。因为影响不合作者才是真
正的挑战，所以不要把难以影响的人过早地排除在外，要把他们当做自己潜
在的朋友。如果能够把对方设定为自己的合作伙伴，责任感就油然而生，自
己有义务同对方一起建立互利互惠的工作关系。

第二步，对自己的目标和优势进行分类，并加以明确。任何人都不会轻
易得到自己想要的，影响自己作出选择的因素有：最主要的目标，长期目标
还是短期目标，必须拥有的还是锦上添花的，首要任务是取得成绩还是发展
关系。在此基础上，进一步思考核心任务，以免分不清主次，多走弯路。

第三步，仔细评估"伙伴"，判断对方的想法。由于环境的力量塑造了对
方的价值观，也塑造了对方的目标、关系和需求，所以确定对方（包括潜在
的伙伴）工作现状是摆在我们面前的巨大挑战。只有仔细评估对方的行为、
特性和动机，认识到别人的压力，才能战胜自我，找到真正的"伙伴"。

第四步，确定合作伙伴和自己等相关人员的价值。通常而言，所需确定
的价值的来源包括：组织因素（例如表现，如何实践，奖赏制度）、工作因素
（例如接受分派，做好本职工作）、个人因素（例如良好的风格、信誉）。在
相互的"交易"中，这些价值是可以互换的，评估自己所拥有的资源，仔细

---

① 艾伦·R. 科恩、大卫·L. 布拉德福特：《影响力：如何展示非权力的领导魅力》，亓晓颖、
叶凯译，北京，电子工业出版社，2008。

思考自己对事情的本能反应，在合适的场合让它们发挥作用，这才是我们的首要目的。

第五步，处理人际关系。这其中包含两方面的内容：这种关系的实质是积极的或是消极的，还是不确定的；相互之间的关系以合作方式建立。因此，双方的相互关系建立在一个好的基础之上，就会进一步发展，达成合作。反之，双方的相互关系建立在互相猜疑的前提下，就得在建立所需的信任上多下工夫，否则，难以成功。

第六步，以"交换"进行"交易"。在确定了自身资源的基础上，并准备以此换取其他价值。这环节，需要考虑"自身资源的吸引力""合作者的需求""自身的需求""工作中的不成文规定""是否已经建立了一定的良好合作关系"和"是否敢于冒险尝试"等问题，其中最为关键的是要进一步明确互惠原则在整个过程的作用。

第七步，交换的成果，任务与关系并重。至此，一项任务的形成和一种关系的建立，即影响力因素已形成。但是，信任在影响过程中起着非常重要的作用。下一步，还要在处处为他人的利益着想、建立互利互惠的合作关系的基础上进一步发挥影响力。

4. 影响力的三条原则。科里·帕特森和大卫·麦克斯菲尔德等学者对影响力的理论实践进行了总结，提出了三条原则①。第一条影响力原则：当面临众多可能的选择时，谨慎地寻找那些关注的关键行为的策略。巨大的影响力来自专注于少数关键行为。少数关键行为甚至能使最普遍存在的问题发生变化。找到这些行为，人们就找到了影响力的开端。第二条影响力原则：发现并改变少数关键行为，而非许多行为。只有在仔细确定想要改变的关键行为之后，才能制定相应的影响力策略。这里，要分清行为的含义，不要混淆目的和行为，否则就会对策略产生很大问题，混淆方法和目的的情况。假如能限制自己的影响力范围，明确少数关键行为并就此行动，其他的行为、价值、态度和结果都会随之而来。否则，你会降低自己的努力成效，最终失败。运用"正向偏差"在找到少数关键行为，解决面临的问题方面能够发挥极其重要的作用。第三条影响力原则：找到补救行为。任何人都会犯错误，因此，人们必须制订一个补救计划。

---

① 科里·帕特森、约瑟夫·格雷尼、大卫·麦克斯菲尔德、让·麦克米兰、艾尔·斯维斯勒：《影响力2》，彭静译，北京，中国人民大学出版社，2008。

5. 影响力的两个工具。科里·帕特森和大卫·麦克斯菲尔德等学者借鉴和运用心理学理论，对影响力的实践活动进行总结，提出了两个工具——改变因果地图和"替代经验"（Vicarious Experienc）。其中：

工具之一：改变因果地图。如果人们想改变任何行为，必须改变因果地图。影响人们决定是否采取关键行为的因素，基于两个基本预期——"值得吗？（如果不值得，何苦白费力气）""他们能做到吗？（如果不能，何必尝试）"。当试图鼓励他人改变一直以来的看法时，人们应该克服试图用言语规劝和辩论技巧说服他们的倾向。相反，人们应该选择实地体验。来自现实生活的真实素材才能够真正改变人的思维。

工具之二："替代经验"。替代经验是父母、教练、领导者和管理者最容易获得的影响力工具之一。假如希望人们改变长期坚守的世界观，就要放弃言语规劝，以创新的方法建立个人经验；当无法让每个人都进行实地考察时，建立替代经验也是最好的途径和方法。因为某些经验类故事，能够成为强大的影响力工具，而言语规劝往往会招致抵制或很快被驳斥、被忘记。其主要原因有：一是无法理解问题。每当试图以言语规劝说服他人时，可能无法选择恰当的措辞使听者与劝说者产生共鸣。二是不信任问题。通常，一旦人们意识到劝说者的目的在于说服他们干某事时，就不愿相信其所说的话。而劝说者正是试图通过言语规劝说服人们这样做。这种自然的抵制通常源于信任问题。被劝说者和其他人可能对劝说者的专业性并不信任。即使别人发现劝说者很专业，也会怀疑其动机。但是，故事能够有效减少这两种形式的不信任。而精心的叙述和详细的故事有助于人们抛弃其疑虑，相信解决方案或所建议的改变计划时，人们就能够在真实场景下想象相关事件，也能看到真正的效果。故事可以减少驳斥和争辩，而且从一开始就让听众没有争辩的机会。同时，由于人类情感，在不涉及情感的情况下，即使找到了鼓励别人既理解又相信的方法，并不足以促使人们采取行动。因此，故事比言语规劝更胜一筹。

总之，通过帮助人们改变心中的因果地图，替代经验辅之以实际经验，促使人们联想到自己的个人经验，从而使他们的行为发生改变，可以达到很好的效果。

6. 影响力的运用范围。当面临下列情况中的一种或几种时可以应用影响力理论：一是同不易接触的人进行合作；二是向陌生人询问关键性问题；三是没有良好的人际关系（或所在组织或团体与其他部门关系恶劣）；四是唯一的机会；五是虽然竭尽全力仍不能得到别人的帮助。[①]

4.3.2　银行软实力与影响力关系

美国著名学者约瑟夫·奈（Joseph S. Nye, Jr）从国际政治学角度，指出"软实力不等于影响力"[②]。因为影响力还可以通过威胁或者报偿等"硬"手段来实现。软实力重要组成部分包括劝服他人、以理服人的能力，还包括吸引的能力，以及紧随这种吸引力的是对方的默许和追随。在此基础上，笔者以为地方法人银行软实力与一般意义的影响力关系，可以表现在：

一是两者所动用资源的范围和直接性不同。一般意义的影响力通过两种途径：其一，通过威胁或者报偿等"硬"资源和手段，以实现对内外部组织、个人的影响；其二，借助劝服他人的能力、以理服人的能力和吸引的能力，去实现对内外部组织、个人的影响，从而得到对方的默许和追随。而软实力则局限于第二种途径。软实力要实现综合影响力，则要对硬资源和软资源进行综合运用，即具有间接性。也就是说，广义的软实力，包括这种综合运用两种资源的巧实力。因而，这种影响力理论阐述的是，一般意义的影响力所动用资源的范围要大于软实力，且其动用资源具有直接性。地方法人银行软实力动用资源的范围则要小，借助巧实力运用硬资源，具有间接性。

二是两者作用的机理存在差异性。如前所述，由于两者所动用资源的范围和直接性不同，一般意义的影响力，可以命令别人改变主意，也可以用强制手段，经济制裁手段相要挟，也可以将经济回报作为诱饵，也可以通过设置议程让对方知难而退，还可以从彼此关系中的吸引、友爱、责任等因素，找出为双方的共同价值和共同目标提供合理性的共同价值依据。假若承受影响力的对象既没有受到明显威胁，也没有参与任何交易，而是在一种可知而不可见的吸引力的作用下，不知不觉走到与实施影响力一方一致的道路上，那么这就是软实力在发挥作用了。软实力依靠一种既非武力，也非金钱的不同寻常的手段促成合作，它依靠的是共同价值观所产生的吸引力，以及实现

[①] 艾伦·R. 科恩、大卫·L. 布拉德福特：《影响力：如何展示非权力的领导魅力》，亓晓颖、叶凯译，北京，电子工业出版社，2008。

[②] 约瑟夫·奈：《软实力》，马娟娟译，北京，中信出版社，2013。

这些价值观所需要的正义感和责任感。① 如笔者在调查中了解到，某一地方法人银行在控制其自身及分支行"两高一剩"贷款上，通过多年的合规文化建设、绿色信贷理念的宣传和教育，在内部信贷部门和信贷人员已经形成一定的共识。对"两高一剩"贷款尚未制定所谓行政、经济制裁的限制框框的情况下，尽管在市场竞争激烈、业绩回报率高的情况下，这家银行"两高一剩"贷款却多年没有增加甚至出现持续下降的情况，说明这家银行软实力起到了正向作用。因此，地方法人银行软实力的作用机理，类似亚当·斯密提出的人在自由市场中由"看不见的手"引领并作出决策的原理，这只"无形的手"即是软实力，以一种无形的吸引力在思想的市场上——无须胁迫和交易——会劝诱人们向同一目标走到一起。当然，地方法人银行软实力对各种硬资源、软资源的综合运用，即综合运用影响力的作用机理（包括途径、方法和理念等），有助于防范道德风险。

三是两者作用的对象大体一致，而实现目标存在差异性和不稳定性。显而易见，一般意义的影响力，其作用对象，与作为特殊组织的软实力——地方法人银行软实力的作用对象是大体一致的。从实施者的角度，两者的最终目标是一致的。但是从承受者的角度，两者的实现目标存在差异性和不稳定性。由于两者所动用资源的范围和实现的途径、方法和理念等方面存在较大差异性，一般意义的影响力假若是以行政命令、经济制裁或经济回报等方式改变承受者的主意和行为，承受者的目标在实现过程存在扭曲性和非自愿性，而随着这些方式的消失，承受者的目标可能回归原来的状态，与实施者的目标不一致，具有不稳定性。而地方法人银行软实力的实现目标则从实施者和承受者双方关系中寻找合理性的共同价值，确定为共同目标，对承受者实施软实力，达到影响承受者，实现共同目标。但是，软实力实施者所采取的行动令承受者产生厌恶和憎恨，这种行为结果自然并不是实施者所乐意见到的，就是一种"排斥力"，成为一种"负面软实力"。

4.3.3 银行软实力的影响力建设与评估

1. 银行法人机构软实力建设在培育影响力上存在问题。主要表现在：
一是在品牌建设上，过于偏重外在形式的影响，而忽视基于互惠规则的

---

① 约瑟夫·奈：《软实力》，马娟娟译，北京，中信出版社，2013。

影响。面对激烈的存贷款市场，不少中小地方银行从组建伊始，就围绕品牌开展企业文化建设。大部分地方银行在表层文化建设上下了较大工夫，努力在企业标志、广告词和招牌、员工制服和礼仪、会场展示等方面在社会各层面制造同一的吸引力，对社会产生企业形象和品牌形象的影响，取得了初步成效。但是，在品牌建设上，由于忽视互惠规则，并没有主动给客户让利，不是按照广大客户利益进行变革创新，创造富有社会认同感的品牌。而部分地方银行甚至出现信贷和结算的乱收费、利率"一浮到顶"等侵害广大客户和消费者利益的行为，大大损害了企业和品牌形象，从而实质上直接降低了企业和品牌的影响力。

二是在员工忠诚度建设上，过于偏重行政命令的影响，而忽视基于人本主义的影响。花旗银行自创业初始，就确立了"以人为本"的战略，它的人力资源政策主要是注重对人才的培养与使用。一些中小地方银行开始推动以人为本的企业文化建设，主动承担员工责任，包括保障员工权益、激发员工归属感，重视员工幸福感，培养员工就业能力，规划员工职业道路的责任。尽管如此，还是有一些中小地方银行忽视以人为本理念，仍然以行政命令方式，而不是以"合理劝说"进行管理，出现员工加班得不到应有补偿，普通员工与管理层以上的收入差距较大等问题。因而，造成在企业文化建设过程中，员工参与度不高，往往漠不关心，对企业核心价值观认可度较低，导致员工忠诚度低、忠诚员工群体小，员工队伍和管理层不稳定。

2. 银行软实力建设在品牌和员工忠诚度建设，培育影响力上的着力点。

（1）品牌建设与管理，是银行业机构培育影响力，提升软实力的重要途径。

品牌建设（Brand Construction），或品牌管理（Brand Management），是指品牌的拥有者及管理者为培育品牌资产而展开的以消费者为中心的规划、传播、提升和评估等一系列战略决策和策略执行的活动，是建立、维护、巩固品牌的全过程。[①] 处在当今世界快速变化的时代，商业银行不能因自身已经取得的成就而形成路径依赖，应清醒认识到银行业是一个不断变化的行业，真正的落脚点是消费者的选择。银行业机构品牌建设与管理的核心，就是努力通过对品牌进行的设计、宣传和维护，在经营管理中与客户建立更加平等的

---

① 戴维·阿克：《管理品牌资产》，奚卫华、董春海译，北京，机械工业出版社，2012。

合作关系，为客户提供真正需要、能够理解的产品，并以客户喜欢的方式提供服务，银行将更多交易的主动权让给客户，树立诚信亲善的品牌形象，谋求发展与客户的长期合作关系，从而，让银行品牌的良好形象深深刻在消费者心里，提升金融产品和服务的知名度。

一是品牌建设与银行发展相适应的战略规划。银行业机构品牌塑造要紧紧围绕企业宗旨，将品牌建设与管理纳入战略规划，要将品牌的规划、建设、形成、维护和提升阶段与银行的各个发展阶段的规划、市场环境和内外资源相契合，使品牌建设的投入和宣传范围与机构的发展阶段适应，客户、市场和社会公众对品牌有相应的认知，让银行业机构品牌为银行业机构创造相应的利润和价值。

二是品牌品质建设与媒体运用并举。银行业机构要把媒体作为展示自己品牌的重要平台，但把握好媒体运用的节奏，不一定要时时去表现。打造国内外优秀品牌的关键是品牌自身所蕴含的内在品质，要依靠贴心的服务、称心的质量和实在的价格，要扎实做好平时的服务、创新和提供优质的产品，使单纯依靠媒体成长起来的"知了"型向"深入"型银行业机构进军。

三是注重和发挥员工的品牌建设功能。在品牌建设与管理中，银行业机构要首先对自身员工进行品牌培训，让员工最先完全地理解自己品牌、产品和服务的内涵与核心价值，深刻理解和实践品牌所代表的企业宗旨和企业文化，让每一名员工成为品牌的第一维护者和发展者。

四是注重品牌建设的文化沉淀。银行业机构要清醒地认识到品牌建设是一个循序渐进的、企业文化沉淀的过程，要经历品牌定位、品牌架构、品牌推广、品牌识别、品牌延伸、品牌资产增值等过程，不要盲目地借助事件炒作，要经过较长时间的发展和文化沉淀，才会在公众心目中形成卓越的品牌。

五是始终把握品牌的诚信建设与管理。诚信是衡量银行品牌价值的最重要标准之一，是银行业机构最重要的无形资产。因此，当服务和产品责任事件发生时，银行业机构应主动承担责任，绝不能把责任推向消费者，否则会影响品牌声誉，把责任推向消费者。对因技术和管理的疏忽而出现的质量问题应当承担全部责任，要积极主动，及时召回产品，并给予补偿。要以一时的利润和效益，及时换回消费者和社会对品牌的认可和信赖。

六是坚持特色发展的品牌建设思路。在当前银行业市场日益充分竞争的环境下，银行业机构应认准自身的长处和短处，摸清客户的口味和风格，把握市场和社会公众的消费趋势，打造比较优势，确立特色产品和服务，不断满足客户、市场和社会公众的同时，进一步增强品牌对市场和社会的特殊影响。

（2）人才建设与管理，是银行业机构培育影响力，提升软实力的"制高点"。

"谁占领了人才高地，谁就能占据事业的制高点。"已成为当今市场竞争的重要法则之一。人才是银行业机构创新发展的首要财富和资本，成为决定胜负的关键。如何吸引和留住人才，培育和提高员工的忠诚度，关键是管理好人才队伍，做到后继有人，承前启后，适应市场竞争形势和要求，树立人力资本管理观念，把人才和人力资源当做银行业机构的资本来经营管理，确保在市场竞争中不输在人才的起跑线上。

一是加快建立围绕员工职业生涯规划的人事制度。银行机构应加快建立有利于人才成长的政策制度，要坚持个人特长与社会需要相结合、长期目标与短期目标相结合、稳定性与动态性相结合的"三结合"原则，建立有关员工职业生涯规划与管理的制度，制订有关员工个人成长、发展与银行职能发展需要相结合的计划，为员工进行职业生涯规划，逐步建立起员工职业生涯规划档案，以利于长期有效地开发人才，实现人才和组织共同发展。

二是创新以培养、留住和用好人才为导向的教育培训模式。银行业机构应尽快改变传统的培训模式，要坚持"缺什么、补什么"，实行分类培养和个性化培养；要加大培训投入，解决培训与应用脱节，培训质量欠佳等问题；采取参观教育、同业交流、轮岗、海外培训等多种形式，不断开阔员工视野，增加锻炼机会，进一步提高员工培训学习的责任心和使命感。

三是建立健全人才成长和竞争激励机制。银行业机构应尽快建立健全有效的竞争激励机制，要改进管理层薪酬制度，逐步推行对管理者的股权期权激励机制，激发员工创新的热情。要健全科学有效的绩效考核机制，做到能奖能罚，充分有效地体现公开、公平和公正的准则，把绩效考核过程转化为每个员工积极的经历与进步历程，使绩效考核成为实现组织目标、改进员工绩效和个人持续发展的"助推器"。

四是引进和应用先进人力资源管理理念和技术。主要是：

一要掌握和应用人力资源管理理念与方法系统的分析。要强调企业文化的重要性，注重人的因素，将企业目标与个人目标相结合，将人置于企业的其他资源上，重视员工的个人能力，努力营造精神振奋、共同协作的工作氛围，提高企业凝聚力。

二要掌握和应用招聘与选拔系统的分析。要将招聘与选拔系统建立在战略分析、组织设计和工作分析的基础上，根据战略发展和业务流程的需要，开展岗位工作分析，再根据详细的岗位说明书配置人力资源。通过市场化完成招聘与选拔，要加大工作能力和工作经验的权重，加强金融人力资源市场研究。

三要掌握和应用培训与开发系统的分析。要将人看做最重要的资源，强调以人为中心而非事或者业务为中心的培训哲学，加大在员工的培训与开发方面的投资，培训与开发计划要有明确的针对性，对不同职级、层次、类别的员工培训计划要突出重点，形式多样，内容丰富，途径多元化，建立培训机制和培训体系。

四要掌握和应用绩效与考评系统的分析。探索采用国外商业银行流行而成熟的目标管理（MBO）模式，采用"自上而下、自下而上、上下结合"的方式，年初定总体目标，层层分解，做好主管与下属间沟通，每一员工制订工作任务和目标，签订工作任务说明书，年终则据此对员工进行绩效考评。在此基础上，开展员工的培训，指导和帮助员工提高个人绩效。

五要掌握和应用薪酬与激励系统的分析。探索采用综合激励的方式，运用企业文化、工资、奖金、福利、荣誉、晋升等多种手段激励员工。参照职务和市场平均水平，薪酬设计合理拉开差距，使之具有强大的激励作用。注重员工职业行为需求与企业总体目标相统一，引导员工自发地为企业拼搏。要重视对其工作团队的激励，强调团队工作的力量配合。

3. 银行法人机构软实力建设的影响力评估。如前所述，基于文化力的影响范围和持续时间等因素考虑，笔者将"影响力"作为"文化力"元权力的派生软实力之一，实际上，元权力之一的"领导力"及其派生软实力也有影响力，因而，影响力涉及范围较为广泛，不仅表现在企业内部的组织管理、内部控制及其执行能力上，而且表现在横跨企业内外的企业文化和市场品牌建设的影响力上。同时，基于互惠规则，考虑企业的影响力与社会、市场、顾客关系上，直接表现为更为深刻的影响与被影响的互惠利益关系，因此，侧重于将"品牌文化及建设能力"作为影响力在软实力建设评价的一级指标，并运用"品牌文化建设能力""声誉风险管理能力""特色品牌管理能力"

"社会形象维护能力""品牌关注度""品牌形象优势度""品牌吸引力"等二级指标加以评价。

其中,"品牌文化建设能力"作为二级指标,可以运用"商业策划和市场推广""品牌文化现代化程度""企业品牌的知名度比例"等三级指标进行评价;

"声誉风险管理能力"作为二级指标,可以运用"消费者权益投诉案件数""应对舆论影响的能力"等三级指标进行评价;

"特色品牌管理能力"作为二级指标,可以运用"形成特色品牌集群能力""区域特色品牌辐射力与竞争力"等三级指标进行评价;

"社会形象维护能力"作为二级指标,可以运用"对客户亲和力""社会形象改善力"等三级指标进行评价;

"品牌关注度"作为二级指标,可以运用"品牌国内外知名度"等三级指标进行评价;

"品牌形象优势度"作为二级指标,可以运用"品牌美誉度、品牌联想度"等三级指标进行评价;

"品牌吸引力"作为二级指标,可以运用"吸引战略投资者能力""吸引客户能力""服务质量""客户满意程度"等三级指标进行评价。

4.4 软实力理论之七:应对企业与市场、品牌风险的恢复力

现代银行业是经营风险的行业,在日趋激烈的市场竞争中,无论不断开拓业务,创造利润,还是坚守经营成果,无不是每时每刻在与风险共舞。现代银行业机构如何立于不败之地,风险管理的关键在哪里?

由于当代文明的基本体系本身既复杂,又具有高度技术化的特性,同时,科技进步带来"技术民主化",为恐怖主义和战争私人化创造了条件。这些现代文明的复杂特性,进一步放大了整个社会的脆弱性。市场力量和开放性相结合提高了诸如交通、信息、能源、医疗等关键系统的运行效率,但这种复杂和高效也因此使部分系统变得更加脆弱,且易受攻击①。无论一个国家和地

① United States National Research Council. Make the nation safer [M]. Washington D. C.: National A-cademies Press, NAP, 2002, p. 25.

区，还是一个企业集团和组织，需要设计、重构各种政权组织、机构和体系，使其具备一定的恢复力，从而更好地承受破坏和抗击风险冲击。这种恢复力，并不是单纯运用某一资源实力如硬实力，而需要综合运用各种资源，建立相应的机制，方能解决。金融作为现代市场经济的核心，其复杂性和脆弱性，不是其他行业和部门可以比肩的。因而，银行业机构应对市场风险、品牌风险的恢复力建设是题中应有之义。

4.4.1 关于恢复力的理论

1. 恢复力理论产生的社会经济背景。随着现代社会的日益发展，整个社会自身的脆弱性被不断放大，因为整个世界处于相互联系的状态，一件事的发生牵涉众多不同领域的事件。日益错综复杂的政治、经济、科技、环境等体系均会相互碰撞，引发一些不可预知的意外事故。它们来势迅猛而多变，往往腾起于意料之外的角落，人们根本无从预测。

不论是全球金融危机，伊拉克战争的地缘政治后果，还是自然灾害的严重后果，所有这些事件的细节虽然千差万别，但其中也存在某些显著的共性。其中一个最为显著的特点就是，这些事件揭示了不同领域的相关性，而之前，我们往往只是孤立地研究和讨论这些问题。因此，现代世界错综复杂、变幻莫测，一件看似无害的小事件很可能会触发一次大灾难。灾难来临之前少有预警，人们就只有在事后才能看出之前那些不为人知，甚至可以称得上荒谬的征兆。为此，人们不断洞悉事物内幕、积累经验教训，从而揭开一片全新天地。这是一整套普适性的新见解，能够在社会、经济、技术、商业等领域建立一种新体系；这种新体系能够预见破坏性的事件，具备自我修复力，即使外界环境剧烈变动，它也能通过自我调整的方式维持自身的核心功能[①]。

2. 恢复力理论的主要内涵。为了使各种组织、机构和体系能更好地承受破坏，适用于更广泛的范围，需要设计、重构各种组织、机构和体系，使其具备一定的恢复力。

不论是确保任何特定系统中都有充足的储备，使得原材料多样化，搜集更好的实时运行数据，赋予系统各部分更大的自主权，还是设计防火带，从而让部分的故障不会影响全局，它们所隐含的策略在本质上都是恢复力的

---

① 安德鲁·佐利、安·马丽·希利：《恢复力——面对突如其来的挫折，你该如何应对?》，鞠玮婕译，北京，中信出版社，2013。

策略。

一是恢复力的基本定义及其基本特质。美国学者安德鲁·佐利（Andrew Zolli）和安·马丽·希利（Ann Marie Healy）运用生态学和社会学的相关原理和术语，将"恢复力"定义为"系统、企业和个人在剧烈变动的环境中维持其核心功能和完整性的能力。"实际上，大至整个文明、社群和组织，小至每个人的生活，恢复力策略可应用于任何领域和范围。不管恢复力在不同语境中如何具体表述，所有这些定义都依赖于两项基本特质：在面对变化时的恢复力和延续性。

二是恢复力的主要应用领域及其含义。其常见的应用领域在工程、生态、商业社会以及抢险救灾（包括自然、人为的灾难）等领域（见表4-1）。

表4-1 恢复力概念的主要应用领域及其含义

应用领域	主要含义	共同特性
工程学领域	通常被称为回弹性，是指一个建筑结构在遭受变形后恢复原状的程度	在面对变化时，所具有的两个特性：恢复性、延续性
抢险救灾领域	表示一些关键系统在遭遇地震或洪水后恢复运转的速度	
生态学领域	是指一个生态系统抵御永久性退化的能力	
心理学领域	是指一个人有效应对精神创伤的能力	
商业领域	通常指数据备份和资源储备	
自然和人为灾难领域	是指维持业务继续运转的能力	

资料来源：根据安德鲁·佐利、安·马丽·希利：《恢复力》等相关资料整理，北京，中信出版社，2013。

三是增强恢复力的主要目的。具体讲有两个：一要防止外力将你挤出原先选择的最优或次优的方案，包括所选择次优的状态和位置；二要扩展备选方案，以便在需要时作出改变。归纳来讲，就是拥有"保持适应能力"，即在适应环境变化的同时，达到核心目标的能力。

四是增强恢复力受其自身系统临界状态的限制。各种系统、行业、国家乃至整个地球，它们都可以有不同的稳定状态，其中一些状态远比另外一些可取，也就是说任何系统的稳定状态受其自身临界点的限制，并为人类活动设定了限制和背景。

五是增强恢复力的主要方式。不管是生态系统、经济体，还是社群，根据系统是否处于临界状态内或越过临界点，采取增强自身的恢复力方式，主要有两种：第一，增强系统的抵御力，从而防止越过系统自身所设定的关键性临界点，避免造成永久性的破坏；第二，维持并扩展系统的适用范围，以便更好地应对越过临界点后出现的情况。从本质上看，一个复杂的系统面临多少需要适应的问题，就会存在多少种适应这些局面的方法。只要有恢复力发挥作用的地方，这类模式、主题和策略总会一次又一次地重现，其规模或大或小地呈现。然而，实际上，当今社会已经存在诸多的限制和情景，包括对组织效率的不懈追求、充满压力的生态系统、无所不在的相互联系等。这必然导致其中一些特定的方法应运而生，并受到广泛的重视和应用。

3. 恢复力与其他一些重要概念的区别和联系。在评估一些大型系统的可靠性（或脆弱性）时，必须综合这些原则，方能形成一个有力的衡量标准。如在自身行为与后果之间如何建立更有效的反馈环路？如何让系统摆脱基本资源稀缺的限制？如何建造模块化更强的基础设施？

理解这些原则有助于人们思考恢复力与其他一些重要概念的区别与联系。主要表现在：

第一，恢复力并不等同于坚固性。虽然有时候这两个词被互换使用，通常坚固性是指对系统构件进行加固而获得的特质，但是，往往单纯具有坚固性的系统被毁后其自身难以恢复。如埃及金字塔是非常坚固的建筑物，可以存留数千年，但将它们推倒后却不能自行复原。

第二，恢复力和冗余性并不完全等同。冗余性是一种使用了很久让系统在受到外界侵害时仍然得以运转的方法，即将系统的关键部件和子系统备份。一个恢复力高的系统往往是高度冗余，但是备份是非常昂贵的。当形势偏好时，一个系统或许会面临巨大压力，为了提高效率，不得不撤销系统备份。当形势发生剧烈变化后，之前的这些备份可能会变得毫无用武之地。

第三，恢复力也不能完全等于系统恢复至其初始状态的能力。在遭遇侵害或环境的剧烈变动后，一些弹性系统的确能够恢复到基准状态，但如果有选择，这不一定是最好的办法。因为真正的弹性系统可能根本没有基准状态，这个系统为了实现其既定目的，能适应不断变化的环境，能够不断地自我调整，应变自如。

4. 恢复力的运行模式。从生态系统到经济体乃至经济社会系统，几乎所有的弹性系统都有一种或一类严格的反馈机制，或类似传感器，能反馈给我们各种数据，以确定一些突发性变化和关键阈值是否已经临近，帮助人们管理系统的运作，增强系统的恢复力。当多个系统提供的数据互相关联时，掌握系统的效果则更为强大。恢复力的主要运行模式或方法有：

恢复力的运行模式之一：危机应对机制。一个真正具有弹性的系统，拥有危机应对机制，这些机制平时处于休眠状态。当危机发生时，它们就会奉命恢复系统的健康，正像血液中存在的某种抗体一样。当危机发生时，这类传感器显示某个关键临界点正在接近或已被突破时，危机应对机制就会迅速运转起来，及时能够对运行的方式和规模进行动态重组，从而确保系统长久持续地运转。

恢复力的运行模式之二：减轻或切断系统对资源的依赖。在受到威胁时，一些弹性系统采取减轻或切断系统对某些特定资源的依赖，甚至可能完全脱离于大环境而本地化运作，从而减少对外界的依赖或者寻求多元化资源，来完成一项任务。

5. 恢复力的主要组成部分。系统恢复力的重要组成部分，主要包括：严密的反馈环路、动态重组、内置反应机制、可脱离性、多样性、模块化、简单性、互用性和聚集性等原则。

恢复力的这种运行模式是反映弹性系统具有某些结构，即模块化的特点，有可能使重组成为现实。虽然一些系统的外表看上去十分复杂，但它们内部通常具有一种较简单的模块化结构，类似乐高积木①，构件之间互相衔接，在必要时也可以分离。为支持这种有益的模块化结构，许多弹性系统都是外表复杂而核心简单。在恢复力工作中，当系统出现事故时，这种模块化能够使系统重组，能切实防止一个部分故障层层渗透，至更大规模，还能够确保系统在恰当时机扩展或收缩。

由于模块化、简易性和互用性的特性，让很多弹性系统的组件在合适的时机聚集，在受威胁时分离，形成具有独立运行功能的单独部件。正是这些特性使得许多设想成为可能。例如云计算，一组互相连接的闲置服务器聚集起来，按照需求扩张或收缩，完成一个给定的任务，然后再解散。又如细菌和战场，这些看似毫无关联的领域可见到类似有条不紊的恢复力处理方式。

---

① 乐高积木是一家丹麦的乐高（丹麦语：LEGO）玩具公司，也指该公司出品的积木玩具，由五彩的塑料积木、齿轮、迷你小人和各种不同其他零件，组成各种模型物件。据说，若有六块八颗凸起的长方体 LEGO 积木，这六块积木可以砌出成万上亿的多款组合。乐高积木玩具类似中国的七巧板，具有很强的组合性、趣味性和益智性等特点。

不过，这种模块化分布结构只适用于部分场合。恰当的聚集能增强恢复力——把资源极为紧密地放在一起，但聚集性具有独特的密集性和多样性，其范围涉及各种人才、资源、工具、模型和理念。正是这种多样性的聚集，确保了某些系统具有较强的持续性和适应性。如硅谷因为大量人才等资源集聚而成为持续的创新中心；又如原始森林由于其各种资源集聚，而使其群落能够适应变化。

6. 恢复力的实现形式。可以肯定，弹性系统并不是万无一失的。就恢复力的许多实现形式而言，有规律的、适度的故障反而是必不可少的，也是有益的。弹性系统的失败是有限的，其施行方略旨在避开危险情况，探知外力入侵，将损害控制在局部、控制到最小化，使资源需求多样化。在必要时降低运行载荷，在遭侵害之后立即自我重组以修复损伤。这种系统绝对不是完美无瑕的。因为这种实现形式能够帮助系统释放一些资源，之后才得以自我重组。实际正好相反，一个貌似完美的系统往往最为脆弱。相比之下，一个偶尔发生一点小故障的动态化系统反而是最稳健的。如适度规模的森林火灾能够重新分配营养物质，为新树种的生长创造机会，它并不会毁坏整个系统。

7. 人类个体、群体的恢复力及其形成和实现。具体来讲：

一是人类个体的恢复力。从心理学最新研究成果看，人类个体的心理恢复力是广泛存在的。由于恢复力植根于人们的信仰、价值、性格、经历和基因中，也存在于我们的思维习惯之中，因此，个体的心理恢复力可以通过自身的努力不断改善，也可以通过学习获得，可以对信仰、价值、性格、经历、基因和习惯加以培养和改变、提高。

二是人类群体的恢复力。在群体的恢复力上，起关键性作用的是信任和合作，这种信任和合作指人们在必要时互相协作的能力。因为一个社会群体的认知多样性，系统组成部分多样性的增加可确保系统内具有广泛的反馈因子，从而能够及时反馈潜在的破坏。其主要原因在于保持多样化与协作机制的平衡，使系统在危急时刻能够确保多种多样的活动因子之间相互协作[①]。凡是具有强大社会恢复力的地方，总会出现强有力的社群。恢复力并不只是由一个社群的资源所决定的，也不是全由其官方机构掌握的力量来决定的。当然，这两者也会有所帮助。与此相反，坚韧的社群在面对破坏、修复破坏时，

----

① 安德鲁·佐利、安·马丽·希利：《恢复力——面对突如其来的挫折，你该如何应对？》，鞠玮婕译，北京，中信出版社，2013。

往往更多地依赖于非正式网络和深度合作的信任。官方为增强社会恢复力，经常自上而下推行一些政策，这些努力往往趋于失败，而那些对人们日常生活起到潜移默化影响的方式却总能在最后大获成功。

每当人们发现某个坚韧的社群或组织时，总是可以发现在其核心附近存在一类特殊的领导者。这些领导者往往以沟通者的角色出现，发挥幕后英雄式的关键作用，作为各种人之间的纽带，将各式各样的网络、观点、知识体系和计划编织成一个有机整体，能够将各式各样的官方机构与非正式团体拉拢合作，共同应对危机。其中，将信仰、价值观、思维习惯、信任与合作、认知多样性、强有力的社群、沟通型领导者以及灵活的施政等基本元素组合在一起，成为一种增强恢复力的新方法，支持各种社群、组织以及处于其中的人们。

8. 恢复力的多重性思维及其基本原理。恢复力的思想，即其思维具有多重性，恢复力并不是单纯地应对不确定性和风险，而是通过鼓励适应性、灵活性、合作性、连通性和多样性，恢复力的多重性思维能够带给人们一种不同的生活方式，并且在更深的层次上懂得生活，学会生活。提高自己的恢复力对于度过下一次危机、提升自己在灾难面前的生存概率来说非常重要。

恢复力的基本原理。主要有：

一是关于系统的整体性原理。在一个复杂的系统中，人们应该放眼全局。唯有把握全局，通过改进系统的某个部分，来强化其他部分的恢复力，系统的整体恢复力才能因此提高。反之，单纯着眼于某一局部，提升某个部分或某个组织层面的恢复力，必然或意外地导致其他部分脆弱无力，很可能让整个系统毁于一旦。这就需要在多模式、多领域和多规格的情景下，讲究工作策略。除要关注感兴趣的东西外，更重要的是要考虑系统中运转过快或者过慢的"齿轮"，要检查那些突然收缩或扩张的部分。

二是关于生命系统的持续非平衡性与周期性原理。恢复力是经历时间考验动态系统的共同特点，而生命正是地球上迄今最有活力、最持久的系统。

生命系统的原理之一：持续非平衡性。错综复杂的生命系统，其运行方式并不是最有效率的。在很多情况下，生命系统处于一个持续变动的非平衡状态。生命系统拥有各式各样有用但又很少生效的工具和策略及其组合，即所谓"机制"，它具有冗余性，很少有发挥作用的机会。这会对细胞、生物体和生态系统造成实质性的负担：减缓生长，降低最高效率，限制局部所能获得的资源，从而累及系统整体①。

生命系统的原理之二：具有极强的周期性。恢复力研究奠基人之一，生态学家 C. S. 霍林（C. S. Holling）将生命系统的周期性称为"适应性循环"，由四个不连贯的循环阶段组成。其一是"增长阶段"，处于幼年期的生命系统，拥有聚集、互动和组合的基础资源；其二是"保护阶段"，处于成熟期的生命系统，能够更加高效地锁定和利用其拥有的各种资源，但与此同时整个系统也会变得愈加脆弱；其三是"释放阶段"，处于衰落期的生命系统。在这个阶段，通常发生一次故障或崩溃，资源被分散一次；其四是"重组阶段"，整个循环又重新开始。需要指出，不是所有的系统都一丝不苟地照此运行，但是生命系统的适应性循环原理，可以帮助人们理解生态领域之外许多实体的恢复力。如在工业领域、商业领域，适应性循环就无所不在，不断重演"增长、保留、释放、重组"的阶段。

三是网络的参考性原理。生物学、经济学和生态学等领域共用一套描述方法，运用网络的参考性原理，研究者可以对各种完全不同的系统遇到的类似问题加以比较。网络的参考性原理，指的是一个通用、概括的参考系统，用以描述各种信息、资源和行动是怎样在许多复杂系统中运行的。研究者拥有一套共享的参考框架能够让人们得以思考一个领域中的成功策略如何应用到另一个领域。比如近十年新兴的一个领域──生态金融领域。

四是关于跨系统的耦合性原理。从系统分析的角度，当前世界大部分事物，均位于一个特别的边缘地带，即人与技术、生态、金融或社会系统之间互动的边缘地带。这些人类与非人类的系统之间发生了耦合②作用，任何一个系统的行为都会影响另一个系统，由于反馈环路往往很复杂，其影响可能难以追踪，并且随时间的推移，大多数耦合系统会变得脆弱，将使系统失去适应变化的能力。届时，一次系统性颠覆越发难以避免，而新的系统往往更加糟糕。全球化是所有耦合系统之源，也是最大的复杂的耦合系统。全球化编织了一张纵横全球、大到让人难以理解的复杂网络，具有将不同时间维度的

---

① 安德鲁·佐利、安·马丽·希利：《恢复力──面对突如其来的挫折，你该如何应对？》，鞠玮婕译，北京，中信出版社，2013。

② 耦合是指两个或两个以上的电路元件或电网络的输入与输出之间存在紧密配合与相互影响，并通过相互作用从一侧向另一侧传输能量的现象。概括来说，耦合就是指两个或两个以上的实体相互依赖于对方的一个量度。这里的耦合，被引申为两个或两个以上的事物相互依赖于对方的过程或结果、状态。

系统联系在一起的功能，全球各种实体之间的潜在依赖关系加强了，适应力也随之降低了。因为通过全球化对某一个变量，例如资源的获取或消耗加以优化，也只是暂时延迟或隐藏了与此举有关的环境影响。随着这些相互作用的增长，突发事故的来源、速度和后果均被相应放大。这种不断增强的复杂性和脆弱性引发了社会层面与政治层面的反响，而这种反响是全方位的。

4.4.2　银行软实力与恢复力关系

一是恢复力目标与银行软实力建设目标相一致。地方法人银行的目标是实现可持续发展，但是可持续发展往往要求有一个静止的平衡点即可。在日益错综复杂的金融市场中，一个地方法人银行系统运行必须不断在动态中寻求一个平衡点，方能防范和抗击各种突发事件。软实力建设的目标之一，应该是帮助地方法人银行找到一种健康的动态形式，而非静止的形式。恢复力目标正是在人们想尽办法避免突发事故发生，帮助人们在事故突然到来时不至于手足无措。恢复力是人们经历和应对各种突发事件时，能够提供一套更广泛、灵活、切中要点的理念、工具和方法。恢复力框架不是要完全取代可持续发展思维，而是要为削减风险，提出一个不同的增补方案，即人们要重新设计各种机构和机制，鼓励和动员人们不断创新和实验。

二是恢复力理念是银行软实力建设指导思想的重要来源之一。恢复力理念是：每种事物都以各自的方式展现恢复力。在合适的情况下，个人、社区、商业、机构、经济体、生态系统等事物都能够从挫败中恢复。通过理解并接受不同类型的恢复力，人们能够创造一个更加坚韧的世界，同时打造更加坚韧的自我。而在日益错综复杂的金融市场，一个地方法人银行必须在高效却脆弱与低效却稳健两者之间作出适当权衡和选择。恢复力正是为地方法人银行提供在两个极端——效率与稳健之间找到一个中间点，即一种平衡，增加系统的缓冲区和适应能力的指导思想和理念。地方法人银行需要立足实际，综合运用各种硬资源和软资源，进行深入持久的软实力建设，营造银行自身系统的缓冲区，形成应对突发事件和金融危机的适应能力和抗击能力。

4.4.3　银行软实力的恢复力建设与评估

1. 银行法人机构软实力建设在培育恢复力上存在的主要问题。2005 年以来，我国银行业机构在全面风险管理方面取得了较为显著的进步，银行机构高级管理层不再仅仅盯着贷款业务，开始转向中间业务、综合业务及其全面风险管理，风险管理部门不再仅仅局限于信用风险管理，开始向全流程、全覆盖和全员参与型转轨。但是与国外先进银行相比，国内银行业机构在全面风险管理，培育恢复力上还存在一些问题和差距。主要表现在：

一是部分银行偏重于单项措施建设，忽视综合系统建设。国外发达国家的商业银行注重银行利益、员工利益、客户利益三者结合的经营理念，值得学习和借鉴。高盛银行的经营原则"银行的资产就是我们的员工、资本与声誉"。这条以广义的形式定义银行资产内涵，为银行应对各种突发事件和金融危机提出综合系统建设的最高境界。目前国内一些中小地方银行重视各种风险的防范制度和措施建设，往往忽视各种突发事件和金融危机的可处置方案的建设；即使已建立的可处置各种措施仅仅局限在内部的经济资本补偿上，如资本充足率、贷款损失准备等，而外部对地方政府救助实力、股东实力及其救助可能性、社会群体冲击或支持等方面缺乏相应的匡算、测算和预判。又如应对各种突发事件，中小地方银行缺乏切实有效的应急预案以及演练，致使事件爆发时往往束手无策。

二是部分银行过于重视经济资本的恢复和保护，往往忽视人力资本和声誉资本的恢复和保护。高盛银行的经营原则"如果员工、资本与声誉三者任何一个受到损害，声誉是最难以恢复的；我们要致力于完全遵循规范我们的法律、规定与道德准则的字面含义与精神。我们的持续成功取决于对这一标准的坚定不移的遵循"。目前国内一些中小地方银行从组建以来一直很重视资产风险管理、信用风险管理和操作风险管理，重视经济资本的恢复和保护工作。但是，人力资本管理往往忽视员工的权益保障、忠诚度和归属感的培养、人才成长和人才流失补充等方面建设，而声誉资本管理基本上是缺乏相应的制度措施和可资经验。2013 年上半年，××省银行业机构声誉风险事件频发，有关××银行、××银行的负面报道接二连三地见诸媒体，造成一些负面影响。其原因主要是处理危机的能力不足，声誉风险管理能力的缺乏，致使简单问题复杂化，小问题演变成大问题。众所周知，良好的声誉对银行业务的正常开展至关重要，一旦负面舆情演变为声誉危机，极可能引发挤兑事件及流动性风险，甚至演变为区域性金融风险。

三是部分银行全面风控的组织架构尚不完善，风控信息系统较为滞后。国内一些银行在全面风险治理上，一方面，全面风控体系是现代银行风险管理成熟和完善的一个重要标志。国内一些银行全面风控规划的制订并不是立足实际，存在照抄照搬倾向，科学性和合理性不足，在组织架构设计上也存在职能部门的重叠与缺口共存等诸多缺陷。尽管大多数银行在表面上已经建立了多种风险类型的管理委员会，但一些委员会要么没有明确各自的管理范围、要么缺乏相应的专业部门和专业人员参与，对于风险管理的监督、支持保障实效不足，往往形同虚设。另一方面，全面风控信息系统是现代风险管理的主要依据。国内部分银行风控系统建设起步时间较晚，加之外部的金融生态环境尚待完善，存在企业基础数据收集难、正规渠道的数据也存在失真等问题，以及部分银行在信息系统开发上缺乏前瞻性和连续性，导致银行积累的相关基础数据不足，制约了科学的可信度高的风险管理模型的建立。

四是部分中小银行风险管理工具的引进和应用不足，缺乏相关专业人才。自 20 世纪 70 年代以来，国际金融衍生产品市场发展迅速，已成为银行规避风险、获取收益的重要工具，促进了金融市场稳定发展和金融创新的开展。随着中国加入 WTO 和金融市场开放不断扩大，外资银行进一步丰富了金融市场的产品交易，沪深地区外资银行衍生品交易一直处于国内领先地位，但是，广大的中资银行，尤其是中小银行不仅缺乏衍生品交易方面的经验和人才，而且许多还没有金融衍生品业务的准入资格。这在一定程度上限制了国内银行通过金融市场的多样化资产组合来对冲降低风险的可能性，也制约了银行全面风险管理的现代化进程。

2. 银行法人机构软实力建设在全面风险管理和培育恢复力上的着力点。

（1）把握风险管理的共性，培育银行风控的恢复力

一是制定风险管理战略和进行风险管理决策，要坚持收益与风险匹配原则，预期的收益覆盖风险，让承担的风险控制在风险容忍度以内，资本收益率能够符合股东的最低要求和银行经营的目标。

二是在界定各部门、各级机构和各层级风险管理人员的具体权责时，要坚持内部制衡与效率兼顾原则，实行前中后台职能相对分离的管理机制，有效沟通与协调，优化管理流程，不断提高管理效率。

三是在国家、地区、行业、产品、期限和币种等维度上，要坚持风险分散原则，审慎核定单一客户和关联客户授信额度，有效控制客户信用风险集中度，建立分层次的流动性储备体系，确保信用风险敞口适当分散和融资渠道的多元化。

四是在推广应用国际先进银行业成熟的风险管理经验，要坚持定量与定性结合原则，开发与业务性质、规模和复杂程度相适应的风险计量技术，以着力提升风险计量水平。

五是依据银行内外部经营管理环境和竞争格局的变化，坚持动态适应性调整，持续不断地检查和评估这些变化因素及其对全面风险管理所产生的实质性影响，及时有效调整相关政策、制度和流程，确保风险管理与业务发展战略等相一致。

（2）构建全面风险管理框架，营造银行风控的恢复力体系

一是为适应现代银行全面风险管理的要求，应坚持全面管理的原则，全面设计、安排银行的风险管理组织结构，要重视信用风险、市场风险、操作风险、流动风险等传统风险，还要重视结算风险、法律风险、声誉风险等动态性突发性风险因素。

二是在风险管理组织结构设计时，要遵循集中管理的原则，设立风险管理委员会和具体的业务风险管理部门，明确前者负责制定宏观风险政策，后者进行具体的风险管理操作。

三是为明确银行对内部控制所承担的责任划分与执行，应遵循垂直管理的原则，明确董事会建立银行对风险的态度、偏好以及承担和控制风险的责任分配。高级管理层应确保在日常风险管理中发布前后一致的指令和原则，使之得到有效的贯彻和执行。各具体风险管理部门负责对本条线的风险管理承担主要责任，直接对风险管理部报告和负责。

四是为确保风险管理部门不受其他条线和部门的干预影响，应坚持独立管理的原则，建立以独立风险管理部门为中心的独立风险管理系统，风险内控的检查、评价部门应当独立于风险内控的具体执行部门，并有直接向董事会和高级管理层报告的渠道。

五是为银行防范风险防火墙建设有效，应坚持程序管理的原则，严格遵循事前授权审批、事中执行和事后审计监督三道程序，着力提高银行在复杂的风险环境中及时、有效、系统管理风险的能力。

3. 银行法人机构软实力建设的恢复力评估。如前所述，对于作为特殊的企业银行机构来说，企业和员工的风险意识、风险危机管理文化和忠诚及信心度的培育问题尤为重要，是企业风险管理及危机恢复力至为关键的问题。因此，笔者将"恢复力"视做"文化力"的派生软实力之一，并将"风险管

理及危机恢复力"作为恢复力在银行机构软实力建设评价的一级指标。

其中，"风险管理能力"作为"风险管理及危机恢复力"的二级指标，可以运用"风险文化培育建设""信用风险管理""市场风险管理""操作风险管理""流动性风险管理""风险管理部门独立性及人员配置"等三级指标进行评价；

"危机恢复力"作为"风险管理及危机恢复力"的二级指标，可以运用"声誉风险管理机制""应急管理机制""突发事件处置能力""突发事件恢复程度"进行评价。

至此，本文按照总论—分论的结构，较为系统介绍银行软实力"七巧板"理论架构。在分论中，元软实力及其派生软实力理论按照具体软实力理论—相关软实力建设—评估指标介绍的逻辑进行阐述。诚然，在介绍相关软实力建设的策略和建议时，只是拣选与相关软实力直接、较为重要的或当前软实力建设问题较为突出的相关策略和建议加以阐述。在金融产品和金融工具不断涌现、组织形式日益创新之今日，难免"挂一漏万"、以偏概全。同时，如前所述由于缺乏"元评估"及相关经验的支撑，对评估指标含义也缺乏深入阐述，仅是将软实力理论与指标间作简单的对应和归集，起到承接作用，方便阅读，以加深对全文的逻辑框架理解。这些问题和不足，正是如前所指出的，存在"内容或嫌简单、或理论与实务未能有效兼顾"倾向。不过，笔者将继续跟踪实务界，搜集更多的经验和案例，加以总结，充实和完善理论。

5 银行软实力评估的
指标框架与数据处理

5.1 引言

"在抽象的意义下，一切科学都是数学。"①美国著名统计学家科拉姆－劳（C. R. Rao）指出。理论架构的建立，需要实践的推广运用，而检验理论架构的标准，就是对实践建立相应合乎逻辑的指标化，采用定性与定量相结合，对评估对象进行量化的界定，并开展综合性的评估和信息反馈，进而修正和完善理论。本文尝试建立地方法人银行软实力的评估指标体系，探索构建推动银行机构践行软实力建设的相关理论和规则，使银行业机构企业文化与软实力建设及其评估指标体系能在银行实务层面上得到广泛应用和完善，其中直接为银行业机构建立内部控制系统及评估机制提供可行的范本，形成更广泛的集体共识，能深入持久开展银行企业文化与软实力建设。

5.2 关于金融机构评级评价体系的基本理论

2008年金融危机以来，以美国三大评级巨头为代表的国际评级业和评级市场遭到谴责和诟病。但是，这些国际评级机构已经形成了一整套成熟的、市场普遍认可的评估评价金融机构和企业资信状况的评估技术和做法，是建立银行软实力评估指标体系最可靠的借鉴来源之一。当然，来自国内银行业机构稳健性评估等各种现场评估，尤其软实力评估活动是最切合实际、重要的经验。

---

① 科拉姆－劳：《统计与真理：怎样运用偶然性》，李竹渝、石坚、白志东译，北京，科学出版社，2004。

5.2.1　金融机构评级评价的理论

1. 金融机构评级评价的一般含义。评级评价，一般来说都涉及对金融机构偿付能力和财务稳健性的评估，评估以标准化的定性和定量标准为基础。评级所评估的是金融机构是否有能力履行当前的偿付义务。评级将大量信息压缩到一个指标当中，并将其中复杂的关系都统一起来。

评级一般来说包括从 AAA 级（最强的偿付能力）到 D 级（最差的偿付能力或无偿付能力）等多个级别。评级结果是确定违约概率（无力偿付债务的可能性）的基础。每个评级等级都直接与统计上的违约概率相联系。金融机构的违约概率也可以解释为企业在一定时期内存在很大不确定性的风险程度。

2. 金融机构评级评价的主要类型。评级的核心问题一般包括：偿付能力评级、财务实力评级（财力评级）和债券发行评级，同时，还存在其他的评级类型。主要类型有：偿付能力及财务实力评级、信用评级、债务评级与净资产评级、债券发行评级与发行人评级、长期评级与短期评级、委托评级与非委托评级。

5.2.2　金融机构评级的基本原则

1. 金融机构评级的基本原则。目前，国际评级组织对金融机构评级的基本原则，主要有：（1）始终保持评估全过程和各环节的独立性；（2）防范和禁止利益冲突，保持中立；（3）选派和确保具有资格的分析师；（4）设置全面的评级配置；（5）保证分析过程认真仔细地进行；（6）保护被评估机构的商业秘密和隐私；（7）确保分析方法的客观性；（8）保证评估、分析和判断的质量；（9）使用国际通用的评级符号，便于评估结果的通行和比较；（10）从实际出发，考虑各个国家的特殊情况；（11）确定明确适合的评级目标。

2. 金融机构调查和评估方面的原则。主要有：（1）要求调查和评估两环节的分离；（2）调查方法的多样性，确保调查的适应性和客观性；（3）调查评估的标准化，便于评估事实的核查和比较；（4）调查文件汇编，有助于核查和历史分析；（5）对非标准化的方法作出解释，说明调查的可行性；（6）双人监控，坚持可行性检验。

5.3 银行软实力评估的性质与意义

明确了银行软实力评估工作的性质，不仅能找准评估工作的定位，可以防止滑向侧重于合规性"监管的现场检查"和侧重于近乎歌功颂德的"纪检的作风评价"，真正做好软实力评估工作，而且能认清软实力评估工作的理论意义和现实指导意义。

5.3.1 银行软实力评估的性质

1. 银行软实力评估。这里简称为银行软实力评估，它的目的是分析和衡量一个地方法人银行机构或一个经营单位的软实力状况，并提供有关信息以帮助董事会、监事会、高管，以及其他管理层、利益相关者改善决策和金融管理当局调整、改进监管政策，以促进银行机构提高市场核心竞争力。

2. 银行软实力评估的性质。银行软实力评估既是一种基于经济的"评估"方法，也是一种基于文化价值的"评价"方法，是一种经济"评估"与文化价值"评价"的统一。"评估"一词不同于会计意义上的"计算"，也不同于一般的"评价"。通常而言，评估是一种定量分析，要使用许多定量分析模型，具有一定的科学性和客观性。同时，评估又是一种定性分析，要使用许多主观估计的数据，带有一定的主观估计性质，因而并不是完全客观和科学的。评估的质量与评估人员的经验、责任心、投入的时间和精力等因素有关。因此，银行软实力评估是一种定量分析与定性分析相结合的综合评价方法。

在银行软实力评估过程中，应该注意的几个问题：

一是要通过建立概念逻辑框架，处理信息，深入分析。银行软实力评估是一种"分析"方法。好的分析来源于好的理解，好的理解建立在正确的概念框架基础之上。银行软实力评估涉及大量的信息，有了合理的概念框架，可以指导评估人正确选择模型和有效地利用信息。因此，必须正确理解银行软实力评估的有关概念。如果不能全面地理解软实力评估原理，在一知半解的情况下随意套用模型很可能会出错。

二是评估模型的选用。在信用评级界已形成的共识是，评估不是随便找几个数据代入模型的计算工作。模型只是一种工具，并非模型越复杂，评估结果就越好，而是模型要切合实际，要有针对性，且易于理解、便于操作。因此，要慎重选择好评估模型。

三是正确对待银行软实力评估的假设与结论的不确定性。银行软实力评估既然带有主观估计的成分，其结论必然会存在一定误差，不可能绝对正确。在进行评估时，由于认识能力和成本的限制，人们不可能获得完全的信息，总要对未来作出某些假设，从而导致结论的不确定。因此，即使评估进行得非常认真，合理的误差也是不可避免的。

5.3.2 银行软实力评估的意义

银行软实力评估的目的是帮助董事会、监事会和高管以及其他管理层、投资者、客户等利益相关者改善决策和金融管理当局调整、改进监管政策。它的主要用途表现在以下三个方面：

一是银行软实力评估可以用于投资分析。随着企业文化建设时代的到来，银行软实力评估应是基础分析的主要内容之一。投资人信奉不同的投资理念，或相信技术分析或相信基础分析，或两者兼顾。运用基础分析的人认为银行软实力与财务数据（硬实力）之间存在函数关系，这种关系在一定时间内是稳定的。证券价格与银行企业价值的偏离经过一段时间的调整，必然会向价值回归，尤其具有雄厚软实力的银行企业更是如此。对此，投资人在银行机构股票被市场低估时购进，以期获得高于市场平均报酬率的投资收益。

二是银行软实力评估可以用于战略分析。战略是指一整套的决策和行动方式，大体包括刻意安排有计划的战略和非计划的突发应变战略两部分。而战略管理是涉及企业目标和方向、带有长期性、关系企业全局的重大决策和管理。战略管理可以说明经营设想和发现这些设想，可能创造的价值，目的是评价企业目前和今后增加股东财富的关键因素是什么及其可能的变化。银行软实力评估在战略分析中起到"新助手"作用，其评估银行在运用各种资源时，处于何种发展阶段，应该采用如何的资源和手段的组合，采用相应的战略政策和措施，以整合战略资源，进一步提高市场核心竞争力。

三是银行软实力评估可以用于以总体资源为基础的综合管理分析。银行作为一种经营货币业务的高风险企业，其每一项经营活动紧紧联系着经济社会的各个领域、方面和环节。而银行软实力又是以各种资源运用为基础的综合管理活动，对其总体状况及未来发展潜力进行评估，有助于投资者、客户等利益相关者和金融管理当局参考和决策。存款、结算等客户可以通过银行软实力评估报告获取相关信息，发现潜在风险因素和新的服务价值，选择服务银行。而金融管理当局则可以借助银行软实力评估报告，掌握被监管单位在稳健性经营上是否存在倾向性问题，在金融服务中是否存在竞争过度和金融消费者权益保护瑕疵，研究制定下一步货币信贷政策和金融监管政策。地方政府在省市县三级普遍设立金融服务管理部门——金融局或金融办公室，地方各级政府可以此了解和掌握区域内金融资源运用状况，评判其市场综合实力，研究出台地方法人金融企业扶持和管理措施，推动辖区地方法人金融企业战略转型和升级。

5.4　银行硬实力评价指标体系

"不能仅有柔软而没有强硬，没有实力支撑的柔软实际上是软弱。"[1] 著名政治学者周志兴先生曾对软实力作过注解。建立银行硬实力评价指标体系，不仅是银行软实力评估不可忽视的重要方面，因为软实力作为运用各种资源的银行综合管理能力，需要密切关注硬实力的动态变化，而且也是银行软实力评估指标体系的重要参照系。实际上，硬实力与软实力两者的评估指标有时候是交互使用的，定量指标与定性指标相结合，能更全面地说明被评估对象的综合实力状况。

5.4.1　银行硬实力评估指标含义

银行硬实力指标的指标集由核心指标集（Core Sets）和鼓励指标集（Encouraged Sets）组成。总体来说，银行硬实力指标核心指标集的各项指标是依据巴塞尔银行监管体系的要求设计的。而鼓励指标集的指标则是在充分参考最新的经济学研究成果和吸取金融危机历史教训的基础上，依据更加全面的经济统计数据而设计的指标[2]。银行硬实力指标的指标集主要有以下五个方面：

一是资本实力及其整合能力。资本实力及其整合能力是衡量银行业机构

---

① 周志兴：《呼唤柔软的力量》，载《财经文摘》，2014（7）。

② 凌涛：《中国区域金融稳定评估：FSAP 的研究与应用》，北京，中国金融出版社，2009。

硬实力的资本实力、资本补充能力等资本整合能力的指标集，用以评估银行机构正常经营和市场竞争的资本实力，以及发生系统性金融风险时银行业机构的抗风险能力，也是衡量银行业机构稳健与否的重要指标之一。资本实力及其整合能力指标集包括资本实力状况、资本补充能力状况两个方面，其中，资本实力状况主要有资本充足率、核心资本充足率等指标，而资本补充状况主要有资本净额增长、资本约束能力、资本补充能力等指标。通常，依据巴塞尔协议的系列文件，金融监管部门通过对调整的资本比率和调整的一级资本比率指标的监控，以评估商业银行的资本充足性。

二是业务发展状况及其提升能力。业务发展状况及其提升能力是衡量银行业机构硬实力在信贷资产、存款发展状况及其组织能力的指标集，用以评估银行业机构在正常经营和市场竞争下主要业务竞争实力，以及银行业机构抵御风险能力，是衡量银行业机构稳健与否的重要指标之一。业务发展状况及其提升能力指标集主要包括信贷资产增长能力、资产结构状况、存款组织能力、存款稳定状况、存贷款平滑度五个方面，其中，信贷资产增长能力主要有资产总额增长率、信贷总额增长率两个指标；资产结构状况主要有信贷总额占资产总额、信贷总额占同业份额两个指标；存款组织能力主要有存款总额增长率、个人储蓄存款增长率两个指标；存款稳定状况主要有存款总额增长率、个人储蓄存款增长率两个指标；存贷款平滑度主要有月末存款偏离度、贷款投放节奏两个指标。

三是业务安全状况及其控制能力。业务安全状况及其控制能力是衡量银行业机构硬实力的风险资产组合及其质量控制能力的指标集，用以评估银行机构正常经营和市场竞争下资产经营的质量和水平，也是衡量银行机构稳健与否的重要指标之一。通过监测不良贷款率、拨备覆盖率，以及信贷资产在国民经济的部门分布状况和集中程度指标——客户贷款集中度来衡量信贷资产的质量及其控制力。其中，不良贷款占全部贷款的比率、不良贷款占全部资本的比率两个指标，用于评价信贷资产的整体质量；贷款拨备覆盖率是贷款损失准备对不良贷款的比率，用以评价贷款损失准备是否充分，以至于判断谁的业绩水分最大；而贷款在各经济部门的分布比率——单一客户贷款集中度和最大十家客户贷款集中度两个贷款分布比率指标，用以分析信贷资产在各经济部门的分配比率，以此识别当某一经济部门发展失衡时可能产生的信用风险。由于信用风险是银行所面临的最主要的风险，因而既是评估银行机构硬实力的重要方面，也是金融监管部门风险监测的重点。

四是流动性状况及其提高能力。所谓流动性风险，是指银行业机构没有足够的现金清偿债务和保证客户提取存款而给其带来经济和信誉损失的可能性，它取决于银行业机构的资产结构及经营环境。流动性状况及其提高能力是衡量银行机构硬实力在流动性状况及其管理能力的指标集，用以评估银行业机构正常经营和市场竞争的主要业务竞争实力，以及银行业机构的抵御流动性风险的能力，也是衡量银行业机构稳健与否的重要指标之一。市场流动状况及其提高能力主要有流动性比率、存贷款比率、中长期贷款比率、核心负债比率等指标。通过对银行流动性资产结构的分析来评价其流动性风险，其中，流动资产占全部资产的比率指标被用以衡量全部信贷资产的流动性水平，而流动资产对短期负债的比率则可用以衡量银行业机构在发生债务危机时的抗风险能力。本轮全球金融危机后，包括中国的许多新兴经济体实施了较巴塞尔协议 III 更为严厉的监管标准，各经济体相继引入流动性覆盖率（LCR）与净稳定融资比率（NSFR）等新指标，以进一步增加银行维护流动性的管理能力。

五是财务状况及其收获能力。银行业机构的收入水平和利润反映了经营状况和经营环境的好坏。银行业机构的盈利能力越强，抵御风险的能力也越强。而财务状况及其收获能力是衡量银行机构硬实力在经营状况以及盈利能力的指标集，用以评估银行业机构在正常经营和市场竞争下经营管理能力，以及发生系统性金融风险时银行机构的持续经营能力，也是衡量银行业机构稳健与否的重要指标之一。财务状况及其收获能力，主要包括资产利润率、资本利润率、资产费用率、人均税前利润倍数、利息收入占总收入的比率和非利息收入占总收入的比率等一系列指标。其中，资产利润率和资本利润率这两个指标用于评价银行部门的盈利能力和抗风险能力，同时结合其他指标就可以对银行业机构的经营状况作出综合判断。

5.4.2 银行硬实力评估指标设置及权重

在统计计算中，通常用权数或权重的方法，衡量总体中各单位标志值在总体中作用大小。根据银行业机构硬实力指标的指标集分为核心指标集、鼓励指标集两个部分及其重要性，对不同权重加以区分（见表5-1）。

表 5 – 1 　　　　　　　　　地方法人银行硬实力评估指标体系

一级指标及权重		二级指标及权重		三级指标及权重		备 注
1. 资本实力及其整合能力	20	资本实力状况	45	资本充足率	45	C
				核心资本充足率	55	C
		资本补充能力	50	资本净额增长	35	E
				资本约束能力	35	E
				资本补充能力	30	E
2. 业务发展状况及其提升能力	25	信贷资产增长能力	35	资产总额增长率	50	E
				信贷总额增长率	50	E
		资产结构状况	20	信贷总额占资产总额	50	E
				信贷总额占同业份额	50	E
		存款组织能力	10	存款总额增长率	70	E
				个人储蓄存款增长率	30	E
		存款稳定状况	25	中长期存款占比	65	E
				个人储蓄存款占比	35	E
		存贷款平滑度	20	月末存款偏离度	50	E
				贷款投放节奏	50	E
3. 业务安全状况及其控制能力	20	不良率控制能力	65	不良贷款率	60	C
				拨备覆盖率	40	C
		贷款在各经济部门的分布状况	35	单一客户贷款集中度	50	C
				最大十家客户贷款集中度	50	C
4. 流动性状况及其提高能力	15	流动性状况	100	流动性比率	25	C
				存贷款比率	25	E
				中长期贷款比率	25	E
				核心负债比率	25	C
5. 财务状况及其收获能力	20	盈利性状况	100	资产利润率	20	C
				资本利润率	20	C
				资产费用率	10	E
				人均税前利润倍数	10	E
				利息收入占比	20	C
				非利息收入占比	20	C

注：属于核心指标集（Core Sets）的指标以 C 表示；属于鼓励指标集（Encouraged Sets）的指标以 E 表示。

资料来源：作者根据相关资料编制。

5.5　银行软实力评估指标体系框架：以地方法人银行为例

建立软实力评估指标体系实际上就是对银行软实力理论框架的现实转换，即对理论设想转化为实践操作框架后，经过对运行结果的测试，为修正和完善理论框架提供数学化的指标工具。因为抽象意义角度，一切科学理论都可以转化为数学形式。在要求持续不断地完善指标体系的前提下，对评估标准的详细描述是提高评估程序透明度的重要要求之一。

5.5.1　建立银行软实力评估指标体系的现实难点

从概念的引进和运用到实践倡导，再到实务界的尝试和运用，银行软实力建设尚处于刚刚起步阶段。关于银行业软实力理论尚处于空白和亟待创建的状态，许多问题尚未进行深入研究。加之，部分地方性银行机构经营战略管理尚在学习和模仿之中，高管人员素质参差不齐，普通员工参与软实力建设的学习和执行的热情不高，全员对银行软实力管理的认识也千差万别。因此，对银行业机构软实力评估指标体系的构建将面临诸多理论和现实的问题和难点。

一是对银行业软实力要素的不同认识。软实力作为时髦的概念，近些年开始在金融界流行起来。但是，无论银行业管理实务界，还是金融机构管理等学术界对银行业软实力的内涵缺乏比较明确的认识，尤其对银行业软实力要素及构成的认识存在较大的认识差距。从目前调查情况看，多数地方法人银行机构的从业人员尤其高管人员对银行业机构软实力处于一种粗浅的认知阶段，对银行业软实力可能包含哪些要素及其含义是什么，均缺乏比较明确和统一的认识。从实践看，更多的银行机构对银行业软实力建设简单地等同于企业文化建设，有的认为银行业软实力建设无非就是建职工活动室、职工之家，开展职工文体、献爱心送温暖等诸如此类活动。这样，对于银行软实力评估指标体系的构建和评估实践，由于对银行业机构软实力的要素存在较大的认识偏差，导致难以在理论和实践上尽快形成一种互动发展的"学研用"氛围和迅速发展阶段。

二是对各要素对银行业软实力影响大小的不同认识。评估银行机构软实力状况的关键，就是在掌握银行业机构所拥有各种资源状况的基础上，衡量它们各自对银行业软实力的影响以及综合影响的程度。然而目前，无论在理论界和实务界，对银行机构的各种资源要素范围缺乏比较一致的认识，以及它们各自对银行业软实力的影响程度的大小和方向缺乏深入的研究，存在较大的认识偏差。从调查情况看，在软实力建设过程中，更多的银行业机构没有将企业作为一个整体和系统看待，各种资源和要素的利用要么各自割裂，要么处于严重的闲置状态，软实力建设侧重于企业文化建设或履行社会责任或兼顾两者，而往往忽视与银行硬资源的综合运用，导致银行业机构软实力建设偏离面向市场竞争和战略目标，形成软实力与硬实力各自为政、统一规划缺位的松散局面。这样，对银行软实力评估指标体系的构建和评估实践必然带来认识的混乱、对指导实践的效用大为降低，甚至严重偏离方向。

三是主观成分大，评估标准难以形成统一。如前所述，由于目前银行软实力理论尚在建设的起步阶段，对银行软实力所应包含的各种要素及其对软实力、核心竞争力的影响也处于模糊认识不统一或争议较多的状态，加之受核心价值观和经营哲学等诸多主观影响，人们对软实力的理解差异较大，因此，对软实力评价缺乏较为一致的认识，对影响软实力形成的诸多因素也难以形成一个较为统一的评估标准，这将给银行软实力评估标准建设和实践活动带来较大的难度。从笔者文献检索和阅读的情况看，学术界和实务界对银行软实力内涵等诸多基础理论问题尚未进行全面深入的研究，对银行软实力的评价评估标准问题也是一个亟待研究领域。

四是不同发展阶段对软实力指标体系的不同认识。任何企业均有一个产生、成长、发展的演进周期。在某个时期，每个企业处于各自的发展阶段，所面临的市场环境和市场压力以及应对策略与各自的上一阶段也是完全不同的。因此，不同发展阶段必然对软实力评价评估指标体系建设提出相应的要求。从动态的角度，银行作为经营货币业务的特殊企业，在宏观经济政策管理影响下，与其信贷客户、企业和市场竞争、经济社会发展等因素交织在一起，使得其自身存在周期发展变得复杂和难以自主控制的问题。这样，无论学术界还是实务界对不同发展阶段银行软实力的评估评价指标的构成有不同的认识。目前，受理论研究进展和实践深入的不足，对不同发展阶段银行软实力评估难以在短时期内进行全面的比较，难以提出和形成一个针对不同发展阶段银行软实力评估指标体系。

5.5.2 建立银行软实力评估指标体系的意义

一是探索建立银行软实力评估指标体系，对于后续研究具有基础性的参照意义。如前所述，目前国内外学术界和实务界尚未对银行机构软实力理论及评价评估作出深入全面的研究。因此，探索建立评价银行软实力状况的评估指标体系，可以提供一个研究和实践的初步样本，对于银行软实力后续相关研究具有基础性的参照意义。

二是为更全面地评价银行总体状况，提供另一个视角性的评估指标体系。目前国内外学术界和实务界对银行业状况的评价评估，主要局限于硬实力的评估，如以银行业监管部门对银行业机构进行偿付能力和财务稳健性评估的评级、银行业机构稳健性现场评估等领域。显然，局限于硬实力的评估难以全面评价银行总体状况。而银行软实力评估则从更广的视角，去评价银行业机构的总体实力状况和综合竞争力水平，可以为银行业监管部门和银行机构的利益相关者提供一个更为全面客观的评价体系，有助于他们全面把握银行总体状况。

三是为银行机构硬实力评价，提供更全面的评估标准和体系。目前无论商业性评级机构的评级，还是金融监管部门的稳健性评估，基本上以硬实力评估为重点，而往往忽视软实力评估。尽管几乎所有评估评级信息都综合了定性和定量信息，但是，定量信息实质上建立在银行机构以过去为导向的财务数据的基础之上，是对银行机构的财务、收益和财产状况的评估，以典型的财务报表分析为基础。单纯的财务报表分析的缺点是，这个过程只描述了过去的情况。对银行机构总体评估评价，除了对过去的描述以外，还应当评估企业未来的各种经营管理能力和综合驾驭能力。因此，银行软实力评估是评估银行综合运用各种资源，形成吸引力，让对手和潜在客户等承受者信服，培育核心竞争力的综合状况，而设置一系列反映行业、市场和竞争的状况以及管理质量与风险管理和控制等因素指标框架体系，全面揭示银行业机构现在发展状况和未来的能力。如此，可以为商业性评级机构的评级和金融监管部门的稳健性评估，提供更全面的评估标准和体系。

四是银行软实力评估指标体系的初步建立，对于银行机构软实力建设具有重要的指导意义。在21世纪初的十几年时间里，我国国内银行业机构陆续开展企业文化建设活动，尤其在中共中央十七届六中全会之后，银行业机构和所有企业一样进一步重视自身企业文化建设工作，并取得了初步成效。但是，目前国内银行业机构企业文化和软实力建设尚处于刚刚起步阶段，多是文化建设活动停留于表面，与银行业机构自身经营管理和战略发展等诸多方面和环节结合得不紧密、不深入，甚至出现文化建设、软实力与银行机构经营管理"两张皮"现象，因此，银行软实力评估指标体系的初步建立，可以为银行业机构开展企业文化和软实力建设提供参照体系，进一步拓展思路，提供实际的指导作用。

5.5.3　银行软实力评估指标体系的设置原则

从银行软实力评估理论和实践看，地方法人银行软实力评估指标体系的设置原则可以总结如下：

一是系统性原则。侧重中微观层面的软实力评估，考察整个银行业机构的软实力状况和整体核心竞争力，重点关注银行业机构软实力的总体特征和结构特征，揭示银行业机构各种因素和资源在机构内外的环境中整合运用，并与环境系统的互动，塑造银行和品牌的系统性和一体化。

二是全面性原则。地方法人银行软实力评估指标体系要求覆盖包括企业文化建设、战略规划、创新管理、组织管理执行、内控管理、品牌建设、风险危机管理和社会责任履行等方面，贯穿经营决策和执行各个环节和过程。因此，应综合运用定性分析与定量分析方法，全方位、多角度分析银行业金融机构软实力状况，增强评估结果的客观性、真实性和科学性。

三是前瞻性原则。通过分析评估和预警，把握地方法人银行机构软实力状况和变化趋势，增强银行业机构在软实力建设过程中对自身核心竞争力和潜在竞争力的研判和预判水平，提升各种资源的掌控能力和整合能力，促进银行业机构持续稳健发展。

四是针对性原则。通过媒体等各种资讯的非现场观察和分析，了解和掌握被评估银行业机构软实力建设存在薄弱环节和非审慎行为。非现场观察和分析为确定现场评估的对象和内容提供依据；现场评估信息为非现场观察和分析的结论提供补充与全面实证支持。在开展年度评估时，以便采取有针对性的现场评估，加以深入调查和分析，增强数据信息的真实性、完整性和准确性，进一步提升软实力评估的有效性。因此，采取非现场观察和分析、现场评估相结合的方法，共同提升银行业机构软实力评估的完整性和有效性。

五是规范性原则。银行软实力指标的设计应参照相关的国际标准，以FSAP框架下的银行稳健性评估指标为参考，与国际和国内通行的金融监管指标相协调，借鉴国内现有研究成果，力求银行软实力指标更规范一些。这样，也有利于进行银行业机构软实力的横向比较。

六是相关性原则。由于银行业机构又有不同的种类，要结合实际情况设计相关指标，不能一概而论。对一些和银行业机构软实力关系不大的指标则不宜设计采纳。因此，在众多的银行软实力指标中，要结合银行业自身的特点，选取最能反映银行业机构软实力特质的指标。

七是可操作性原则。银行软实力指标的设计要简便易行，表达方式易于理解，数据易于收集和整理，处理方式具备可行性，对于一些难以量化的指标要通过合理的处理方法进行数量化的转化。可以利用现有的报表体系和内部控制系统生成相关数据，用以银行业机构软实力的评估。

八是可获得性原则。评估银行业机构软实力状况是一种通过银行软实力指标体系，采用定量与定性相结合的评估方法，因此，指标的设计要充分考虑在已有资料来源和资料获得渠道的背景下，数据获取的简便可行及真实性，确保评估结果的客观性。

九是透明性原则。评估必须要使制定的评价标准透明化，这不仅可以避免遭受更多的责难，更主要是金融管理决策层和监管层能够使用这些标准。如此，能够确保政府和公众、机构与市场、社会之间能够交流，公众能较容易地对评估作出鉴定，激发公众参与金融企业软实力评估等相关社会问题的讨论并提供政策性解决方案的建议，进而达成共识。

5.5.4 银行软实力评估指标设置及权重

1. 指标设计的基本要求。主要体现基本设计理念，进行地方法人银行软实力评估指标体系的设计。

第一，指标体系应能充分反映地方法人银行软实力的内涵和基本特征。要在充分理解地方法人银行软实力本质内涵的基础上，以地方法人银行软实力的影响因素为主线，结合地方法人银行机构的经济社会环境和金融生态发展状况，系统考察地方法人银行机构软实力建设状况。

第二，指标体系力求做到科学、准确。应充分考虑目前数据来源的限制及数据的真实可靠程度，尽量缩小调查误差的范围，确保指标数值的准确性和权威性，以保证评价结果的客观性。

第三，指标体系应兼具可比性和稳定性。所选指标要便于横向和纵向的研究分析，要具备便于国内对比、适于通用的特点，易于动态分析的特点，以及部分指标便于国际对比和交流。以国际货币基金组织和世界银行的金融部门评估规划（FSAP）和国内企业文化评价指标体系以及部分省份银行稳健性评估指标体系为主要参考依据，借鉴国内外现有相关研究成果，制订初具框架性的指标体系。

第四，指标体系应具有区域性。地方法人银行在规模和结构上具有区域特点，因此在充分考虑各省地方法人银行软实力建设现状的前提下，进一步分析、讨论和制订评估指标体系。

第五，指标体系应简便、可行。要保证所选指标在描述地方法人银行软实力建设状况时尽可能互不重叠，做到指标简明扼要，能有效揭示指标内涵，能较好概括指标的整体性，并且保证所选指标在现行统计制度和统计手段下易于取得或稍加计算即可获得。

2. 指标框架的构建。基于银行软实力"七巧板"理论对地方法人银行机构软实力评估的分析框架，考虑企业文化建设、市场竞争和社会责任三方面因素（见图5-1）来考察地方法人银行机构软实力状况。

一是企业文化建设，主要考察所在地方法人银行机构企业文化建设能力及企业文化建设状况。企业文化建设是地方法人银行机构软实力建设的主题之一，也是地方法人银行机构软实力建设中文化力和领导力等元权力的重要渊源之一。故企业文化建设是地方法人银行机构软实力评估的先行观察的重要因素，也是文化力及其派生指标同化力、认同力、影响力、恢复力等先行指标的先导性理论源。目前主要从企业文化及建设能力、品牌文化及建设能力、风险管理及危机恢复力三大方面，反映和评估地方法人银行机构软实力的企业文化建设的成效和文化力运行质量。

其中，"企业文化及建设能力"作为一级指标，包括企业文化建设机制能力（含企业文化建设管理机制创新、企业公共文化基础设施等三级指标）、企业文化保护与传承力（含企业传统文化的保护、企业传统文化的传承、文化事业费增长率等三级指标）、企业文化投入能力（含企业文化建设从业人员比例、专业文教投入比例、员工人均文化事业费等三级指标）、员工的受教育程度（含人均受教育年限、研究生学历所占比例、本科学历所占比例、本科学历以下所占比例等三级指标）、人才建设能力（含人才引进专项资金、专业技术人才比例、科技开发人员数量、专利产品数等三级指标）、人才融合能力（含城市外来人才比例、企业外来人才比例等三级指标）等二级指标。

"品牌文化及建设能力"作为一级指标，包括品牌文化建设能力（含商业策划和市场推广、品牌文化现代化程度、企业品牌的知名度比例等三级指标）、声誉风险管理能力（含消费者权益投诉案件数、应对舆论影响的能力等三级指标）、特色品牌管理能力（含形成特色品牌集群能力、区域特色品牌辐射力与竞争力等三级指标）、社会形象维护能力（含对客户亲和力、社会形象改善力等三级指标）、品牌关注度（含品牌国内外知名度等三级指标）、品牌形象优势度（含品牌美誉度、品牌联想度等三级指标）、品牌吸引力（含吸引战略投资者能力、吸引客户能力、服务质量、客户满意程度等三级指标）等二级指标。

"风险管理及危机恢复力"作为一级指标，包括风险管理能力（含风险文化培育建设、信用风险管理、市场风险管理、操作风险管理、流动性风险管理、风险管理部门独立性及人员配置等三级指标）、危机恢复力（含声誉风险管理机制、应急管理机制、突发事件处置能力、突发事件恢复程度等三级指标）两个二级指标。

二是市场竞争，主要考察所在地方法人银行机构作为整体面向市场竞争的内在软实力状况。提高市场核心竞争力是地方法人银行机构软实力建设的重要目标，而市场竞争压力是地方法人银行机构软实力建设中领导力等元权力的重要渊源和根本缘由，是领导力及其派生指标创造力、控制力、专注力等先行指标的先导性理论源。目前主要从领导者及区域协调能力、战略发展及创造能力、组织模式及执行能力、管理及内控能力四个大方面，反映和评估地方法人银行机构软实力应对市场竞争的核心竞争力建设成效和领导力运行质量。

其中，"领导者及区域协调能力"作为一级指标，包括领导班子能力（含领导班子的凝聚力、领导者组织与管理能力、领导者应变能力等三级指标）、适应地方政府政策能力（含与地方政府的互动关系、对地方政府政策制定建议能力和影响能力、对地方政府政策的执行能力等三级指标）、区域行业导向能力（含新闻舆论的及时性、权威性和公信力、影响力、对行业政策制定建议能力和影响能力等三级指标）、廉洁纪律能力（含中层及以上官员违规比例等三级指标）等二级指标。

"战略发展及创造能力"作为一级指标，包括发展战略规划能力（含战略规划制定的科学性、战略功能定位的准确性、战略规划实施评估等三级指标）、设计策划能力（含设计策划能力、设计策划团队建设等三级指标）、科技信息的转化能力（含科技信息的获取能力、科技信息的转化能力等三级指标）、创新文化氛围（含求新意识、兼容心理等三级指标）、创业观念和意识（含辛劳精神、开拓意识、竞争心理等三级指标）等二级指标。

"组织模式及执行能力"作为一级指标，包括组织文化建设能力（含组织基本理念、组织文化建设等三级指标）、法人治理结构（含基本结构、决策及执行机制、激励约束机制等三级指标）、管理层素质（含管理经验、专业能力、年龄结构等三级指标）、执行能力（含执行政策的灵活性、企业部门管理的创新探索、学习能力和交流活动等三级指标）等二级指标。

"管理及内控能力"作为一级指标，包括管理制度执法能力（含守法自觉性、执法公正性等三级指标）、业务发展模式改进能力（含发展模式的稳定性、发展模式的自我调整能力等三级指标）、经营审慎管理能力（含发展战略规划、业务模式、规模扩张、网点建设、存贷款平滑度、短期融资依赖度、贷款集中行业和客户景气度等三级指标）、内控管理能力（含营业外支出比率、内部案件数量/网点数量、内部违纪违规受处分人次/总人数）等二级指标。

三是社会责任履行能力，主要考察所在地方法人银行机构作为整体履行社会责任的能力及履行状况。社会责任履行能力是地方法人银行机构软实力建设的重要要求，故社会责任履行是地方法人银行机构软实力评估的先行观察的重要因素，社会责任履行能力是先行指标，贷款投向自觉能力、企业员工参与公益事业、企业交往操守是重要指标。

其中，"贷款投向自觉能力"作为二级指标，主要考察地方法人银行在信贷投放应履行的社会责任，包括"'两高一资'贷款占比""产能过剩行业贷款占比""支农服务贷款占比""社区贷款占比"等三级指标；

"企业员工参与公益事业"，包括"员工慈善捐款占年工资收入比重""员工参加志愿者服务人数比重""企业公益慈善捐款占税前收入比重""企业参与公益事业管理机制"等三级指标；

"企业交往操守"作为二级指标，要更多考虑员工在履行工作职责过程中集中反映出来的道德操守，包括诚信意识、协作精神、法制观念等三级指标。

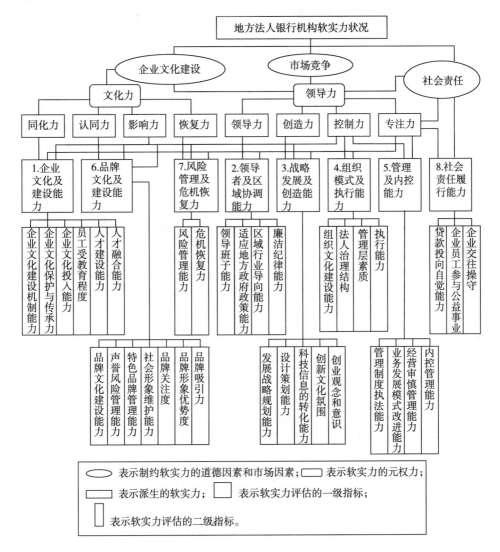

注：软实力评估的三级指标省略，详见图2－2。

资料来源：作者根据银行软实力"七巧板"理论框架设计和绘制。

图5－1　地方法人银行机构软实力评估指标结构

3. 指标的选择。在由8个一级、35个二级和112个三级指标组成的指标体系中，拟选择58项指标，运用专家问卷调查法，让专家对所选指标的重要性和可行性进行打分，最终确定26项核心指标（见图5－1）。其中，采用专家问卷调查法，通过向各个专家发放调查问卷，专家独立判断，最后汇总得到结果。在本书中，结合调查，专家问卷调查法的具体实施步骤如下：

（1）组织专家评定小组。

（2）准备发放材料。提供给专家的资料应至少包括初选指标的含义及选取的依据，初选指标重要性和可行性打分方法以及调查表。

（3）提供相关资料，专家进行评定。专家在笔者提供材料的基础上，运用自己的专业知识对指标重要性和可行性进行独立打分，填写调查表。

（4）问卷回收，汇总调查结果。在同一经济含义下选择得分最高的一个或两个指标，构建最终的指标体系。

4. 权重的确定。银行机构软实力指标体系权重的确定方法，主要有专家咨询法、层次分析法（Analytical Hierarchy Process，AHP）、主客观结合法和经验等距权数法。

其中，专家咨询法有德尔菲技术法、专家会议法和头脑风暴法等方法。德尔菲技术法（Delphi technique）是众多专家就某一专题达成一致意见的一种方法。专家以匿名方式参加，用问卷征询有关项目风险的见解，问卷答案交回汇总后，进一步传阅，进一步发表意见。几轮过后会得出对于主要项目风险的一致看法。优点是减少数据的偏倚，减少个人对结果产生较大的影响。专家会议法是邀请专家对某一问题进行论证咨询。头脑风暴法是指自己在头脑中对某一问题进行发散思维，进行多角度多方位的思考，最终求解的方法。

层次分析法（AHP），是指将对决策总是有关的元素分解成目标、准则、方案等层次，在此基础之上进行定性和定量分析的决策方法。这种方法的特点是在对复杂的决策问题的本质、影响因素及其内在关系等进行深入分析的基础上，利用较少的定量信息使决策的思维过程数学化，从而为多目标、多准则或无结构特性的复杂决策问题提供简便的决策方法。该方法，主要适合于对决策结果难以直接准确计量的场合。

经验等距权数法，是指根据经验对二级以下（尤其是三级）的指标组采取等距进行设置权重的一种方法。这种方法直接、简便和易于操作，但难以充分体现指标间的特征和重要性。

结合上述几种方法的优缺点及银行业评估实践，在总结 2011～2014 年全国部分省份人民银行开展银行业稳健性现场评估工作的基础上，本研究借鉴其实践经验，在广泛征求银行业机构管理层意见，运用层次分析法等方法，可以将地方法人银行业机构软实力评估的指标体系分为三个层次，二级层次下面还有三级层次。

从第二阶层开始，对同属于上一层次的同层次各指标，用两两比较的方法来确定相对于上一层次的同层次指标之间的重要性程度。根据"1-9标度法"的创始人运筹学家萨蒂（T. L. Saaty）的相关研究成果，用"1-9标度法"来表示同层次指标重要性程度的不同并对其进行赋值，把两两比较的结果量化，由此形成判断矩阵。

表 5-2　　　　　　　　　　　　　"1-9标度法"的含义

a_i与a_j相比较的重要性标度	含　　义
1	表示 a_i 与 a_j 相比，两者具有同等重要性；
3	表示 a_i 与 a_j 相比，前者比后者稍重要；
5	表示 a_i 与 a_j 相比，前者比后者明显重要；
7	表示 a_i 与 a_j 相比，前者比后者强烈重要；
9	表示 a_i 与 a_j 相比，前者比后者极端重要；
2，4，6，8	表示 a_i 与 a_j 相比，处于上述判断的中间值；
倒数	如果 a_i 与 a_j 相比为 a_{ij}，那么 a_j 与 a_i 之比 $a_{ji} = 1/a_{ij}$；
$a_{ii} = 1$	其中 a_i 与 a_i 相比，重要性一样，即所有的 $a_{ii} = 1$。

资料来源：根据萨蒂（T. L. Saaty）的相关文献整理。

在上述"1-9标度法"的基础上，为了确保指标权重计算的合理性和科学性，采用专家评估法来确定各指标之间的相对重要性。通过调查表的形式，向专家提供相关资料，主要包括各指标的含义及选取的依据，指标重要性的评价标准和指标权重调查表。运用"1-9标度法"，分层次对各指标权重调查表进行填写。在此基础上，运用"1-9标度法"（见表5-2），结合专家评价法，构建两两比较的判断矩阵，并计算出相应指标的权重，这个过程中要进行一致性检验，通过一致性检验的特征向量才可以作为相应的指标权重；在此基础上加权计算总的指标权重。对地方法人银行机构软实力评估指标体系的权重设置如下（见表5-3）。

表5－3　　　　　　　地方法人银行机构软实力评估指标体系

一级指标及权重		二级指标及权重		三级指标及权重		备注
1. 企业文化及建设能力	15	1. 企业文化建设机制能力	15	1. 企业文化建设管理机制创新	55	
				2. 企业公共文化基础设施	45	
		2. 企业文化保护与传承力	15	1. 企业传统文化的保护	55	
				2. 企业传统文化的传承	50	
		3. 企业文化投入能力	20	1. 企业文化建设从业人员比例	25	
				2. 专业文教投入比例	25	
				3. 员工人均文化事业费	25	
				4. 文化事业费增长率	25	
		4. 员工的受教育程度	20	1. 人均受教育年限	25	
				2. 研究生学历所占比例	25	
				3. 本科学历所占比例	30	
				4. 本科学历以下所占比例	20	
		5. 人才建设能力	20	1. 人才引进专项资金	30	
				2. 专业技术人才比例	25	
				3. 科技开发人员数量	25	
				4. 专利产品数	25	
		6. 人才融合能力	10	1. 城市外来人才比例	50	
				2. 企业外来人才比例	50	
2. 领导者及区域协调能力	10	1. 领导班子能力	30	1. 领导班子的凝聚力	35	
				2. 领导者组织与管理能力	35	
				3. 领导者应变能力	30	
		2. 适应地方政府政策能力	25	1. 与地方政府的互动关系	35	
				2. 对地方政府政策制定建议能力和影响能力	35	
				3. 对地方政府政策的执行能力	30	
		3. 区域行业导向能力	25	1. 新闻舆论的及时性、权威性和公信力、影响力	50	
				2. 对行业政策制定建议能力和影响能力	50	
		4. 廉洁纪律能力	20	1. 中层及以上官员违规比例	100	
3. 战略发展及创造能力	10	1. 发展战略规划能力	20	1. 战略规划制定的科学性	35	
				2. 战略功能定位的准确性	35	
				3. 战略规划实施评估	30	

续表

一级指标及权重		二级指标及权重		三级指标及权重		备注
3. 战略发展及创造能力	10	2. 设计策划能力	15	1. 设计策划能力	45	
				2. 设计策划团队建设	55	
		3. 科技信息的转化能力	15	1. 科技信息的获取能力	45	
				2. 科技信息的转化能力	55	
		4. 创新文化氛围	15	1. 求新意识	50	
				2. 兼容心理	50	
		5. 创业观念和意识	15	1. 辛劳精神	35	
				2. 开拓意识	35	
				3. 竞争心理	40	
4. 组织模式及执行能力	10	1. 组织文化建设能力	25	1. 组织基本理念	50	
				2. 组织文化建设	50	
		2. 法人治理结构	40	1. 基本结构	25	
				2. 决策及执行机制	35	
				3. 激励约束机制	40	
		3. 管理层素质	35	1. 管理经验	35	
				2. 专业能力	35	
				3. 年龄结构	30	
		4. 执行能力	20	1. 执行政策的灵活性	35	
				2. 企业部门管理的创新探索	30	
				3. 学习能力和交流活动	35	
5. 管理制度及内控能力	15	1. 管理制度执法能力	25	1. 守法自觉性	50	
				2. 执法公正性	50	
		2. 业务发展模式改进能力	20	1. 发展模式的稳定性	50	
				2. 发展模式的自我调整能力	50	
		3. 经营审慎管理能力	30	1. 发展战略规划	20	
				2. 业务模式	15	
				3. 规模扩张	15	
				4. 网点建设	15	
				5. 存贷款平滑度	10	
				6. 短期融资依赖度	15	
				7. 贷款集中行业和客户景气度	10	
		4. 内控管理能力	25	1. 营业外支出比率	25	
				2. 内部案件数量/网点数量	25	
				3. 内部案件金额/资产规模	25	
				4. 内部违纪违规受处分人次/总人数	25	

一级指标及权重		二级指标及权重		三级指标及权重		备注
6. 品牌文化建设能力	15	1. 品牌文化建设能力	20	1. 商业策划和市场推广	40	
				2. 品牌文化现代化程度	35	
				3. 企业品牌的知名度比例	35	
		2. 声誉风险管理能力	15	1. 消费者权益投诉案件数	55	
				2. 应对舆论影响的能力	45	
		3. 特色品牌管理能力	15	1. 形成特色品牌集群能力	45	
				2. 区域特色品牌辐射力、竞争力	55	
		4. 社会形象维护能力	15	1. 对客户亲和力	45	
				2. 社会形象改善力	55	
		5. 品牌关注度	10	1. 品牌国内外知名度	100	
		6. 品牌形象优势度	10	1. 品牌美誉度	45	
				2. 品牌联想度	55	
		7. 品牌吸引力	15	1. 吸引战略投资者能力	30	
				2. 吸引客户能力	20	
				3. 服务质量	30	
				4. 客户满意程度	20	
7. 风险管理及危机恢复力	15	1. 风险管理能力	60	1. 风险文化培育建设	10	
				2. 信用风险管理	20	
				3. 市场风险管理	20	
				4. 操作风险管理	20	
				5. 流动性风险管理	20	
				6. 风险管理部门独立性及人员配置	10	
		2. 危机恢复力	40	1. 声誉风险管理机制	25	
				2. 应急管理机制	25	
				3. 突发事件处置能力	25	
				4. 突发事件恢复程度	25	
8. 社会责任履行能力	10	1. 贷款投向自觉能力	35	1. "两高一资"贷款占比	25	
				2. 产能过剩行业贷款占比	25	
				3. 支农服务贷款占比	25	
				4. 社区贷款占比	25	

续表

一级指标及权重	二级指标及权重	三级指标及权重		备注
8. 社会责任履行能力 10	2. 企业、员工参与公益事业 40	1. 员工慈善捐款占年工资收入比重	25	
		2. 员工参加自愿者服务人数比重	25	
		3. 企业公益慈善捐款占税前收入比重	25	
		4. 企业参与公益事业管理机制	25	
	3. 企业交往操守 25	1. 诚信意识	35	
		2. 协作精神	35	
		3. 法制观念	30	

资料来源：作者根据银行软实力"七巧板"理论框架设计和编制。

5.5.5　银行软实力评估指标数据的处理和评估

1. 指标的预处理。主要有以下几个步骤：

（1）指标阈值的确定。所谓阈值，即指标的临界值，包括指标的标准值和预警值。金融稳健性指标的阈值确定，通常是以有关监管标准；有关国际成果、国际理论成果、国际经验标准；对于全国范围内具有可比性的指标，利用面板数据确定相应区域等[①]作参考。而银行机构法人软实力指标的阈值确定可以此作为借鉴和参照，笔者认为有如下几个方面作为参考标准：一是国内国际有关金融监管标准；二是国内外企业文化建设和企业软实力理论成果；三是国内外企业和银行机构相关评价评估经验；四是在较大范围内可能具有可比性的软实力评价评估指标，或与软实力相关相近的评价评估指标。

考虑地方法人银行机构所处的发展水平不同，对于一些地区分歧较大的指标，尤其是"战略发展及创造能力"和"品牌文化建设能力"指标集中的部分指标，应根据地方法人银行机构阶段及其特征，分别设置指标和制定相应的区域阈值。

（2）数据的标准化。指标通常分为三类：一是极大型指标，该指标数值越大越好；二是极小型指标，该指标数值越小越好；三是居中型指标，该指标数值越居中越好。针对不同类型指标数据的不同特征，结合指标阈值分别设定转换函数，将所有指标转换化为 - 0.5 ~ 1 的标准。

一是极大型指标，其转换函数为

---

① 凌涛：《中国区域金融稳定评估：FSAP 的研究与应用》，北京，中国金融出版社，2009。

$$f(x) = \begin{cases} -0.5 & if\, x \leqslant -4L^* + 5L_0 \\[2mm] \dfrac{-0.125}{(L^* - L_0)} \cdot (L_0 - x) & if -4L^* + 5L_0 < x \leqslant L_0 \\[2mm] \dfrac{1}{(L^* - L_0)} \cdot (x - L_0) & if\, L_0 < x < L^* \\[2mm] 1 & if\, x \geqslant L^* \end{cases}$$

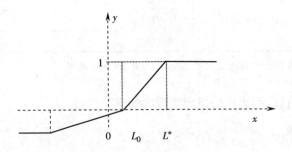

二是极小型指标，其转换函数为

$$f(x) = \begin{cases} 1 & if\, x \leqslant L_0 \\[2mm] \dfrac{1}{(L^* - L_0)} \cdot (L^* - x) & if\, L_0 < x < L^* \\[2mm] \dfrac{-0.125}{(L^* - L_0)} \cdot (x - L^*) & if\, L^* \leqslant x < 5L^* - 4L_0 \\[2mm] -0.5 & if\, x \geqslant 5L^* - 4L_0 \end{cases}$$

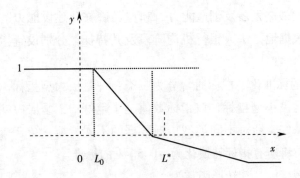

三是居中型指标，存在两个预警值，其转换函数为

$$f(x) = \begin{cases} -0.5 & if\ x < -4L_d + 5\ L_0 \\[2mm] \dfrac{-0.125}{(L_d - L_0)} \cdot (L_0 - x) & if\ -4L_d + 5\ L_0 \leqslant x \leqslant L_0 \\[2mm] \dfrac{1}{(L_d - L_0)} \cdot (x - L_0) & if\ L_0 < x < L_d \\[2mm] 1 & if\ L_d \leqslant x \leqslant L_u \\[2mm] \dfrac{1}{L^* - L_u} \cdot (L^* - x) & if\ L_u < x < L^* \\[2mm] \dfrac{-0.125}{(L^* - L_u)} \cdot (x - L^*) & if\ L^* \leqslant x < 5\ L^* - 4L_u \\[2mm] 0.5 & if\ x \geqslant 5\ L^* - 4L_u \end{cases}$$

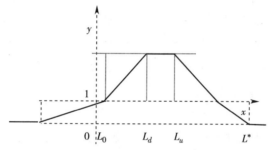

在定量指标标准化之后，设定转换函数，将指标的标准值转换为单指标评分。

指标评分转换函数

$$f(x) = \begin{cases} -200x^2 & if\ -0.5 \leqslant x \leqslant 0 \\ 100x^{3/4} & if\ 0 < x \leqslant 1 \end{cases}$$

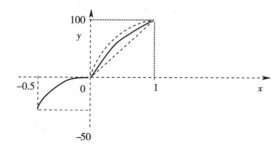

（3）数据的解释。对调查数据的分析和解释，既需要遵循经验社会学研究的规则和标准，也必须注意评估的背景条件。在评估中，进行评价必须严格地使用事先确定的标准、遵守客观的工作准则。要尽可能不让评估者、任务委托方、利益相关者的主观态度影响评价。[①] 要努力做到：

一是调查数据的分析和解释要保证满足评估的有用性和科学性的要求。这是一个总体要求。

二是有必要让被评估机构，以及管理者和员工、监管者等利益相关者广泛地参加到评估过程中来，可以较好地发现评估的相关标准及其应用过程。

三是在与研究有关的阶段，特别要求评估者具有科学的专业经验。

四是要求每位评估者熟悉各种研究设计、质的和量的调查方法、统计评价方法。这主要是考虑研究问题的复杂性，评估的时间压力、资源不足、利益相关者的各种不同观点、兴趣和期望不一致。同时，评估者是唯一能确保将研究问题尽可能与测量有机结合在一起的群体。

2. 计算综合评分。在计算单个指标评分的基础上，构造综合评价函数 $y = f(X, \beta)$ 用于计算综合评分，其中 X 为指标评分列向量 $(X_1, X_2, \cdots, X_n)'$，β 为指标权重列向量 $(\beta_1, \beta_2, \cdots, \beta_n)'$。采用线性加权的方法计算综合评分，即 $y = f(X, \beta) = X'\beta$。

3. 综合评分和稳健等级转换。为了更直观地表示软实力的稳健性等级，借鉴了标准普尔和惠誉等评级机构所使用的评级符号，编制了 D 至 AAA 的二十级，以克服评分不易记忆和比较的不足。于是，在计算综合评分后，按照一定的标准转换为更为直观的软实力稳健性等级，转换标准见表 5-4：

表 5-4　　　　　　　综合评分与软实力等级转换关系

综合评分	软实力稳健性等级	主要解释
[90, 100]	AAA	"非常好"，表示机构软实力最强，稳健性也最高。
[86~89]	AA+	"很好"，表示机构软实力很高，稳健性也很高。
[84~85]	AA	
[80~83]	AA-	
[78~79]	A+	"好"，表示机构软实力的稳健性有许多良好的特性，具有中上等的竞争力，但从长期来看，负面因素可能会慢慢显现出来。
[75~77]	A	
[71~74]	A-	

① 赖因哈德·施托克曼、沃尔夫冈·梅耶：《评估学》，唐以志译，北京，人民出版社，2012。

续表

综合评分	软实力稳健性等级	主要解释
［69～70］	BBB＋	"合适"，表示机构软实力具有中等的竞争力，但存在一些较为明显负面因素。
［67～68］	BBB	
［65～66］	BBB－	
［63－64］	BB＋	"有问题"，表示机构软实力具有较多的较为明显的负面因素，但仍然能发挥一些作用。
［61～62］	BB	
［60～61］	BB－	
［58～59］	B＋	"较差"，从长期看，机构软实力的有效性较低。
［56～57］	B	
［55～56］	B－	
［50～54］	CCC	"很差"，表示机构软实力尚存在一些，但难以发挥作用。
［45～49］	CC	"极差"，表示机构软实力尚存在一些，可能产生负面作用。
［41～44］	C	"最低"，表示机构软实力几乎不存在，会产生负面作用。
［40以下）	D	"最低"，表示机构软实力不存在，在持续产生负面作用。

资料来源：作者参照关于国际评级分级和符号等通行做法设计和编制。

5.6 银行软实力建设成本与银行软商及其计算

5.6.1 银行软实力建设成本

任何银行软实力建设活动均有成本，且直接制约银行软实力建设水平高低。银行软实力建设"贵"、"廉"之分，银行软实力建设是否"高贵"，在很大程度上取决于银行软实力建设成本是否"低廉"。当然，对银行软实力建设成本要全面理性看待，要注意到它是长期成本而不是短期成本，是银行内部多部门共治主体目标函数约束下的总成本而不是纯粹的单一公司治理成本。因为有效的银行软实力建设分为长期的有效性和短期的有效性、可持续的有效性和不可持续的有效性。考察银行软实力建设水平，必须考虑时间和空间的变量。所谓时间的变量，是指银行软实力建设持续的有效性，因而，要考虑银行机构经营管理的永续性、可比性以及受整个经济社会发展影响的阶段性、周期性；所谓空间的变量，指的是银行软实力建设广泛的有效性，因而，要考虑银行机构网点分布的多层次、分散性以及受地域影响而形成的多样性、

银行软实力评估研究

复杂性。

这里以地方法人银行机构软实力建设为例，银行软实力建设成本的评价值总分为 100 分，其评价指标维护成本和改革成本各占 50% 左右权重或 50 分，具体权重或分值配比和评分基准见表 5 - 5 所示。具体数值可以从建立软实力建设控制台账和综合评价等资料渠道获取、分析和比较。

表 5 - 5　　　　　地方法人银行机构软实力建设成本评分基准

一级评价指标	权重或分值	二级评价指标及权重或分值	评判标准的基本意义
维护成本	50	税收负担（10分）	是指银行机构维护软实力水平过程中，采取的措施，所对应的税收支出水平。
		资源消耗（10分）	是指银行机构维护软实力水平过程中，采取的措施，所对应的各种资源损耗总量。
		建立成本（10分）	是指银行机构开展软实力建设过程中，某项有效、正式运行的措施，所对应的建立成本开支。
		交易成本（10分）	是指银行机构维护软实力水平过程中，采取的措施与其他制度协调、沟通等方面的运行成本。
		秩序成本（10分）	是指银行机构维护软实力水平过程中，维护某项措施有效运行的环境，所需开支成本。
改革成本	50	沉没成本（10分）	是指银行机构由于过去的开展软实力建设所决策的，已经发生了的，而不能由现在或将来的任何决策改变的成本。
		试错成本（10分）	是指银行机构开展软实力建设过程中，采取新的试点改革措施，所带来未能取得成效的成本，即产生教训、错误及其所花开支。
		转换成本（10分）	是指银行机构开展软实力建设过程中，采取新的改革措施，所需替换原有做法的一切相应的开支。
		效率损失（10分）	是指银行机构开展软实力建设过程中，采取新的改革措施（包括试点、正式）运行时，尤其初期存在运行成本增加、效率减弱情况，所带来相应成本开支。
		风险成本（10分）	是指银行机构开展软实力建设过程中，采取新的改革措施（包括试点、正式）运行时，可能带来与预期目标差距较大，形成失败的风险。

资料来源：作者设计和编制。

184

5.6.2 银行软实力建设商数的概念及其计算

1. 银行软商的概念。银行软实力建设商数，简称"银行软商"，英文可译文"Bank Soft Power Quotient"（BSPQ），系以商数形式衡量银行软实力建设水平的数量指标，其数值是银行软实力系列指标体系与银行软实力建设成本的比值，其性质为量化软实力建设、循"数"软实力建设思想和技术的"合金"，其先进性在于内核为逻辑和运算所打造。银行软商，可以反映银行机构软实力建设能力，反映银行机构各部门业绩状况，以及促进银行软实力建设水平精进。

银行软实力是否富有市场竞争力，在一定程度上取决于银行机构软实力建设商数的高低。银行软实力富有市场竞争力，是在银行软实力建设成本约束条件下的银行软实力建设体系最优化和银行软实力最大化，因此也就是在其他条件既定之下的银行软实力建设成本最小化或银行软实力建设最优化与银行软实力最大化的求解。

2. 银行软商的计算公式。银行软实力建设商数的公式是银行软实力建设商数所有问题的核心和关键。银行软实力建设商数是银行公司治理体系和软实力建设能力在加权之后与银行软实力建设成本的比值，其计量模型可以设计为：

$$y_t = \frac{\sum_{i=1}^{\infty} a_i x_i}{z_t} \times 100$$

y_t 表示 t 时间的银行软实力建设商数；x_i 表示评价要素，具体包括银行公司治理体系和银行软实力建设能力；a_i（$i = 1, 2, \cdots$）代表各评价要素的权重系数；z_t 表示银行软实力建设成本。根据治商公式得出的银行软实力建设商数数值越高，等级越高，表明银行软实力情况越好。银行软商等级见表 5 - 6 所示。从各地方法人银行机构软实力建设商数数值的分布看，在银行软商等级坐标中，应当总体呈中间大两头小的橄榄形结构。

表 5 - 6   银行软商等级及评价

软商等级	软商数值	软商评价
BSPQ I	软商 > 150	A +
BSPQ II	软商 120 - 150	A
BSPQ III	软商 90 - 120	B +

软商等级	软商数值	软商评价
BSPQ Ⅳ	软商 60－90	B
BSPQ Ⅴ	软商 30－60	C＋
BSPQ Ⅵ	软商 ＜30	C＋

资料来源：作者设计和编制。

对银行软商等级的评价，应该结合银行软实力状况现场评估所掌握的情况，参照表5－4中，借鉴相应的软实力稳健性等级及相应解释，在全面分析银行软实力建设成本的基础上，给予分析、配比和调整，作出相应等级银行软商的全面评价。

5.6.3　银行软实力建设商数的逻辑结构关系

主要可从以下几方面加以分析：

1. 银行软实力建设商数是银行公司治理体系和软实力建设能力对银行软实力建设成本的优势。变量选取是银行软实力建设商数计量模型的首要任务。如果变量选取不当，那么由此确定的银行软实力建设商数，不仅无用，而且贻害无穷。银行软实力建设商数在形式上是一个比值，必然涉及正向指标和逆向指标。我们选取银行公司治理体系和软实力建设能力作为银行软实力建设商数的正向指标，选取银行软实力建设成本作为逆向指标。

银行公司治理体系和软实力建设能力是一个银行机构的制度建设和制度执行能力的集中体现，两者相辅相成，单靠哪一个银行软实力建设都不行，所以在正向指标的选择上将二者都予以考虑。而银行软实力建设成本越高，银行软实力建设水平越低，所以把银行软实力建设成本设定为逆向指标。由此，银行软实力建设商数的实质就是银行公司治理体系和软实力建设能力相较于银行软实力建设成本的优势。

2. 银行公司治理体系和银行软实力建设能力正相关。所谓正相关，意味着银行公司治理体系和银行软实力建设能力之间存在一种变化方向一致的相关关系。一方面，银行公司治理体系和银行软实力建设能力是两个相互独立的变量。从目前调研看，各种银行机构类型均各有其治理体系，而各种类型银行软实力建设能力，则由于客观情况和主观努力的差异又有或大或小的差距，甚至同一个区域在同一种治理体系下不同历史时期的银行软实力建设能力也有很大差距。这说明，银行公司治理体系和银行软实力建设能力是完全可以分开描述和评价的。另一方面，两个变量之间的变化方向是一致的。银行公司治理体系和银行软实力建设能力是一个有机整体，相辅相成，有了好的公司治理体系才能提高银行软实力建设能力，提高银行软实力建设能力才能充分发挥银行公司治理体系的效能。因此，笔者认为，同向变化决定二者的正相关关系。

3. 银行软实力建设商数与银行软实力建设成本成反比。银行软实力建设商数的计量模型隐含了一个非常重要的提示：银行公司治理现代化是在银行软实力建设成本约束条件下的银行公司治理体系最优化和银行软实力建设能力最大化，因此也就是在其他条件既定之下的银行软实力建设成本最小化或银行公司治理体系最优化与银行软实力建设能力最大化的求解。因此，银行公司治理体系和银行软实力建设能力成为衡量银行公司治理水平高低的圭臬，但如果置银行软实力建设成本于不顾，仅仅在银行公司治理体系和银行软实力建设能力上用力，不惜花费巨额成本，是不可能客观认识一个银行公司治理水平和市场竞争能力的真正面貌的。简而言之，银行软实力建设商数是一个因变量，其数值取决于银行公司治理体系、银行软实力建设能力和银行软实力建设成本三者的评价值，其高低取决于银行公司治理体系和银行软实力建设能力相对于银行软实力建设成本的优势。银行公司治理体系和银行软实力建设能力的评价值越高，银行软实力建设商数就越高；而银行软实力建设成本越高，银行软实力建设商数就越低。所以，衡量银行公司治理水平和市场竞争能力，不应当只把眼光放在银行公司治理体系和银行软实力建设能力上，不应当只看银行公司治理体系有多完善而忽略为了这份完善而消耗的资源，不应当只看到银行公司治理能力有多高超而不顾这种能力对银行长远和根本利益的损害。推进银行公司治理体系建设和银行软实力建设的现代化，必须要有成本意识、节约资源的意识、举措和成效。

6 银行软实力评估的程序、方法与结果应用

6.1 引言

基于中国银行业的现状，借鉴国际主流的评级系统操作流程，参照一些发达国家银行业评估的具体做法，结合监管部门银行稳健性现场评估工作经验，探索和形成适合银行软实力特点和要求的现场评估程序和方法，研究和制定银行软实力评估基本准则与评估人员道德规范，银行软实力评估主要类型的划分及相应评估结果应用的制度建设。这些操作程序和方法、准则道德规范以及结果应用等内容是确保银行软实力评估指标框架有效运行的重要工具，是银行软实力评估体系的重要组成部分。

6.2 金融机构评级的程序与方法

当前国际主流的评级流程及方法，是一种较为成熟的操作流程和系统，也是构建银行软实力现场评估程序和方法的重要参照系。这里稍作简单的介绍。

6.2.1 金融机构评级的程序及要求

1. 金融机构的评级程序。一般来说，评级程序可分为十三个阶段：

（1）金融企业根据评级目的，选择和聘请适合的评级机构；

（2）金融企业审查评级工作方案，有助于评估符合金融企业实际和评估目的；

（3）准备阶段，包括评级团队成员的相互认识，可以降低协调成本；

（4）收集相关文件和信息，确保评估依据充分、可靠；

（5）确定评级机构问题目录，尽可能对额外信息和咨询有准备；

（6）根据事先与企业沟通过的议程开展分析谈话，以确保沟通有效；

（7）在拥有大量有用信息的前提下，应在较短的时间内完成评级报告的制作，大体控制在4~6周的时间；

（8）评级委员会进行评估和决定；

（9）企业有权对评级委员会的决定和分级提出反对意见，并准备和提供更多的信息证据，以获得更好的评级；

（10）对评级结果加以必要的概括说明；

（11）评级结果的文件汇编；

（12）根据评估目的，选择权威的媒体公布评级结果。若有约定，从其约定；

（13）在一定时期和范围内，对被评估对象及评级进行持续的维护和监控。

2. 金融机构评级评估的要求。主要是：

（1）对成功因素的单独评估，防止歌功颂德的虚假性；

（2）对过去和未来相关性的平衡，确保评估结果的连续性和可比性；

（3）无论评估标准的建立、评估对象的选取，还是评估方案的制订和评估结果的公布，均要尽可能体现行业导向的要求；

（4）从评估标准的建立到评估方案的制订，要充分体现可行性、客观性；

（5）评级程序的核心是对金融企业管理的分析描述①。

6.2.2 金融机构评估的主要方法

国际上比较有代表性的评估方法。主要有：

（1）统一金融机构评级系统。美国金融监管局对商业银行及其他金融机构的业务经营、信用状况等进行的一整套规范化、制度化和指标化的综合等级评定制度，采用的"统一金融机构评级系统"，由于这些评级体系都以资本充足性、资产安全性等作为判断依据，而这些指标的打头字母恰好组成英文单词"CAMEL"，因此，又称"骆驼评级法"。该方法主要从资本充足性（Capital Adequacy）、资产质量（Asset Qualtity）、管理能力（Mangagemengt）、盈利性（Earnings）、流动性（Liquidity）五个方面对金融机构的稳健程度进

---

① 罗光：《保险公司评级管理》，北京，经济科学出版社，2009。

行评估。① 骆驼评级法因其有效性，已被世界上大多数国家所采用。当前国际上对商业银行评价考察的主要内容包括资本充足率及变化趋势、盈利状况、存款结构及偿付保证、人力资源情况五个方面基本上未跳出美国"骆驼"评价的框架。

（2）金融部门评估规划。国际货币基金组织（IMF）和世界银行在1999年5月联合推出的"金融部门评估规划"（FSAP），主要是从定量的角度评估金融机构的稳健性，并于2001年3月开始向基金组织和世界银行的成员国推广，在世界范围内被广泛接受和推进，成为稳健性评估的指南。金融部门评估规划（FSAP）认为金融当局开展的宏观审慎监测分析和金融稳定分析，以及金融体系监管和金融体系基础设施是支撑金融稳健发展的四大支柱。把宏观层面指标和微观层面指标结合起来全面地评估金融体系稳健与否，通常采用金融稳健性指标、压力测试、标准与准则三种分析工具。② 银行体系风险的监测主要通过金融稳健性指标来进行，分为核心指标集和鼓励指标集，核心指标集主要包括资本充足率、资产质量、盈利能力、流动性、市场风险敏感度五个方面。每一个指标下又分设为几个小的指标，通过不同的指标体系来测定稳健性。③

国内比较有代表性的评估方法。国内学者在借鉴国际经验的基础上，结合中国实际，提出了一些银行业的评估方法，主要如下：

（1）综合评分法。综合评分法主要是从稳定性指标、发展性指标、效率性指标、竞争能力指标四个方面来衡量银行业的稳健性，每个一级指标下设有二级指标，根据指标对稳健性的重要程度来确定每个指标的分值，结合具体指标值和基本稳健值的比较确定每个指标的得分，最后加总算出总体得分。不同的分数段属于不同的稳健级别，以100分为满分，低于60分为不稳健，60~70分为缺乏稳健，70~80分为比较稳健，80~90分为稳健，90分以上为很稳健。④ 综合评分法在指标的构建上由于运用一些定量指标，每个指标分数的确定以及指标的得分也存在一定的主观性，考虑数据的可获得性及相关信息的披露，主要适用于大型商业银行的评估，而不适用中小银行机构。

---

① 龚峰：《金融全球化背景下中国银行业的稳健经营研究》，上海社会科学院，2004。
② 凌涛：《中国区域金融稳定评估：FSAP 的研究与应用》，北京，中国金融出版社，2009。
③ 凌涛：《中国区域金融稳定评估：FSAP 的研究与应用》，北京，中国金融出版社，2009。
④ 龚峰：《金融全球化背景下中国银行业的稳健经营研究》，上海社会科学院，2004。

（2）CMAXt 指数法。CMAXt 指数法也是通过指标的选取，一般包括宏观经济指标、金融环境指标、金融经营指标，用当期指标值与过去十年来该指标的最大值求比值，[1] 并引入偏离度指标，根据原始指标值与偏离度指标的一定范围做比较，进而判断银行的稳健性。这种分析方法避免了指标选取、权重确定方面的主观性，然而缺乏综合分析银行稳健性的能力。[2]

（3）BSS 指数法。BSS 指数法主要使用银行存款、银行对非政府部门的贷款和银行的外币负债三个指标，通过对数据的处理最后算术平均，得到 BSS 指数，以反映一个国家的银行体系稳健性状况。[3] 这种分析方法主要从整体层面来衡量一个国家银行体系的稳健性，计算方法比较简单，可以从金融监管部门、统计部门等较容易获得相关数据，可以对一个国家整体银行体系的稳健性做出判断。但是，由于没有关注微观层面单个银行机构的相关指标，因此，这种分析方法不能用于单个银行机构稳健性的判断。

（4）因子分析法。因子分析法主要是通过分析影响银行稳健性的一组变量之间的内部依赖关系，通过对变量的标准化处理使稳健性变量降维，得出少数几个有代表性的因子，最后通过因子加权的方式，得出的分值作为测度银行稳健性的结果。[4] 这种分析方法避免了对指标权重赋值的主观性，也克服了指标变量之间多重共线的影响。[5]

（5）层次分析法。层次分析法一般从宏观经济、金融机构和金融生态环境三个方面来评估银行的稳健性，这三个指标下设有具体的指标层，以此构建来评估银行稳健性的递阶层次结构。根据各指标的相对重要性程度，结合专家评价法确定各个层次各个指标的权重，针对不同的指标类型进行相应的处理得到相同的数据类型，最后通过加权运算，得到银行稳健性的综合得分，根据银行稳健性评估得分表，可以判断出银行的稳健性等级。这种分析方法是"金融部门评估规划"（FSAP）框架下的一种分析方法，目前在世界很多国家得到普遍推广与应用。这个主流的评估方法，通过把宏观层面指标和微观层面指标结合进行分析，可以对银行稳健性进行全面、系统的判断，借助

---

① 李唯诺：《我国银行体系稳健性统计分析》，湖南大学，2006。

② 李曦：《国际金融危机背景下我国商业银行稳健性研究》，江西财经大学，2009。

③ 邹薇：《银行体系稳健性研究》，南开大学，2004。

④ 王晓蓉、张学忠：《因子分析方法在商业银行经营效率评价中的应用》，载《郑州航空工业管理学院学报》，2007。

⑤ 李曦：《国际金融危机背景下我国商业银行稳健性研究》，江西财经大学，2009。

专家评价法弥补了自行确定指标权重不具有代表性的缺点。

6.3　银行软实力现场评估的程序与方法

透明而统一的评估程序和科学的评估方法，不仅是确保评估工作有序开展的根本保证，而且是使评估结果能够更广泛获得认同的重要前提之一。评估结果在市场上的迅速公开，以及对评估标准的详细描述，都是以提高评估程序的透明度为目的。显然，银行软实力评估的程序与方法尚在学习和借鉴阶段，迫切需要在更多的实践中，不断总结和提高。

6.3.1　评估的一般过程

通常而言，采取何种评估规划和实施过程的形态，主要取决于评估的种类，大体与评估对象或者任务委托方或受托方完全没有关系。每一项评估都必须解释清楚"谁、应该对某事、为了什么目的、依据什么标准、如何进行评估"这些基本的问题。其中最为关键的是，一开始就要界定评估对象、明确评估目的、确定参与者的范围。其中最重要的是评估应该服务于什么目的、针对项目过程中的哪个阶段以及从哪个角度进行分析。若要弄清楚这个问题，就需要确定研究的问题和评价标准并回答应该由谁如何（运用什么样的调查设计）实施评估。

最理想的状态是将评估分成规划、实施和运用三个阶段，这三个阶段相互之间具有逻辑顺序、彼此互为因果关系（见图 6-1）。其中，每项评估的规划和实施都是与它自身特定的背景有着紧密的关系，在各个阶段之间可以存在着明显的交叉。当涉及形成性评估时，规划、实施和运用是一种重复的循环结构，各个阶段之间可以相互转换、互为前提。

6.3.2　银行软实力的评估程序

基于软实力评估的特点，借鉴国际金融机构评级的做法[1]，结合自 2011年以来中国人民银行金融稳定部门系统推动开展金融机构稳健性现场评估工

---

[1]　罗光:《保险公司评级管理》，北京，经济科学出版社，2009。

作的经验和做法,① 可以将地方法人银行软实力的评估评级程序,大体分为3个大阶段、5个中阶段、12个小阶段(见图6-1、图6-2)。这是对银行软实力评估管理的分解式描述,也是银行软实力评估程序的核心。

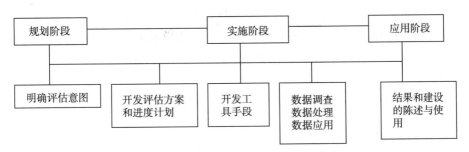

资料来源:作者根据《评估学》等相关资料设计和绘制。

图6-1　评估的一般流程

1. 组成现场评估领导小组。目前银行软实力评估工作刚起步,需要金融监管部门从政策层面去推动,待银行软实力评估有市场需求后,商业评估机构可以开展相应的业务。通常,银行软实力评估业务可以由中央银行、银行监督管理部门作为银行软实力评价管理部门。根据职能,人民银行金融稳定部门可以成为银行软实力评价管理部门。这有助于金融管理部门加强评估工作的组织领导。金融管理部门应当成立现场评估工作领导小组和评估委员会。类似地,商业评估机构应当成立评估项目领导小组,组建评估委员会。现场评估工作领导小组和评估委员会应分别成为软实力评估业务的最高决策组织和具有权威的咨询组织。

现场评估领导小组或评估项目组下设项目办公室,项目办公室设在银行

_____

① 据相关资料,2011~2014年中国人民银行金融稳定系统先后完成了对600家银行、证券、保险类金融机构的现场评估,查找出金融机构在公司治理、内部控制、业务发展和风险传染等方面具有系统性影响的若干问题,并提出了政策建议,有力地推动了金融机构稳健运行,切实提供了人民银行维护金融稳定、防范和化解系统性金融风险、加强宏观审慎管理的履职绩效。(见中国人民银行金融稳定局编《金融机构稳健性现场评估手册》,2015年2月内部发行)。期间,笔者有幸以主评估人身份参加了省农村信用联社稳健性状况、邮政储蓄银行省级分行绩效考核机制、城市商业银行稳健性状况、信托公司稳健性状况、寿险公司分公司稳健性状况和银行机构同业业务合规性状况等10余家(项)现场评估项目,从评估方案的研究制定、评估指标体系及系数的设计和测定、现场评估流程、评估事实和结果的征询与反馈、评估报告撰写等环节全程参与,得到了一些切身感悟,曾将团队相关工作经验加总结以《送阅信息》形式被总行采用,得到总行领导肯定性批示,在全国分支行推荐。该信息载于中国人民银行办公厅编《中国人民银行信息文选(2011年度)》,中国金融出版社,2012,144~147页。

软实力评价管理部门或银行软实力评估事业部。项目办公室负责牵头协调开展现场评估工作。根据现场评估需要，成立现场评估工作组或分析师团队，具体负责现场评估工作。

2. 评估准备工作。评估者应该明确自己的任务，就是将可供使用的资源与评估的目标和问题紧密结合起来，其目的是能够判断评估能在多大程度上以及在什么样的范围内实施。[①] 因此，在准备工作这一步，要从以下几个方面扎实展开：

（1）项目办公室评估前，收集和分析被评估银行机构所处市场条件和竞争环境等相关信息。

（2）要关注评估的目标群（能从评估项目活动中直接受益的那些人，也包括对评估活动会产生间接效果尤其消极影响的一群人），对利益相关者进行甄别和分析，做好让利益相关者参与到评估中来的准备。

（3）在此基础上，明确评估意图，界定评估范围。

（4）发出现场评估通知或签订评估合同。若是银行软实力评价管理部门组织银行业机构软实力评估，项目办公室拟定好现场评估通知；若是商业评估机构组织银行业机构软实力评估，商业评估机构要与被评估对象——银行业机构进行商业洽谈，双方签订评估合同。这一点要注意的是，评估者要向任务委托方和（或）利益相关者提出建议，讲清楚可供选择的行动方式和研究范式。

（5）报送自评估和有关资料。项目办公室将现场评估通知或评估合同与《现场评估资料调阅清单》发给银行业机构，要求银行业机构进行自评估，并报送自评估报告和有关资料。

（6）收集非现场监测信息。

（7）项目办公室应当收集相关非现场观察和分析报告等信息，明确评估意图、评估对象和主要内容，制订评估方案、评估设计和实施计划。

其中，评估方案是对评估的目标、任务和主要问题的具体化，其所采取的方法的解释和各个行动步骤的具体顺序，主要包括：对评估对象的描述；对设定的评估目标和确定的任务进行表述；实施方式的确定（内部还是外部，或者二者结合）；指定需要重点关注的利益相关者；确定结果的接受方各个评

---

① 赖因哈德·施托克曼、沃尔夫冈·梅耶：《评估学》，唐以志译，北京，人民出版社，2012。

估课题（和评价标准）的具体化；一个能说明如何对课题进行经验处理的调查设计；方法的选择，借助这一方法可以对所需的数据进行调查；对如何组织评估过程的描述（指示性或参与式的行动方式）。[①]

一个评估的实施计划，包括时间进度计划、人员配置计划和经费预算、成本核算。

3. 做好实施评估前的准备工作。主要包括：

（1）需要开发评估的工具。通过评估工具，可以将研究设计和工作方案进行转化。具体要对评估的各个问题进行归类，借助各种理论开发的项目评估指南可以用来对评估问题进行归类。依据评估问题所开发的指南，也适用于对数据的归类处理，还可以用于评价标准的制定。

（2）要制订一个调查计划。针对软实力评估的特点，制订调查计划，确定需要用哪些方法进行文献分析，借助哪些调查工具（比如问卷、访谈提纲、观察表格等）如何对哪些问题所需要的信息进行调查。在对数据进行最后处理和运用之前，还需要对调查的手段和工具进行开发和检验（预测试），并确定调查的群体。[②]

（3）开展评估培训。现场评估工作组应当及时查阅、分析自评估报告及相关资料，开展评估培训。

4. 召开入场评估会议。现场评估工作组应当组织银行业机构有关人员召开现场评估入场会议，介绍驻场评估有关事宜。根据事先与银行业机构沟通的议程进行分析谈话。一般来说，与银行业机构领导人员（包括主要部门高管人员）的见面和谈话，需要 1 天的时间。通过进场见面会和高管谈话，可以增进评估人员与高管人员的理解和信任，为下一步评估工作打下良好基础。

5. 编写《现场评估工作底稿》。现场评估工作组按照评估方案，有序开展评估工作。在现场环节，要注意收集、查证和整理相关事实，并认真编写《现场评估工作底稿》。现场评估时间大约 4～6 周，收集和掌握大量有用信息，梳理现场评估的基本情况和存在的主要问题。

6. 测定"测量"指标，修正临界值。这项工作对于依照标准进行评价是非常必要的。临界值也称为"值的组件"，目标值表明从这一值出发就可以看到目标是否实现，或者依据它来作出正面的或负面的评价。在评估研究中，

---

① 赖因哈德·施托克曼、沃尔夫冈·梅耶：《评估学》，唐以志译，北京，人民出版社，2012。
② 赖因哈德·施托克曼、沃尔夫冈·梅耶：《评估学》，唐以志译，北京，人民出版社，2012。

依据基本的评价标准对结果进行评价与依据研究问题对调查数据进行分析和运用是密不可分的。因此，测定指标和修正临界值应该加强调查问题及其相关数据的分析和运用。

7. 召开离场会议。驻场工作结束后，现场评估工作组应当组织银行业金融机构有关人员召开离场会议，通报评估工作情况和初步评估意见，听取银行业机构综合陈述意见。

回顾整个评估的实施阶段，工具的开发和信息的处理及运用处于核心地位。而从评估框架看，实施阶段常常要花费 65% ~ 80% 的时间。

8. 拟写和初定《现场评估报告》。评估的各个利益相关者如何使用评估结果，很大程度上取决于评估人员是否在沟通过程中成功地对该结果进行了具有说服力的描述。① 在这一沟通过程中，最重要的媒介是评估报告和结果的陈述。因此，要特别重视评估报告的撰写。主要从这两方面着手：

（1）拟写《现场评估报告》。最迟在评估报告撰写之前应该再一次弄清楚谁会对报告感兴趣。现场评估工作组应当根据现场评估情况，结合非现场监测结论，拟写《现场评估报告》。

评估报告的基本结构应该分成四个部分：第一部分是"摘要"（Executive Summary），包括重要的认识和建议。第二部分是报告的主体部分，为便于查核内容，可以在结构上遵循评估工作方案或评估指南的划分，包括所有重要的结论、解释和评价。同时为使报告更加生动易懂，可以在正文中插入图表或用小的"文本框"突出引文以及简单的小结等形式。第三部分是报告的最后部分通常是项目继续发展的具体行动建议，通常是整改意见和建议。第四部分是附件，主要是分项计量分值的汇总表。

在评估报告的撰写过程中，要始终把握几点：首先必须对数据和从数据中得出的结果的描述理顺清楚、明了。其次在此基础上，所进行的评价应该能在主体间得到普遍的理解。最后整改意见和建议，应该是从对结果的分析和解释中按照逻辑推理出来的。另外，语言形式和打印格式的选择应该与接受方相吻合。

（2）初定《现场评估报告》。将《现场评估报告》由现场评估工作组初步审定，并将有关风险问题报告银行软实力评价管理部门或商业评估机构的

---

① 赖因哈德·施托克曼、沃尔夫冈·梅耶：《评估学》，唐以志译，北京，人民出版社，2012。

内部相关部门或事业部，进行交流和反馈。另外，语言形式和打印格式的选择应该与接受方相适应。

《现场评估报告》的受众通常与评估目标紧密相连：它首先是有关认识的获得。如学者希望能解释一种新的相互关系。加之，由于报告具有监督和证明的特征的重要地位，出资方或任务委托方则希望找到一种新的、卓有成效的策略，以便转化为他们的市场战略观点，有助于项目活动的改进。因此，无论是任务委托方、项目实施机构还是目标群或者其他的利益相关者都是报告的接受方。

由于找出差距和不足并使之透明化是软实力评估的任务，因此，如果在将报告提交评估委员会之前，就将报告分发给被评估对象及相关利益者并让他们事先了解评估结果，以便他们能够很快参与讨论，那么评估的效果应是更为显著的。

9. 评估委员会的评估和决定。由现场评估工作组将经过初审的《现场评估报告》报请银行软实力评价管理部门或商业评估机构的评估委员会进行评估和决定。按评级行业惯例，所有评级机构都会建立由经验丰富的业内专家组成的评级委员会，评级委员会通过内部的民主程序制定评级决策。在标准普尔，评级委员会至少由 5 位有表决权的成员组成。

10. 通报评估意见。银行软实力评价管理部门或商业评估机构根据现场评估报告，向银行业机构通报评估意见，就有关企业文化和软实力建设以及经营管理风险等方面问题发送现场评估风险提示书并督促其整改。被评估机构有权对评估委员会的决定和分级提出反对意见，通过准备更多的信息获得更好的评级。

11. 整理和归档评估资料。现场评估工作组应当按照档案管理规定将评估资料归纳整理，立卷存档，妥善保存，以备查考，用于日后评估的分析和比较。

12. 评级的维护和监督。银行业机构软实力评级处于持续监督之下，接受银行软实力评价管理部门或商业评估机构的维护和监督，其中，要接受每年一次的全面分析。若软实力评级必须进行调整的话，那么银行业机构应当首先被告知。

从上述 12 个环节看，整个现场评估工作从评估项目的选题、评估方案的制订到进入现场、查证事实，再到评估报告的撰写、评估结果的应用，涉及

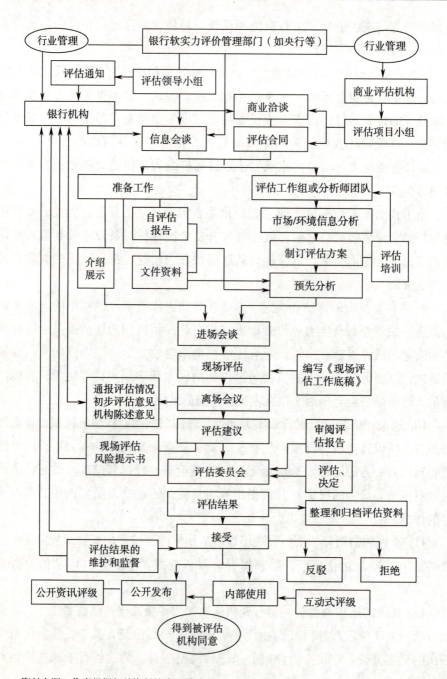

资料来源：作者根据相关资料综合设计编制。

图 6－2　监管部门和商业评估机构对银行机构的软实力评估流程

众多环节。其中，评估方案的制订、现场事实查证和评估报告的撰写是整个现场评估工作的三大关键环节。评估工作方案的科学、合情和合理与否是现场评估工作的重要前提；现场环节是否扎实、有序是现场评估工作的质量生命线；评估报告是现场评估工作质量的最后守护者，也是评估机构工作权威性最直接的"脸面"。

6.3.3 现场评估的主要特性

现场评估是金融机构经营管理风险状况、企业文化建设和社会责任履行状况的全面"体检"。开展银行业机构软实力现场评估应与目前央行金融机构稳健性现场评估相类似，具有异曲同工的作用。显然，前者侧重于软实力评估，而后者侧重于硬实力评估，但是，两者难以割裂开来，就像一枚硬币的正反面一样。

参考央行金融机构稳健性现场评估实践，笔者认为，银行业机构软实力现场评估工作至少应该具有四个特点：

一是具有个体性，微观入手，"解剖"单个机构或产品，以小见大、见微知著，发现单个银行业机构经营管理风险的敏锐性。

二是具有直观性，现场感受金融机构的经营理念和风险偏好，从风险偏好、风控质量、企业文化建设、面向市场竞争和社会责任履行能力等视角，评价面向市场竞争的经营稳健性与专业性、企业文化建设的有效性和履行社会责任的充分性。

三是宏观性，在微观中掌握具有周期性和行业性等宏观价值，通过诊断金融机构风控质量、企业文化建设、市场竞争和履行社会责任的问题症状和病理机制，辨证施治的综合性。

四是互动性，深入金融机构办公现场和走访客户和企业，摸准被评估机构在市场竞争的反应和脉搏，与金融机构、客户和企业互动。

因此，央行开展银行业机构软实力现场评估与现场检查、调查研究的区别与联系，三者间存在关联性，可以互相补充，互相支持，互相借鉴；现场评估"集大成者"，拥有现场检查、调查研究的特征、兼顾了两者优势。主要表现在：

一是从行为目的看，现场检查主要是针对机构的经营行为的合规性，调查研究主要是研究机构行为的问题性，而现场评估在兼顾前两者目的的基础上，着重评估金融机构的面向市场竞争的经营稳健性、企业文化建设的有效性和履行社会责任的充分性。

二是从行为依据看，现场检查主要依据监管政策法规，调查研究则对照经济学与法学等学科理论，而现场评估在兼顾前两者目的的基础上，对金融机构向市场竞争的经营稳健性、企业文化建设的有效性和履行社会责任的充分性采取"专家法"判断。

三是从行为结果看，现场检查主要以行政处罚为主，调查研究则以上报上级提供决策参考和在媒体发表等方式的成果转化，而现场评估则为金融机构面向市场竞争的经营稳健性、企业文化建设的有效性和履行社会责任的充分性提供有效的行政性专业指导。

四是从救济途径看，现场检查主要采取为金融机构提供听证、复议和诉讼等救济途径；调查研究则对金融机构缺乏约束力，主要提供启示；而现场评估则为金融机构面向市场竞争、企业文化建设和履行社会责任提供完整风险诊断报告和风险提示书，具有一定的指导性和约束力。

6.3.4 银行软实力现场评估的常规方法

现场评估可以运用调阅资料、组织会谈、问卷调查、现场核实、现场测试和定量分析等方法和手段。

1. 调阅资料。现场评估工作组应当依法调取、阅读和分析评估项目的档案资料或相关样本。调阅的资料主要包括评估对象的章程、内部规章制度、审计报告、会计账册、相关会议纪要、经授权的客户信用信息和监管意见等。现场评估工作组可以依法复印重要凭证和档案资料，并与银行业机构办理签章交接手续。复印资料应当制作清单存档。

2. 组织会谈。现场评估工作组可以与银行业机构负责人、部门负责人或直接经办人员以及银行业金融机构客户举行小组座谈或个别面谈，制作《现场评估会谈记录》，并最好由参会人员签字确认。

3. 问卷调查。现场评估工作组可以设计制作调查问卷，向银行业机构的负责人、工作人员、有关客户以及外部机构了解有关信息。调查问卷的设计，应切合评估选题、简洁明了、易于作答。

4. 现场核实。现场评估工作组可以就银行业机构经营异常变化、媒体关注问题和违法违规线索等，进行现场核实，制作《现场评估事实确认书》，并由相关人员核对签字。相关人员拒绝签字的，现场评估人员应当注明原因。

5. 现场测试。现场评估工作组可以采用追踪法、穿行测试法、实地观察法等符合性测试方法，测试检验银行业机构内控制度的合理性和有效性。

现场评估工作组可以通过检查监盘、查询函证、重新计算、替代程序、分析复核等实质性测试方法，测试银行业金融机构会计报表真实性、财务收支合法性和会计制度合理性。

6. 定量分析。现场评估工作组可以采用比率分析、趋势分析、结构分析等定量方法，对银行业机构软实力状况进行分析评估。

7. 压力测试。现场评估工作组可以通过压力测试测算银行业金融机构在遇到假定的小概率事件等极端不利情况下，可能发生的损失及对盈利能力和资本乃至机构市场形象的负面影响。

6.3.5　现场评估环节的主要文书格式

1. 现场评估主要环节文书格式的主要含义与作用、要求。

一是规范评估机构编制评估工作计划和现场评估工作方案，以保证及时、有效地执行评估业务、提高评估效率。所谓评估计划，是指评估机构和人员未完成评估业务，达到预期的评估目的，对一定时期的评估工作任务或具体评估项目作出的事先规划。现场评估工作方案（见格式之一），则是具体评估项目的评估程序及其时间、采取具体的评估方法和评估应遵循的纪律等所作出的详细安排，具体应当包括：制订现场评估方案的依据、现场评估目的、现场评估对象、现场评估范围、现场评估方式、现场评估内容、现场评估时间安排、现场评估组成员分工、现场评估纪律要求、评估依据的法规以及需要提交的现场报告、附表和格式要求等基本内容。评估项目负责人可以根据被评估机构经营规模、业务复杂程度及评估工作的复杂程度确定项目评估计划和现场评估工作方案内容的繁简程度。不过，要尽可能广泛地了解各种不同的评估模式，有利于从各种复杂的问题中甄别恰当的模式。因此，没有必要为每一次的评估都开发一种新的模式来丰富评估方案的多样性，而是要尽最大可能改编已有的模式使其能更有效、更经济地使用。[①]

二是调整和规范评估机构与被评估机构间评估活动及其相关工作关系，

---

①　赖因哈德·施托克曼、沃尔夫冈·梅耶：《评估学》，唐以志译，北京，人民出版社，2012。

规范现场评估各环节相关文书编制与发送行为。如现场评估通知书（见格式之二），是指银行软实力评估机构在实施现场评估前，通知被评估机构接受评估的书面文件。现场评估通知书应该包括被评估单位及评估项目名称、评估目的及评估范围、评估内容、评估时间、被评估机构应提供的具体资料、其他必要的协助、评估小组名单、评估机构及其负责人的签章和签发日期等基本内容。评估机构应根据经过批准的评估计划或受被评估机构委托编制现场评估通知书，并应在实施评估前，向被评估机构送达现场评估通知书。

三是规范评估机构与被评估机构在评估过程相关证据的获取及处理关系，可以评估证据的充分性、相关性和可靠性。评估证据是指银行软实力评估人员在从事评估活动中，通过实施评估程序所获取的书面的、视听的和口头的环境证据。所谓证据的充分性，是指所收集的证据数量足以证实评估事项，作出评估结论和建议；所谓证据的相关性，是指评估证据与评估目标相关联，所反映的内容能够支持评估结论和建议；所谓证据的可靠性，是指评估证据能够反映评估事项的客观事实。在评价评估证据时，兼顾充分性、相关性和可靠性，应当考虑证据之间的相互印证及证据来源的可靠程度。应将获取评估证据的名称、来源、内容、时间等清晰、完整地记录在现场评估工作底稿中。

四是规范评估机构在评估过程证据整理和评估质量控制等关系，为形成评估报告提供依据，可以为以后的评估工作提供参考。所谓现场评估工作底稿（见格式之五），是评估人员在评估工作过程中形成的工作记录，是联系评估证据和评估结论的"桥梁"，做好评估工作底稿，有助于培育和提高评估人员的专业素质。评估工作底稿是评价评估工作质量的主要依据，证实评估工作是否遵循软实力评估指引，反映评估目标的实现程度。因此，应当建立评估工作底稿的分级复核制度，以明确各级复核责任和保证质量。

五是规范评估人员编制和出具评估报告的行为，确保和提高评估活动最终结果的质量。所谓现场评估报告（见格式之九），是指评估人员根据现场评估计划和工作方案对被评估机构实施必要的评估程序后，以经过核实的评估证据为依据，就被评估机构企业文化与软实力建设适当性、合法性和有效性，以及软实力出具书面文件。评估报告应包括标题、收件人、正文、附件、签章和报告日期等基本要素。其中，报告的正文应包括（一）实施评估的基本情况、（二）被评估单位的基本情况与总体评价、（三）评估发现的问题事实与评估小组的评估（包括定性分析）、（四）拟提出的整改意见和整改要求等部分。现场评估报告应当客观、完整、清晰、及时，具有建设性，体现重要性原则。作为评估活动最终的结果，现场评估报告对被评估机构经营管理过程中企业文化与软实力建设状况进行评价，并提出改进建议，是现场评估活动成果的体现，是现场评估人员与被评估机构、组织管理层和其他相关机构沟通、交流的媒介，也是评估活动增加组织价值、促进组织目标实现的一个重要工具。因此，应当建立评估报告的分级复核制度，以明确各级复核责任和保证质量。编制报告应当向被评估机构征求反馈意见（其格式见文书格式之十：现场评估反馈意见书）。若持有异议的，现场评估项目负责人及相关人员应当进行研究、核实，必要时应修改评估报告。

2. 现场评估主要环节的文书格式。

现场评估文书格式之一：现场评估方案。

××金融监管部门分支行（或分局）
对　　　现场评估方案

根据《××金融监管部门××业金融机构软实力建设现场评估指引》和《××金融监管部门金融机构软实力建设现场评估管理办法》（　　）（　　）的要求，　　　　　（现场评估单位）决定于　　年　　月　　日对　　　（被评估单位）进行现场评估。

一、制订现场评估方案的依据
二、现场评估目的
三、现场评估对象
四、现场评估范围
五、现场评估方式
六、现场评估内容
七、现场评估时间安排
八、现场评估组成员分工
九、现场评估纪律要求
十、评估依据的法规
十一、需要提交的现场报告、附表、格式要求等现场评估文书格式之二：现场评估通知书。

××金融监管部门分支行（或分局）（套红）

软实力建设现场评估通知书（套红）

××软评字（××）×号

（被评估单位）：

根据《××金融监管部门××业金融机构软实力建设现场评估指引》和《××金融监管部门金融机构软实力建设现场评估管理办法》（　　），兹派出现场评估组对你单位进行现场评估，请你单位积极配合现场评估，并按以下工作要求做好准备工作，完成评估事项。

评估内容：

现场评估时间：　　年　月　日至　年　月　日。

评估组组长：

副组长：

主评估人：

其他成员：

工作要求：一、指定专人作为现场评估工作联系人；二、提供必要的现场工作条件；三、按照现场评估工作进度及时提交现场评估组要求调阅的账表、文件资料；四、协调安排相关人员按时参加现场评估组召开的座谈会并如实回答现场评估组的询问；五、协助检查评估组对《现场评估事实确认书》、《现场评估事实与风险评估》进行核实确认。

请你单位在收到本通知书后，及时将评估工作联系人姓名、部门、职务、联系方式报送××金融监管部门。

联系人：

联系电话：

传真：

　　　特此通知。

　　　　　××金融监管部门（印章）

　　　　　年　月　日

主题词：软实力建　设现场评估　通知书

内部发送：××金融监管部门行（局）级领导、金融机构软实力建设现场评估领导小组成员单位。

现场评估文书格式之三：现场评估会谈记录。

××金融监管部门分支行（或分局）
现场评估会谈记录

××××年××月××日　　　　　　　　编号：×××

被评估单位（部门）		会谈地点		
被评估单位（部门）参加人员				
现场评估组参加人员		记录人		
被评估单位负责人签字认可现场评估组是否向被评估单位宣读《现场评估通知书》		是	签字：	
		否	签字：	
被评估单位负责人签字认可现场评估组是否出示合法证件		是	签字：	
		否	签字：	
会谈内容				
被评估单位（部门）负责人签名：		评估组组长签名：评估组主评估员签名：		

现场评估文书书格式之四：现场评估资料调阅清单。

××金融监管部门分支行（或分局）

现场评估资料调阅清单

被评估单位：

序号	调阅资料名称	数量	资料日期	调阅日期	调阅人签名	归还日期	收回人签名

注：本表一式两份，一份评估组留存，一份被评估单位留存。

现场评估文书格式之五：现场评估工作底稿。

××金融监管部门分支行（或分局）
现场评估工作底稿

年　月　日　　　　　　　　　　　　　编号：

被评估单位（部门）		项目名称	
评估人		复核人	

检查评估内容：

发现的问题和事实：

评估人员对发现问题的评价和意见：

评估人签字：　　　　　　　　　　　复核人签字：

注：工作底稿主要记录现场评估中发现的问题和事实（包括评估认定的事项、认定事项过程中对有关凭证、报表等资料进行计算、分析、比较的内容及其结果、认定的依据），要求一事一稿，并予以编号。

现场评估文书格式之六：现场评估事实确认书。

××金融监管部门分支行（或分局）

现场评估事实确认书

年　月　日　　　　　　　　　　编号：

被评估单位（部门）：	
评估项目名称：	
评估事实：	
被评估单位（部门）意见： 　　　　　被评估单位（部门）负责人签字： 　　　　　　　　　　　年　　　月　　　日	

评估人 签字		复核人 签字		主查人 签字	

注：被评估单位对现场事实描述的确认必须有明确的意见。

现场评估文书格式之七：相关政策咨询（数据征询）确认书。

××金融监管部门分支行（或分局）
现场评估相关政策咨询（数据征询）确认书

××单位或部门：

我们在对××金融机构进行软实力建设状况现场评估时，关于××政策或××项目数据，需向你们单位或部门政策咨询、数据征询，请你们给予配合。谢谢！

主题：××××政策或××项目数据

基本政策：

提供人（签名）：　　　　提供人单位或部门（盖章）：

咨询征询人（签名）：　　　主查人（签名）：

××金融监管部门分支行（或分局）（印章）

　　　　　　　　××××年××月××日

现场评估文书格式之八：现场评估总结会谈记录。

××金融监管部门分支行（或分局）
现场评估总结会谈记录
年　月　日

主持人		记录人		会谈地点	
评估组 参加人员					
被评估单位 参加人员					

会谈内容

1. 由评估组组长或评估组主查人宣读《现场事实与风险评估》，并就×××问题进行口头说明：
……

2. 被评估单位主要负责人代表被评估单位对《现场评估事实与风险评估》发表的意见：
……

3. 评估组与被评估单位对有关问题进行充分交流：
……

4. 评估组与被评估单位就下列问题达成共识：
……

5. 被评估单位对《现场事实与风险评估》中的下列问题持有不同意见：
……

（注意：被评估单位对《现场评估事实与风险评估》）材料无异议时，应在总结会谈记录中记录下来，同时由被评估单位主要负责人在《现场事实与风险评估》上签具无异议意见，并签字和加盖单位公章交评估组。）

被评估单位主要负责人签名：	评估组组长签名： 评估组主查人签名：

现场评估报告格式之九：现场评估报告。

××金融监管部门分支行（或分局）
现场评估报告

被评估单位名称：

被评估单位负责人：

被评估单位地址：

评估组组长：

评估组成员：

评估内容：

评估期限：

报告完成日期：

　　本评估报告书是由××金融监管部门分支行（或分局）现场评估组依据《××法》和《××金融监管部门金融机构软实力建设现场评估指引》等法律法规对被评估单位实施现场评估后形成的有效文件，属于××金融监管部门××分支行（或分局）所有。本评估报告书所附的所有信息和资料，必须严格保密，未经××金融监管部门××分支行（或分局）同意，任何单位、部门及个人不得以任何方式公开或发表本检查评估报告书全部或部分内容。

现场评估报告目录

一、实施评估的基本情况

二、被评估单位的基本情况与总体评价

三、评估发现的问题事实与评估小组的评估（包括定性分析）

四、拟提出的整改意见和整改要求

五、附件：《现场评估事实与风险评估》……

（现场评估报告正文部分）

评估组　组　长：

主查人：

成　员：

××××年××月××日

现场评估文书格式之十：现场评估反馈意见书。

××金融监管部门分支行（或分局）
现场评估事实与风险评估

（主送单位）：

根据《现场评估通知书》（××文号）要求，我×金融监管部门分支行（或分局）组成评估组于×年×月×日至×年×月×日对你单位×年×月×日至×年×月×日的××（评估内容）进行了现场评估。按照《××金融监管部门分支行（或分局）金融机构软实力建设现场评估管理办法（暂行)》（　　）要求，现将对你单位现场评估的情况通报如下：

一、总体评价

二、在现场评估中发现的问题

（一）××××问题

1. 对风险与问题的事实描述

2. 证明问题发生的事实证据

3. 判断和评价

（根据确认的问题，依据适用法律、行政法规和规章作出合规性判断和评价、风险性判断和评价、内控有效性判断和评价、经营效益性判断和评价……做到定性准确、有理有据、客观公正。）

（二）××××问题

×××××××××

（三）××××问题

×××××××××

请你单位对上述现场事实与风险评估进行查核。按照现场评估程序和要求，现场评估组将于×年×月×日与你单位进行现场评估总结会谈，届时请你单位主要负责人及有关业务部门负责人参加并发表意见，同时提交有关书面反馈意见。

××金融监管部门分支行（或分局）

评估组　组　长：

主查人：

年　　月　　日

现场评估文书格式之十一：现场评估档案封面。

××金融监管部门分支行（或分局）
现场评估档案（封面）

项目名称：

评估部门：

评估对象：

评估时间：

保管期限：

6.3.6　现场评估环节存在的主要问题及改进建议

1.值得关注的主要问题和倾向。主要存在如下三个方面：

一是从总体上看，评估方案存在针对性不强、过于简单等问题，现场环节不深入和不扎实，导致现场评估报告欠规范和科学性。部分评估方案类似检查或调研提纲，没有体现面向市场竞争的经营稳健性、企业文化建设的有效性和履行社会责任的充分性。部分评估人员往往采取应付方式，导致许多现场评估报告类似检查报告或调研报告。

二是从现场环节看，由于对方案的理解缺位和掌握现场评估的方法和经验不足，缺乏"钻研""死抠"的韧性，导致部分机构往往出现"走过场"和"蜻蜓点水"，应付了事的多。有的评估人员平时学习缺乏研究的积累，浮在工作表面，导致现场环节"找不到北""无所事事"的多。

三是从报告质量看，由于现场环节存在"走过场"的情况，加之部分评估人员没有得到有效训练，功底确实没有"过关"，导致报告"东拼西凑"等问题。叙述做法、成绩和问题时，归纳不到位，要点不清，条理混乱；有的往往照搬文件，既缺乏归纳提炼，也不够简洁；指出问题和不足部分存在较多遗漏，缺乏整体认识，没有"打通"它们的内在关系。对金融机构的整改建议部分就事论事的多、"一盘散沙"的多，往往既缺乏高度，又缺乏前瞻性；既缺乏针对性，又缺乏整合性。

2.着力提高现场评估质量的建议。

一是现场评估的"工夫在诗外"，加强学习，深入研究，制订科学的现场评估工作方案。这是现场评估工作内在特性的必然要求。由于金融机构现场评估工作具有揭示风险的敏锐性、评价风险的专业性和对金融机构的面向市场竞争、企业文化建设和履行社会责任状况进行辨证施治的综合性，因此，要做好现场评估工作，就要求评估工作人员平时积累学习、思考和写作，要不断积淀"研究"功底。唯有如此，方能在评估项目的选题、评估方案的制订上取得成效。要采取"寻挖"法，即要通过非现场监测，发现趋势性或突发性异常现象；要金融市场、同业或媒体报道的热点现象；要借助"一行三会"监管履职中发现的、非违规但不合理的某些信息；要通过金融消费者投诉、金融机构自评估报告、机构内设部门（内审、稽核、风控合规）的专业职能报告渠道，寻找突破口，挖掘评估线索，进一步做好评估选题和评估方案研究制订。

二是现场评估要讲究现场评估方法，是深刻揭示金融机构风险状况的唯一途径。有效的评估方法是为评估目的服务的，是实现目的的唯一途径。面对金融机构风险复杂的生成机理，需要评估人员在查证事实时，反复琢磨，反复斟酌各种事实间的内在关系，从而对被评估机构稳健性经营状况形成一系列理性判断。笔者在现场评估实践中，总结和运用"推敲六法"。除"寻挖"法，还要运用"读通"法、"闻问"法、"问思"法、"测试"法和"观察"法。①

（1）"读通"法。即读通依据与事实之间的内在关系，形成完整的图像。这里的事实，指被评估机构的制度及其执行的事实。这就要求评估人员熟读方案及政策法规等相关依据；根据评估分工，精选阅档范围；不清楚的、没把握的地方，可以采取请教或质疑的态度；针对重点或关键环节如风险导向、传导机制，反复阅读，直至弄清楚、搞明白；深入单项事实及其内在联系，且固化之，补充、完善事实间链条关系；将方案（法规依据）与被评估机构制度及其执行的事实进行对比，深入做好"延伸阅读"。

（2）"闻问"法，即在完全情况不明下，要采取"先倾听后询问""边倾听边质问"方法，了解被评估机构或部门的总体情况，深入掌握事实的内在联系，从而初步概括评估事实的主要特色和存在不足。这就要通过进场会议，把握被评估机构的大势、方向和态度；通过专题座谈会，掌握基本情况、主要问题；通过专项解释，抓住事实的过程、细节以及趋势；通过"工作餐"和"茶息"等时间，深入理解机构风险管理文化的倾向性，了解和收集工作的不足，挖掘新的线索。

（3）"问思"法，即在情况"半明半白"下，采取"直入主题"或"旁敲侧击"的询问或质问，以深入掌握事实的内在联系，从而进一步梳理出评估事实的主要特色和存在不足。这就要重点询问项目负责人、具体经办人和其他知情人；要拟订好提问的提纲、顺序、人员等；采取顺势而问，其实真相往往在不经意间得出；要及时做好记录很重要，除可以复印的资料，均可记录在工作底稿上。

（4）"测试"法，根据评估方案，运用各种测试方法对要评估项目，对被

---

① 曹军新：《着力提高基层央行现场评估质量》，载《金融时报》，2014－02－24。

评估机构提供的事实（包括制度文件、数据等资料）的真实性、合规性和稳健性，以及事实内在关系进行测试。这就要采取穿行测试，进一步明确目的和选择项目，进行实地观察；要适当采取压力测试，对因子设置和参照系进行科学选择，根据评估目的，开展区域的、跨区域、跨机构和行业对比评价。

（5）"观察"法，即在现场的各个场合，观察所"耳闻目睹"各种事实（包括制度建设及执行等事实外，其他非正式的表现的事实），进行联想、比对，进而丰富评估项目内在联系和被评估机构的内在形象。这就要通过观察被评估机构的各种文化管理宣传场景，分析其方向性、务实性、时效性和风险偏好；要通过观察机构高管人员的排序及其变动，分析其团队协作、战斗力、职工流动和激励约束；要通过会谈、就餐的交谈气氛，分析其凝聚力、管理理念、精神面貌。

三是现场评估要高度重视工作底稿的运用。要在工作底稿上下工夫，工作底稿扎实，就能起到事半功倍的效果。一般按评估方案的二级项目对工作底稿进行编号。根据性质，进行分条归类。在分条归类的基础上，逐条进行查问、查对、计算和比较，及时将相关事实清楚记录在案。考虑当某一条或某一个底稿因人员和资料未到位，查证不了时，采取几个底稿交替进行。这样，有利于节省现场环节时间，也有利于将各二级项目间的关系打通，对评估对象和事实形成整体认识。

四是采取科学的现场评估报告范式，是进一步提高和固化现场工作环节质量的最后一道工序。现场评估报告质量高低，是基层央行金融稳定权威性最直接的"脸面"。现场评估报告范式通常分"集中叙述模式"和"总分总模式"两种，其中，"集中叙述模式"，即"按成绩问题分别集中叙述模式"，这种报告模式类似检查报告，对评估项目分"基本情况、主要做法、存在问题和整改意见"三或四部分集中叙述的范式；"总分总模式"，即"总分总相结合、按项目同时叙述模式"，这种报告类似会计科目分析，即在总体评价基础上，按二级项目，先成绩后问题进行叙述，最后综合阐述政策建议的范式。在评估实践中，比较而言，这两种模式各有优劣势。评估工作实践，得出采用总分总模式，有利于形成团队合作的工作机制的经验。这种模式便于项目比较、条理清楚，有助于评估机构对照检查；按项目展开，易于现场的操作性、报告的科学性，防止现场环节"走过场"；便于评估报告的汇总，进行分机构比较研究，找出机构间的差异。

五是探索建立"工作方案—工作底稿—现场评估报告"团队合作工作模式。现场评估是团队性工作，讲究分工协作。基于现场评估工作方案是围绕一、二、三级项目指标设计评估指标体系，因此，在评估实践中，探索和形成了"按一级项目分组、二级项目分工和编制工作底稿、生成评估报告"的工作模式。即按一级项目分组，几个相互联系紧密的一级项目为一组；按二级项目分工到人，并按二级项目编制工作底稿；设 1~2 名主评估人为小组长，承担评估方案的研究制订、现场事实的复核、反馈和协调工作，由 1 名主评估人起草报告，再让评估小组成员讨论，最后由组长对报告进行总纂和定稿。

6.4 现场评估基本准则与评估人员道德规范

评估的有效性在很大程度上取决于它的质量。为了确保有效性，正如在其他的职业领域或工作领域一样，存在着准则和道德规范，这些准则和道德规范是专业行为和工作的评价和方向性依据。[①] 由于软实力评估尚处于起步阶段，参考审计准则和审计人员道德规范，结合人民银行开展银行稳健性现场评估的实践，探索银行软实力现场评估基本准则和评估人员道德规范。

6.4.1 制定评估准则和道德规范的意义

软实力评估是评估机构的一种独立、客观的监督和评价活动，它的目的是通过对被评估机构的经营活动、企业文化与软实力建设及内部控制的适当性、合法性和有效性进行审查、评价，促进被评估机构目标的实现。软实力评估是专业性较强的职业，这一职业的复杂性，使外部人员难以对评估过程及评估人员的工作作出评价。因此，有必要针对软实力评估人员制定软实力评估准则和职业道德规范，对评估活动的原则要求、评估过程的基本步骤以及软实力评估机构的管理，对他们在工作中的操守、品行进行约束，促使他们认真工作。

软实力评估准则是软实力评估机构和人员进行评估工作时应当遵循的基本规范，是制定评估具体准则及评估实务指南的依据和基础。软实力评估准则是评估职业规范体系的重要组成部分。评估基本准则对评估活动的原则要

---

① 赖因哈德·施托克曼、沃尔夫冈·梅耶：《评估学》，唐以志译，北京，人民出版社，2012。

求、评估过程的基本步骤以及软实力评估机构的管理进行了规定，对评估具体准则、软实力实务指南发挥着提纲挈领的作用。

一是促使评估机构和人员按照统一的评估准则开展评估工作，保障评估机构和人员依法行使职权，保证评估质量，提高评估工作效率，以促进评估机构的自我完善与发展。

二是明确评估机构和人员的责任，发挥评估工作在改善经营管理、强化企业文化和软实力建设成效，提高市场核心竞争力中的作用，促进市场经济的健康发展。

三是建立与国际信用评级准则相衔接的中国软实力评估准则。

6.4.2　研究和制定评估基本准则体系

1. 研究和制定评估基本准则体系的概述

软实力评估准则是中国软实力评估工作规范体系的重要组成部分，由软实力评估基本准则、软实力评估准则公告、软实力评估指南三个层次组成。

一是软实力评估基本准则。软实力评估基本准则是软实力评估准则的总纲，是软实力评估机构和人员进行评估时应当遵循的基本规范，是制定软实力评估准则公告、软实力评估准则指南的基本依据。

二是软实力评估准则公告。软实力评估准则公告是依据软实力评估基本准则制定的，是软实力评估机构和人员在进行软实力评估时应当遵循的具体规范。

三是软实力评估指南。软实力评估指南是依据软实力评估基本准则、软实力评估准则公告制定的，为软实力评估机构和人员进行软实力评估提供可操作的指导性意见。

2. 研究和制定评估基本准则应有的约束力

一是软实力评估基本准则、软实力评估准则公告是软实力评估机构和人员进行软实力评估的法定要求，软实力评估机构和人员在进行软实力评估时必须遵照执行。

二是软实力评估指南是对软实力评估机构和人员进行软实力评估的具体指导，软实力评估机构和人员应当参照执行。

3. 研究和制定评估基本准则的适用范围

一是软实力评估准则适用于软实力评估机构和人员进行软实力评估的全

过程。

二是无论被评估机构规模大小，也无论被评估机构法定组织形式如何，软实力评估机构和人员在进行软实力评估时，都应遵循软实力评估准则。

6.4.3 研究和制定评估基本准则的内容

1. 软实力评估的基本准则

软实力评估的基本准则，是为规范软实力评估工作，明确软实力评估机构和人员的责任，提高软实力评估工作的质量，根据《中华人民共和国中国人民银行法》、《中华人民共和国商业银行法》及相关法律法规制定本准则。

2. 软实力评估的一般准则

一般准则是指软实力评估机构的设立及其职权、软实力评估人员应当具备的基本资格条件和职业的要求。可以从以下几方面参考，主要有：

一是软实力评估机构设置应考虑组织性质、规模、内部治理结构以及相关政策法规的规定，并配备一定数量的软实力评估人员。

二是软实力评估机构应在其评估建立严格的质量控制制度，并积极了解、参与组织企业文化与软实力内部控制制度的建设。

三是软实力评估人员应具备专门学识及业务能力，熟悉被评估机构各种组织的经营活动和内部控制机制形式，应该不断通过后续教育来保持这种专业胜任能力。

四是软实力评估人员应当遵循职业道德规范，并以应有的职业谨慎态度执行软实力评估业务。

五是软实力评估机构和人员应保持其独立性和客观性，不得参与被评估机构的任何实际经营管理活动。

六是软实力评估人员应具有人际交往的基本技能，能以恰当的方式与他人进行有效的沟通。

3. 软实力评估的作业准则

软实力评估的作业准则是软实力评估机构和人员在评估计划、评估准备和评估实施阶段应遵循的行为规范。可以从以下几方面参考，主要有：

一是软实力评估人员在软实力评估过程中，应充分考虑重要性与评估风险。

二是软实力评估人员应考虑组织的风险及管理的需要，制订评估计划，对评估工作作出合理安排，并报经主管领导批准后实施。

三是软实力评估人员在实施评估前，应向被评估机构送达现场评估通知书，并做好必要的评估准备工作。

四是软实力评估人员应深入调查了解被评估机构的情况，对其经营活动、企业文化与软实力建设及内部控制的真实性、合法性和有效性进行测试。

五是软实力评估人员可以运用座谈、检查、抽样和分析性程序等审计方法，获取充分、相关、可靠的评估证据，以支持评估结论和评估建议。

六是软实力评估人员在评估过程中应积极利用计算机进行辅助评估。在计算机信息系统下进行评估，不应改变评估计划确定的目标和范围。

七是软实力评估人员应将收集和评价的评估证据及形成的评估结论和评估建议，记录于评估工作底稿中。

4. 软实力评估的报告准则

软实力评估的报告准则是软实力评估人员反映评估结果，出具软实力评估报告，以及软实力评估负责人批准和报送软实力评估报告时应遵循的行为规范。可以从以下几方面参考，主要有：

一是软实力评估人员应于评估实施结束后，出具软实力评估报告。软实力评估报告的编制必须以评估结果为依据，做到客观、准确、清晰、完整且富有建设性。

二是软实力评估报告应说明评估目的、范围、结论和建议，并可以包括被评估单位负责人对评估结论和建议的意见。

三是软实力评估报告应声明是按照软实力评估人员准则的规定办理，若有未遵循该准则的情形，软实力评估报告应对其作出解释和说明。

四是软实力评估机构应建立软实力评估报告的审核制度。软实力评估负责人应审查评估证据是否充分、相关、可靠，软实力评估人员报告表述是否清晰，软实力评估结论是否合理，软实力评估建议是否可行。

五是软实力评估机构在软实力评估报告经主管领导批准后，应向被审单位下达评估意见书或评估决定书。

六是软实力评估机构的评估报告是对被评估单位经营活动、企业文化与软实力建设及内部控制的真实性、合法性和有效性的相对保证。

七是软实力评估人员应进行后续评估，以确保软实力评估报告所提出的评估结论和建议得到有效实施。

5. 软实力评估的内部管理准则

软实力评估的内部管理准则是软实力评估机构负责人管理软实力评估工作，充分利用评估资源，履行软实力评估职责，实现软实力评估工作目标的规范。可以从以下几方面参考，主要有：

一是软实力评估机构负责人应确定年度评估工作目标，制订年度评估工作计划，编制人力资源计划和财务预算。

二是软实力评估机构负责人应根据《银行业金融机构软实力评估管理办法》和软实力评估准则，结合本组织的实际情况，制定软实力评估工作手册，以指导软实力评估人员的工作，并作为监督、检查的依据。

三是软实力评估机构负责人应建立内部激励制度，对软实力评估人员的工作进行监督、考核，评价其工作业绩。

四是软实力评估负责人应保持与人民银行、中国银行业监督管理委员会等国家金融管理部门的联系，依法接受国家金融管理部门的监督和指导；应保持与中国金融学会、中国银行业协会等社团组织的协调，并评价其工作效率。

6.4.4 研究和制定软实力评估人员职业道德规范

职业道德规范的建立是评估职业取得外界理解与支持、增加外界对评估职业的信赖的必然要求。相对于组织内部其他人员而言，评估人员是以一种独立、公正的"裁判"身份出现，对经营活动及内部控制进行独立审查、评价，因此树立和维护评估人员的职业形象，是维护软实力评估工作的权威性，顺利开展评估活动的关键。

软实力评估人员道德规范是对评估人员执业道德行为的标准规范。软实力评估人员道德是指评估人员的执业素质、品德、专业胜任能力以及职业责任的总称。

软实力评估人员职业道德规范是软实力评估职业规范体系的重要组成内容。从职业道德行为的角度对评估人员的职业素质、品质、专业胜任能力等各方面提出严格的要求，来保证评估人员能够独立、客观地进行评估活动，确保内部审计作用的发挥，促进组织目标的实现。可以从以下几方面参考，主要有：

一是软实力评估人员在履行其职责时，必须严格遵守软实力评估准则及中国金融学会、中国银行业协会制定的其他规定。

二是软实力评估人员在履行其职责时，必须做到正直、独立、客观和勤勉。

三是软实力评估人员在履行其职责时，必须保持廉洁，不能收受任何有损自己职业判断的有价值的物品。

四是软实力评估人员必须保持应有的职业谨慎，只能开展那些在其专业胜任能力范围之内预期能合理完成的工作。

五是软实力评估人员应诚实地为组织服务，不做任何有违忠诚性原则的事情。

六是软实力评估人员必须遵循保密性原则，慎重地使用他们在履行职责时所获取的资料。

七是软实力评估人员不得有意从事损害国家利益、本组织利益和评估职业荣誉的活动。

八是软实力评估人员在软实力评估报告中应真实地披露他们所了解的全部重要事项。

九是软实力评估人员应不断接受后续教育，努力提高创新素质和创新能力，提高服务质量。

6.5 银行软实力评估的主要类型与结果应用

对划分银行软实力评估主要类型而言，其主要目的是便于清楚地解释评估结果是建立在公共信息还是内部信息的基础上，决定了评估结果应用范围及其效力。这是评估部门和机构实施评估前必须把握的问题。

6.5.1 银行软实力评估的主要类型

由于银行软实力评估理论和实践刚刚兴起，目前无论在金融监管层面，还是在金融机构评级市场上，银行软实力评级都处于空白状态。显然，银行软实力评级一经推出，则属于金融业的"新生事物"。

与一般的投资品领域的评级一样，银行软实力评估中软实力和企业质量具有高度相关性。目前大多数银行稳健性评估和资讯评级均对银行业机构的历史而不是对未来发展作出评估。稳定性假设对于银行业来说已经不再有效，

223

对地方法人银行业机构来说更是如此。对银行业机构的价值创造能力和未来的能力来说，诸如员工和管理层的知识和能力、品牌影响力或占优势的业务流程等因素，都起着非常重要的作用。因此，银行软实力评估与银行业机构外部相关利益者密切相关，主要包括政府、购买者和供应者、企业和个人金融业务客户、社会公众等外部相关利益者。

所谓资信评级，是指由资信评级机构，使用科学严谨的调查和分析方法，对企业和个人的资产状况、履约各种承诺能力和信誉程度进行全面评价，并且用简单明了的符号或文字表达出来，以满足社会需要的市场行为。[1] 资信评级可以分为建立在公开信息基础之上的公开资讯评级和以内部信息为基础的交互式评级。

至于将来地方法人银行软实力评估的主要类型，也可以借鉴信用评级的惯例和做法，软实力评级可以分为公开资讯评级和交互式评级。具体来说：

1. 软实力评级的公开资讯评级。所谓软实力评级的公开资讯评级，是指建立在公开信息基础之上，银行软实力评级管理部门或商业评级机构结合非现场监测掌握的业务报告和价值估计，建立问卷调查基础上的内部说明、对董事会成员和客户的访谈等，对银行业机构软实力状况进行全面评价。

其中，银行软实力评级管理部门基于行政管理职能，通过现场评估，运用调阅资料、组织会谈、问卷调查、现场核实、现场测试和定量分析等方法收集和分析，对银行业机构进行更为全面的评价。

而商业评级机构在未获得委托的情况下，要开展软实力评级的公开资讯评级的话，只能通过"观察后视镜"的方法，即以过去的年报数据为基础，通过公开的年报和媒体报道的相关信息，也可以通过与同行业中企业的比较，如在管理质量、风险管理系统的质量和控制流程等方面的比较，以获得深层次情况，总结和评价企业概况。商业评级机构采用这种方法只能用于对银行业机构的历史而不是对未来发展作出评估。

2. 交互式评级。所谓交互式评级，是指商业评级机构接受银行机构的委托，以内部信息为基础，通过现场评估，运用调阅资料、组织会谈、问卷调查、现场核实、现场测试和定量分析等方法收集和分析，进行更为全面的评价。

在交互式评级中，要求评级机构受到银行业机构的明确委托之后，主要

---

① 朱荣恩：《资信评级》，上海，上海财经大学出版社，2009。

考虑和运用银行业机构的内部信息。

6.5.2 银行软实力评估结果的运用

显然，所有参与评估的人不仅是自由作决策的个人，他们还是某些集体性组织的代表，他们的利益与社会某一阶层的利益紧密相关。评估机构和被评估机构等组织之间的关系、评估机构等组织内部各调节功能之间的联系、评估机构等组织形态结构内的执行单元等情况和特征，会对评估产生作用和影响，并扩展到评估机构和被评估机构等组织外部的多样化的社会群体——利益相关者（Stakeholder）。[①] 这些群体或多或少参与了措施、计划或者是项目的实施，或者是从项目中受到影响。因此，评估机构在银行业机构评估过程中至少要考虑软实力评估的使用群体。评估面临社会环境和各种挑战，评估的社会功能在扩大，评估必须严谨和专业地进行。

1. 评估的效用与制约其使用的因素。评估的价值最终需要依靠评估的效用来判断和确定。而评估的有效性则可以通过使用的认识、信息和最终的成果以及在实践中对接受者行动的影响来证明。只有当评估瞄准清晰的评估目标和预期使用者的信息需求时，评估的结果才可以使用。因此在评估的规划和实施过程中，就要为评估结果能得到尽可能好地使用创造条件。

（1）评估效用的主要类型。包括：[②]

A. 直接性效益。通过任务委托方的管理以及其他利益相关者对评估结果的直接使用就是直接效益，又称工具性效益。例如，若结果对进行决策有益，若项目按照评估建议作出了相应的改变，战略和沟通关系等也发生了变化，这就是直接效益。

B. 概念性效益。若评估结果对提出问题的思路产生影响，即产生了概念性效益。例如，若能够表明只有借助事后评估才能衡量项目的可持续性，且这一认识促使某一组织在未来把事后评估作为附加的方法加以应用，这就是概念性效益。

C. 说服性效益。评估结果被用于证实或反驳"政治"立场，这就是"说服性"效益。例如，若评估的结果已经确定质疑的观点无法再将其驳倒，就产生了这种"说服性"效益。这种效益在对发展项目的可持续性进行评估时

---

① 赖因哈德·施托克曼、沃尔夫冈·梅耶：《评估学》，唐以志译，北京，人民出版社，2012。
② 赖因哈德·施托克曼、沃尔夫冈·梅耶：《评估学》，唐以志译，北京，人民出版社，2012。

也有所表现：目标群在规划阶段的参与对项目的成功来说并非如通常所宣称的那样是一个决定性的变量，其他变量（如目标认同、承担机构的组织效率等）具有更为重要的意义。

（2）制约其使用的因素。

在以评估结果的使用为对象的研究中，以下因素被证明对评估结果的实际转化具有决定性的作用。[①]

A. 评估与决策层和（或）其他利益相关者的相关性；

B. 评估的规划和报告阶段吸收了利益相关者；

C. 评估者的声誉和可信度；

D. 结果交流的质量（及时性、频率、方法论）；

E. 结果运用的支持措施的制定或者行动建议的准备。

2. 软实力评估评级使用者。在通常情况下，投资者和消费者主要是从著名的财经杂志和出版物中了解银行资信情况，焦点主要集中在收益标准上，并对投资回报率、历史收益率以及绩效预测赋予了很高的权重。而各级政府相关部门包括金融监管机构等部门除通过这些媒体了解银行业机构相关资讯外，着重通过金融监管机构报告、专题调查报告等掌握银行机构综合发展状况。当前在包括银行业机构等在内企业和组织的企业文化建设、培育软实力得到日益重视的情况下，社会各界对银行业机构软实力评估实践活动及评级结果也逐渐关注，并将评级结果作为其观察和评价的重要资讯。

实施评估最主要的目的是促进组织知识的扩展，是知识管理的一部分。通过对进程进行持续监督、对行动效果进行观察和记录建档、对因果关系进行调查研究、将实施措施效果的不确定性加以降低，就可以增加集体活动更有效率和更有效益的机会。知识管理对查明组织活动效果的评估结论在组织内的运用能起到调节作用。评估最重要的任务就是要把决策所必需的信息及时地传送给决策者。

从较广泛的角度看，银行业机构软实力评估评级的使用者主要有：

A. 银行业机构。包括被评估的银行业机构本身，以及它们现在和潜在的竞争对手、学习者和追赶者等。

B. 消费者。具体包括现在和潜在的贷款客户、存款人、金融产品购买

---

① 赖因哈德·施托克曼、沃尔夫冈·梅耶：《评估学》，唐以志译，北京，人民出版社，2012。

者、金融服务消费者等。

C. 投资者。具体包括现在和潜在的股权投资者、债权投资者以及战略投资者等。

D. 监管者。包括中央政府金融监管部门如中央银行、银行监管部门和财政部等，地方政府金融管理部门如金融办等。

E. 媒体人和研究人员。

F. 社会公民。这里主要是指被评估的银行业机构内部普通员工、管理层经理和高管等，以及其他银行机构的员工和求职人员等。

3. 监管者对银行业机构软实力现场评估结果的运用。主要表现在：

（1）现场评估结果能为金融管理部门完善宏观审慎管理提供决策依据。

一是可以为金融管理部门制定和完善金融政策提供决策依据。通过现场评估银行业金融机构经营管理活动、企业文化与软实力建设状况，可以从另一个方面，了解银行业金融机构贯彻执行货币政策情况，分析掌握银行业金融机构在贯彻执行过程中面临的困难和问题，从而为中央银行制定货币政策和宏观信贷指导政策提供参考。

二是为制订和完善金融改革规划提供参考。中央银行等金融管理部门通过现场评估银行业金融机构经营管理活动、企业文化与软实力建设状况，可以更全面地掌握银行业金融机构改革进展和成效，分析银行业金融机构在改革试点或深化改革过程中存在的问题和制约因素，从而有针对性地制定和完善金融改革规划，促进银行业金融机构提升改革实效、夯实发展根基、增强抗风险能力。

三是可以为中央银行等金融管理部门改进金融（监管）服务提供决策依据。通过现场评估银行业金融机构经营管理活动、企业文化与软实力建设状况，可以更全面地了解银行业金融机构在金融基础设施建设、金融服务等方面的薄弱环节和面临的困难，为中央银行等金融管理部门有效改进金融（监管）服务、完善金融服务系统提供参考。其中，中央银行所拥有的支付清算服务及系统建设、征信服务及征信体系建设、外汇服务及系统建设、国库服务及系统建设、货币金银服务、调查统计系统建设、科技系统建设以及其他金融服务，能够深刻地影响银行业金融机构企业文化和软实力建设的成效。

四是可以为中央银行等金融管理部门构建逆周期的金融宏观审慎管理制度框架提供决策依据。通过对个体金融机构的现场评估分析，总结某一金融行业或整个金融体系在经营管理活动、企业文化与软实力建设中共同存在的问题和面临的风险，关注和研究金融体系的顺周期性、系统重要性金融机构的关联度和风险状况等，为构建逆周期的金融宏观审慎管理制度框架提供决策依据，适时实施逆风向调控措施，降低系统重要性金融机构风险，有效提升系统性风险防范能力。

五是可以为金融监管部门之间的监管协作和信息沟通提供参考。应加强金融监管部门之间的沟通协调，可通过抄报相关文件、出具建议函、开专题座谈会、联席会议的通报交流、开展联合监督检查等方式将现场评估中发现的问题和风险，特别是经营管理活动、企业文化与软实力建设中具有跨行业跨市场风险和交叉性金融风险等问题在金融监管部门之间进行交流协作。

（2）现场评估结果可以向银行业金融机构高管层、股东进行风险提示。

一是向金融机构高管层进行风险提示。中央银行等金融管理部门应在结束现场评估工作后，向金融机构高管层出具现场评估意见书，进行风险提示，督促金融机构对经营管理活动、企业文化与软实力建设等方面制定和实施整改措施，有助于纠正错误的经营行为，及时化解经营风险。

二是向金融机构股东披露。中央银行等金融管理部门可向金融机构股东披露现场评估结果，建议金融机构股东加强高管层对经营管理活动、企业文化与软实力建设和整改措施落实情况的监督，促进金融机构平稳健康发展。

三是可以向银行业金融机构上级管理行披露现场评估结果，建议其加强对分支机构的经营管理、企业文化与软实力建设，帮助分支机构解决问题、化解风险，必要时制定相应的奖惩激励措施，加强对分支机构的监督约束作用。

四是可以向地方法人银行业机构的地方政府相关部门披露其现场评估结果，建议地方政府加强对金融机构的监督管理，推动经营管理活动、企业文化与软实力建设等方面的提升，促进金融机构健康发展、更好地服务社会。

五是可以就现场评估结果向其他金融管理部门披露。任一金融管理部门可以将现场评估结果可以向其他相关的金融管理部门及其派出机构出具建议函，建议加强监督管理，对相关银行业金融机构经营管理、企业文化与软实力建设提出提高资本要求、业务范围分支机构设立、股东分红、高管薪酬等监督标准要求的建议，必要时建议重新评估金融机构高管任职资格，约束金融机构的非审慎经营行为。

六是金融管理部门可以就现场评估结果向银行同业通报，督促相关金融机构有效整改，规范、稳健经营。

七是在必要时，可以就现场评估结果向国务院报告。

（3）现场评估结果能为金融管理提升履职效能。

一是可将现场评估结果纳入金融管理部门的综合评价体系中与金融管理相挂钩。如人民银行"两管理、两综合"与相关金融管理与服务项目或行政执法检查相挂钩，发挥激励约束作用。

二是可以将现场评估结果与金融市场与服务等金融管理部门准入"门槛"相挂钩。现场评估结果较好的银行业金融机构能够在金融市场准入、金融服务系统接入以及其他业务审批或试点方面享受优先支持，反之则采取限制、暂停相关金融服务项目等措施。

三是可以将现场评估结果与金融管理部门综合执法检查或专项检查相挂钩。现场评估结果较好的银行业金融机构可以适当降低现场检查频率，反之将加大综合执法检查或专项检查力度，增加现场检查内容等措施。

4. 软实力评估评级结果的使用范围。根据银行业机构评估评级维度，分为评级目标、信息基础、评估类型和使用者等维度，以确定软实力评估评级结果的使用范围（见图6-3）。评级机构基于评级目标的确定，通过对整个企业的关注对评级对象作出评判。

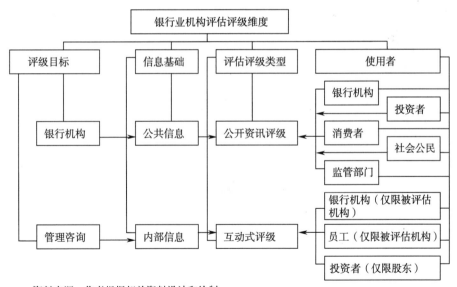

资料来源：作者根据相关资料设计和绘制。

图6-3 银行机构软实力评估结果使用

  其中，基于银行业机构整体的评级目标，银行软实力评价管理部门或商业评估机构开展以公共信息为基础的公共资讯评级，其评估评级结果使用者较为广泛，包括银行业机构、消费者、投资者、监管者、媒体人和研究人员，以及社会公民等。满足公共资讯评级要求，只有在被评估机构同意的情况下，评级机构才能将评级机构及其分析师在工作过程中被告知和所了解的事实及情况向外界公开。

  基于银行业机构内部管理咨询的评级目标，主要是商业评估机构接受被评估机构明确的委托，开展以内部信息为基础的互动式评级，其评估评级结果使用者仅限于被评估机构本身及其内部员工和股东等。如前所述，交互式评级只有在得到企业同意的情况下才可以被公开。

7 银行软实力建设的
内部控制与外部激励

7.1 引言

众所周知，事物的改变决定于内因，而外因是仅仅影响事物变化进程和方向的条件。推动银行软实力建设进程，除了国家层面出台银行机构软实力评估指引和将评估结果列入市场准入条件等相关政策外，主要取决于银行业机构对软实力建设的态度、是否建立有效的软实力内控系统及自我评估系统，即需要为银行业机构软实力系统构建一个促进着可预见，并防止着混乱和任意的行为的"外在支架"①。而建立银行软实力建设的外部激励系统，能起到进一步调动银行业机构相关人员积极性的作用，从而在诸多内因与外因形成合力的情况下，加快推进中国银行企业文化与软实力建设进程。

7.2 银行软实力建设的内部控制

若有用的规则被足够多（达到临界点）的人采用，就会变成一种传统并被长期保持下去，就会通行于整个共同体。② 建立银行软实力建设的内部控制系统，不仅是确保企业文化与软实力建设质量稳步提高，确保企业文化与软实力建设长效的重要机制，也是收集银行企业文化与软实力建设状况评估内部信息的基础机制，是修正和完善银行软实力理论的重要信息反馈系统之一。如此，通过这种内在制度的正式反馈和调整，形成一条银行内部人人参与的软实力系统建设演化发展道路。

---

① J. N. Drobak, J. V. C. Nge（eds）. The Frontiers of the New Institutional Economics, San Diego: Academic Press. 1997.

② 柯武刚、史漫飞，《制度经济学——社会秩序与公共政策》，韩朝华译，北京，商务印书馆，2000。

7.2.1 银行软实力建设的内控概述

1. 基于战略目标软实力建设内控的意义。战略是企业管理的核心，要求企业的各项管理都能够以战略为导向，而不是以往单一的财务指标，建立起战略中心组织。[①] 在战略中心型组织管理模式下，战略已经置于企业各项管理职能的中心地位，而战略规划管理、人力资源管理、财务管理、产品研发、生产与服务、市场营销和品牌建设都应当服从于战略的指导，体现战略意图。而基于战略目标的软实力体系建设以企业文化建设、整体面向市场竞争和履行社会责任为三大因素，贯穿于企业各项管理职能，覆盖企业文化及建设能力、品牌文化及建设能力、风险管理及危机恢复力；领导者及区域协调能力、战略发展及创造能力、组织模式及执行能力、管理及内控能力；社会责任履行能力，是运用综合各种资源的战略核心竞争力的直接服务社会和回报社会表现。

在缺乏以战略管理为中心的企业管理和软实力建设，不仅战略规划、人力资源、财务、研发、生产、销售各自为政，而且企业文化建设、履行社会责任两者与面向市场竞争的各种环节停流于表面，甚至脱节，导致战略管理及其控制出现严重的偏差，企业的领导者疲于单纯应付市场压力与企业文化建设、履行社会责任的"面子工程"或"以执行的心态协调战略、运营与人力流程"。这些企业缺乏真正具备的优势——运用综合资源和手段管理、控制企业的能力，缺乏以这种控制能力有效地整合领导者的个人能力。因此，要建立基于战略目标的、与各职能环节相适应的软实力建设内控体系。

2. 基于战略目标的软实力建设内控的基本要求。基于战略目标的软实力建设的控制范围，应该覆盖银行业机构各项管理职能，以企业文化及建设能力、品牌文化及建设能力、风险管理及危机恢复力；领导者及区域协调能力、战略发展及创造能力、组织模式及执行能力、管理及内控能力；社会责任履行能力等贯穿实现战略核心竞争力的各个领域和环节。同时，要求这些软实力体系建设与实现战略核心竞争力的各个领域和环节相配套、相适应，可以将这些软实力体系"镶嵌"在现有银行业机构管理各环节和领域，相应增加这些环节和领域的企业文化建设能力、履行社会责任能力和市场竞争能力的软实力建设功能，建立软实力建设的信息质量的反馈机制和控制评价机制。

---

① 罗伯特·卡普兰、大卫·诺顿：《战略中心型组织：平衡计分卡的制胜方略》，上海博意门咨询有限公司译，北京，中国人民大学出版社，2008。

从而，在银行业机构内部形成各个领域、职能、环节和方面，重视软实力建设，重视软实力的实际运用，尽可能在不增加运行成本的前提下，追求运用各种资源的综合实效，防止出现繁文缛节和流于形式的情况。

7.2.2　银行软实力建设的控制系统

1. 以梳理战略规划为先导的软实力建设控制体系。战略梳理是战略规划的内容，包含了环境分析、战略规划、战略实施与修订三个环节的内容，在每个环节上，都必须有相应的软实力建设功能，并有相应的控制机制作为保障，这些控制机制是将企业文化与软实力建设贯穿有效实现战略决策等其他诸多环节的重要前提。主要表现在三个环节和方面（见表7-1）：

一是突出企业内外部文化因素的战略环境分析。任何一家企业没必要也不可能对所有的相关环境因素进行分析，因为不同行业类型企业的外部环境相关因素不尽相同，对环境分析的需要也就不尽相同。但是，文化因素与软实力状况分析则是一个重要而往往被忽视的环境关键性分析因素。银行业机构领导者应当要求相关人员有目的地抓住关键战略因素，要找出对本机构经营发展前景具有较大影响的萌芽或潜在的影响因素，特别是要突出文化因素分析，因为价值观存在于文化之中，是文化的精髓，只有通过厘清企业内部的核心价值观和外部消费者价值和行为，构建集体共识，才能为逐步建立银行与消费者、社会与产品之间结实的纽带和忠诚提供较全面的分析基础。这就是战略环境分析为何需要进行企业战略的外部环境与内部环境分析的一个例证。

表7-1　　　　嵌入企业文化与软实力建设的战略梳理与战略管理

	环境分析	战略规划	战略实施与修订
战略管理	内部与外部环境分析	镶嵌企业文化因素与软实力状况分析的规划战略	重点行动方案、年度经营计划财务预算，环境监控与战略调整
	企业文化因素与软实力状况分析		企业文化因素与软实力建设重点行动方案、年度企业文化和软实力建设计划与财务预算、企业文化和软实力建设的环境监控与战略调整

	环境分析	战略规划	战略实施与修订
战略梳理	内部与外部环境分析	镶嵌企业文化因素与软实力状况分析的规划战略	年度经营计划与财务预算（纳入管控系统设计范围）
	企业文化因素与软实力状况分析		年度企业文化和软实力建设计划与财务预算
	战略环境监控系统设计	—	战略环境监控系统设计、战略决策机制设计
	软实力战略环境监控系统设计		软实力战略环境监控系统设计、软实力战略决策机制设计
战略产出成果	《环境分析报告》《战略环境监控体系设计报告》	《发展战略规划》	《重点行动方案》《战略环境监控体系设计报告》《战略决策机制设计报告》
	《企业文化因素与软实力状况的环境分析报告》《企业文化与软实力建设战略环境监控体系设计报告》	《企业文化因素与软实力发展战略规划》	《企业文化因素与软实力建设重点行动方案》《企业文化与软实力建设战略环境监控体系设计报告》《企业文化因素与软实力建设战略决策机制设计报告》

资料来源：作者参考秦杨勇等著《控制力：不要被执行蒙蔽双眼》等相关资料编制。

二是贯穿企业文化和软实力建设的战略规划。制订战略规划就是制订企业长期战略计划的过程，是构建企业未来发展的宏伟蓝图进行战略梳理最为核心的一步。银行业机构应将企业文化和履行社会责任的软实力建设贯穿战略规划全程，具体包括集团与集团内部业务单位任务系统设计、各层面战略目标（集团、业务与职能）、战略关键举措、智能风险应对原则、重点战略实施计划等环节和方面，成为银行业机构综合运用各种资源、形成综合实力的战略规划。

三是以软实力指标体系去细化战略实施方案。战略实施方案的细化是为了确保战略的有效实施与监控，是战略管理的第三大环节。梳理的具体内容包括重大行动方案的制订、战略决策机制设计、战略环境监控体系设计、年度经营计划与预算编制。作为地方法人银行战略实施方案，可以将软实力指标的二级和三级指标纳入战略实施方案，去细化企业重大行动方案、决策机制、环境监控体系和年度经营计划与预算。

四是建立以梳理战略规划为先导的软实力建设控制体系。这就要以中长期产出效果为评价标准，以核心价值观贯通各种环节为机理整合各种资源，为企业领导者有效控制战略决策的执行和提升综合实力，提供有效的方法。一方面，能有效帮助银行业机构领导者通过对银行的战略进行全面、系统的规划，有效整合各种资源，可以有效防止忽视企业文化和软实力建设作用或与银行业机构经营战略相脱离的问题；另一方面，通过对战略进行适时监控的平台，对战略决策的进行包括软实力建设在内的至高性的约束，帮助银行业机构形成内外相同的、及时反馈的战略监控系统，可以避免战略决策随意、决策程序混乱和脱节的现象。

2. 以优化流程管理为手段的软实力建设控制体系。以流程为起点的控制系统的构建是企业最为基础的管理控制平台，是实现企业规范化管理的重要工具，是企业软实力培育、形成和发挥作用的重要基础。所谓流程优化，就是在现有的基础上，在不否定目前的运行模式情况下，去改进流程的某些关注环节，包括改进流程中效率和效益最低的活动，或者改进流程中的活动的联系，或者接受对此流程新的管理理念和经验，提升流程运行的整体水平，从而达到提高银行业机构管理水平的目标，以获得长远的发展战略和途径。[①]银行业机构应将企业文化建设、强化市场竞争和履行社会责任贯穿流程优化的全程。主要程序为（见图 7-1）：

一是以企业文化和软实力建设为统领的流程规划。流程规划者必须了解和分析企业所处的行业特点，主要包括行业的关键成功因素、资源稀缺程度、经营特点和核心竞争能力，以企业文化和软实力建设为统领和确定企业整体的流程框架，以厘清企业应有的和理想的流程轮廓。为此，银行业机构可以运用战略重点方法、利益相关者分析法和价值链分解法进行流程规划。首先要对银行业机构流程现状的调研、诊断与分析，其中将企业文化和软实力建设作为一个分析重点；以企业文化和软实力建设为基调，制订具有相应控制系统的流程规划；编写银行业机构《流程清单》，罗列银行业机构的所有流程及其软实力建设的要求。

二是以企业文化和软实力建设为主题的目标流程选择。这实质上是选择和改进目标流程的优化，即以覆盖企业文化和软实力建设为目标，企业可以运用标杆法、管理者经验选择法和加权选择法和平衡计分卡选择法等方法，选择自身核心流程和急需改进瓶颈流程或涉及的流程作为优化的方向和重点。

三是以企业文化和软实力建设为标准深入评估流程现状。为进一步厘清流程运行的现状，银行业机构需要以落实企业文化和软实力建设为标准，运用访

---

① 秦杨勇、张正龙：《控制力：不要被执行蒙蔽双眼》，北京，中国经济出版社，2006。

谈法和调查表法等最为常见的方法，对所选择的目标流程进行深入评估，分析和确定流程执行的薄弱环节和优势项目，指出流程现状与流程标准的差距。

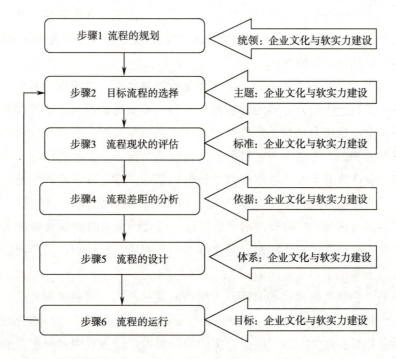

步骤1　流程的规划　　　统领：企业文化与软实力建设

步骤2　目标流程的选择　　主题：企业文化与软实力建设

步骤3　流程现状的评估　　标准：企业文化与软实力建设

步骤4　流程差距的分析　　依据：企业文化与软实力建设

步骤5　流程的设计　　　体系：企业文化与软实力建设

步骤6　流程的运行　　　目标：企业文化与软实力建设

资料来源：作者设计和编制。

图 7 – 1　企业与软实力建设控制体系的优化流程管理

四是以企业文化和软实力建设为依据的流程差距分析。基于现状评估得到的差距，需要以企业文化和软实力建设为分析依据，结合流程规划和主题流程的要求，分析现状与期望结果之间的差距，寻找薄弱环节或欠缺环节的解决方案，并为流程设计提供信息来源。

五是以企业文化和软实力建设为体系的流程设计。依据前面流程差距分析的结果，组织流程主导部门和参与部门对流程进行优化与改进设计，研究新的流程设计，具体运用纵向压缩法、横向集成法、并行工程法、单点接触顾客法、过程多样化法、减少控制环节法和 IT 技术法等多种方法，设计出可操作的、充分反映企业文化和软实力体系建设的流程方案，形成重要的产出成果，包括流程图、流程说明书，流程表单与相关管理制度等成果文件。

六是以提高企业文化和软实力建设成效为目标的流程运行。这是检验流程优化的最终效果的关键活动。在完成目标流程的重新设计后，管理者要在银行业机构里组织新流程的切换和实施，进行整体规划，制订详细的流程运行计划，对新流程的执行部门进行流程培训，阐明流程的操作步骤与方法、实施流程跟踪与修正。

建立以优化流程管理为手段的软实力建设控制体系，将企业文化和软实力建设与战略强相关的流程作为优化的重点，成为确保银行业机构增强在软实力建设的控制力上的关键。通过优化涉及的流程，可以改善包括企业文化和软实力建设在内的管理控制薄弱环节，提高银行业机构运行效率；通过优化瓶颈流程，可以补齐管理控制的短板，进一步提高银行业机构的综合绩效。

3. 以完善组织结构为载体的软实力建设控制体系。以流程为工具的控制系统需要与其配套的组织结构作为实施的载体，否则流程就会成为"空中楼阁"。因此，流程需要组织载体进行承接。要完善组织结构作为企业文化和软实力建设的内部控制系统的载体，对组织结构进行重新定位，以确保镶嵌着软实力建设要求的流程能着实有效地运行（见图 7 - 2）。

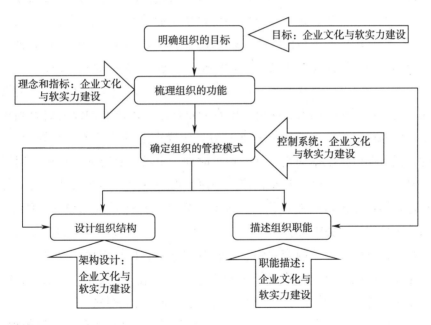

资料来源：作者设计和编制。

图 7 - 2　企业与软实力建设控制体系的组织结构定位

一是明确将企业文化与软实力建设纳入组织的目标。每个企业有多种类型的目标，每种目标又有不同的作用。组织的目标，大体可分为组织的总目标（企业的使命）和组织实际追求的经营目标。

其中，企业使命，即描述组织的远景、共享的价值观、信念以及组织存在的原因，对组织具有强有力的影响，是对组织力图实现的结果和范围的正式说明，一般限定了企业的经营活动或可以强调区别组织的价值、市场和顾客等。因此，银行业机构应明确将企业文化建设、面向市场竞争力和履行社会责任等软实力建设目标纳入组织的目标，对企业使命的核心价值、市场定位进行重新审视、归纳和明确，使之成为企业中长期经营管理和战略决策的总指针。

而经营性目标，是指组织通过实际的经营程序所要寻求的结果和说明组织实际上要做什么，描述的是短期的具体可衡量的结果，包括全面业绩、资源、市场、员工发展、创新、生产率等具体目标。银行业机构可以根据实际情况，应明确将企业文化建设、面向市场竞争力和履行社会责任等软实力建设指标体系的二级和三级指标镶嵌纳入组织的经营性目标，运用目标分解法和关键事件法等方法，进一步分解和细化企业的全面业绩、资源、市场、员工发展、创新、生产率等具体性目标，制定企业的"战略地图"，指导企业的各部门和岗位的目标设置和执行，从而强有力地指导银行业机构的经营管理。

二是以企业文化与软实力建设为理念和指标梳理组织的功能。所谓组织功能，是指在不同时期内、在组织既定的目标范围内固有的经营内容和经营深度。前者规定了企业应该做什么；后者明确企业的业务范围和管理水平。因此，银行业机构根据初创时期、增长时期、市场成熟时期、衰退时期四个不同时期的重点，要以企业文化建设、面向市场竞争力和履行社会责任等软实力建设的理念进行功能定位，以软实力建设指标体系的二级和三级指标，采取功能排序法、关键目标法等方法，以软实力建设指标体系的二级和三级指标衡量，以解决经营内容对错、经营范围宽窄、目标市场、辐射半径、所在行业地位高低等难题，确定是否专业化、多元化、扩大化、优质化、优序化、更新化等组织功能发展的方向，做好前后期的功能衔接。

三是确定以企业文化与软实力建设控制系统为镶嵌内容的组织管控模式。管控模式定位进行集团化管理时所要解决的重点问题，也是银行业采取分支行制应该着力解决的问题之一。管控模式定位就是总公司（或母公司）如何管理和控制下属的分公司或子公司，如何协调分公司或子公司共同完成企业整体的总体目标和经营目标。因此，银行业在分支行制管理模式下，明确具体的管控模式对于帮助领导者有效地做好管控分支行的"执行力"有着十分重要的意义。

通常，将集团管控模式分为财务管理型、战略管理型、操作管理型三种基本模式。在不同的模式下，需要不同的组织架构与之相适应，由于总部对分子公司经营干预的程度、与分子公司的职能分工上都有着重大的差异：在集权与分权之间的程度不同，分别形成 H 型（控股结构、财务管理型）、M 型（多元结构、战略管理型）、U 型（一元结构、操作管理型）。这样，总公司企业文化和软实力建设的理念影响以及指标考核力度在不同管控模式下是不同的。在控股结构、多元结构下，总公司企业文化和软实力建设的理念影响以及指标考核力度相对一元结构而言，较弱许多。因此，总公司需要根据不同管控结构，将企业文化和软实力建设的理念影响和指标考核力度不同程度地镶嵌在相应的集团管控模式。其中，U 型管控模式适用银行分行制，要求分支行完全执行总行的企业文化和软实力建设的理念影响和指标考核。

四是以企业文化与软实力建设控制系统为主线贯穿组织架构的设计。对组织架构设计，是组织结构定位的一个重要前提工作。目前一些管理者在组织结构设计时往往忽视从企业文化和软实力建设的角度，而是从职能的界定去考虑组织结构的分布，按照单一的职能的分布确定组织结构，常常出现一些关键功能和一般功能的遗漏、一些不起眼的事件或活动和部分运行制约机制的缺位，导致企业综合实力停滞不前甚至下降。因此，银行业机构应结合业务职能的界定情况，将企业文化、面向市场竞争和履行社会责任等软实力建设列入组织架构设计的全过程，遵循企业事件分析、企业功能清单、设置部门、设计制约机制、确定组织层次和确定结构图等步骤，进行组织结构的设计。

五是以企业文化与软实力建设为角度描述组织的职能。这是组织设计工作最后一个步骤的活动。通常，组织职能的界定主要是以部门为单元，对其目标和为完成目标需要具有的功能等要素的综合描述。因此，银行业机构应该以企业文化、面向市场竞争和履行社会责任等软实力建设为角度，运用业务职能设计法、内部管理职能设计法和关系运作职能法等方法，去领略企业经营过程中强调的目标和团队合作精神，描述业务职能要求、部门之间协作关系及其任务，从而将组织各层的指挥链条关系联结到各个部门，形成有效的组织部门间软实力。

4. 以理顺人力资源管理关系为着力点的企业文化与软实力建设控制体系。人力资源管理是打造企业软实力建设体系的重要领域之一，它与战略管理系统、流程控制系统、组织架构共同影响企业核心竞争力的提升。当前银行业机构人力资源管理与战略间存在薄弱而矛盾的关系尚未理顺，主要表现在：人力资源战略不明晰甚至缺位，与银行业机构战略脱节，缺乏指导性；缺乏能够与战略管理对接的绩效管理系统；薪资福利体系不合理，缺乏市场竞争力；只重视技术培训，缺乏管理知识和文化理念的培训，培训体系尚未健全；80%以上银行业机构缺乏职业发展规划，人才梯队建设缺位。这些问题实质上是银行业机构对企业文化和软实力建设重视不够或脱离实际，银行业机构各种资源缺乏整体运用的思路，致使人力资源管理与战略管理脱节。这就需要从企业战略整体上，将企业文化和软实力建设贯穿人力资源管理，解决人力资源管理在战略决策中的参与性及对企业战略的承接性，实现人力资源管理与战略管理的一体化。人力资源管理与战略管理的战略调研、战略规划、战略实施和战略修订等相互联系、互为循环的组成部分应当保持高度、紧密的关系，以此构建战略性人力资源管理系统和相应信息反馈机制（见图7-3）。

一是以企业文化和软实力建设为重要内容的战略调研，开展人力资源诊断。在战略性人力资源管理中，人力资源诊断和分析主要从宏观环境、产业环境和内部环境等维度展开。其中，产业的人文因素分析、社会与文化因素分析、员工队伍调查与分析、人力参与战略决策的程度调查是将企业文化和软实力建设纳入战略调研的重要工作。

二是以企业文化和软实力建设作为参照系的战略规划，开展人力资源战略与规划。银行业机构以企业文化建设、面向市场竞争能力培育和履行社会责任能力等软实力体系建设作为参照标准，全面审视企业人力资源管理，界定银行业机构人力资源管理存在的主要问题，对人力资源战略目标进行论证和细化，确定人力资源战略的重点、战略实施阶段与主要策略措施。其中，要进行银行业机构内人力资源需求与供求的预测，寻找和分析差距，并提出供需平衡改善的落实计划。

三是以企业文化和软实力建设作为整合平台的战略实施，落实人力资源战略规划。在战略规划实施阶段，银行业机构以企业文化和软实力建设作为整合资源的"制高"平台，将包括财务资源、人力资源等各种硬/软资源进行

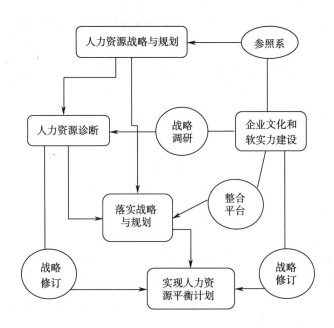

图 7 – 3　企业文化与软实力建设控制体系的人力资源管理机制

整合、分配付诸行动，纳入银行业机构整个计划管理体系之中。这就需要企业人力资源部进一步完善战略与规划职能、人力资源的获取与任用职能、培训与发展职能、职位绩效与薪酬管理职能、员工关系管理职能，并建立涉及企业文化和软实力建设相关信息的控制机制。

　　四是以企业文化和软实力建设作为调节机制的战略修订，实现人力资源平衡计划。在战略规划修订阶段，结合人力资源的内外环境变化情况，以企业文化和软实力建设考核指标的执行情况作为调节手段，及时调整、修正战略实施过程中的各种问题，要定期开展人力资源盘点和供需预测，分析战略性人力资源问题，制定相应的目标及其解决措施，确保战略与人力资源内外部环境的高度一致性和协调性。

　　5. 以运用平衡计分卡为核心的企业文化与软实力建设控制体系。如前所述，银行业机构进行企业文化和软实力建设的关键是，以平衡计分卡为核心工具以链接战略管理、流程管理、组织架构、人力资源管理与企业文化和软实力建设，形成一整套管理系统的整合。银行业机构实施企业文化和软实力建设，要建立以平衡计分卡为核心的控制体系。之前，已经在战略管理、流程管理和组织结构等领域和环节均镶嵌软实力建设的控制系统，这里以平衡计分卡的运用将它们综合起来，介绍银行业机构软实力建设的控制体系的构建步骤：

一是与银行战略链接，对企业文化与软实力建设进行战略研讨。这是平衡计分卡与绩效计划编制的第一步。围绕企业使命、价值观、远景及战略目标，进行企业文化与软实力建设进行战略研讨，对银行业机构企业文化与软实力战略实现的关键流程与流程指标结合价值树模型进行讨论，在此基础上绘制出《软实力战略地图》，《软实力战略地图》将是构建企业平衡计分卡的重要依据。

二是构建银行企业文化与软实力建设平衡计分卡，编制企业文化与软实力建设的经营绩效计划。战略目标的转化及流程指标在公司层面，可以参照和使用软实力评估指标体系作为银行业机构企业文化与软实力建设考核指标。在这些指标确定之后，依据银行业机构经营预算等计划确认指标值，结合年度经营计划与预算资金等资源分配，最终选择核心计划指标落实到银行业机构层面的平衡计分卡上。

三是构建部门软实力建设平衡计分卡，编制部门企业文化与软实力建设经营绩效计划。在检查、改进现有组织架构设置和部门职能描述的基础上，将银行业机构企业文化与软实力建设考核指标分解到各个部门，并对各个部门的分解指标进行修正、补充，并兼顾各个部门分管上级的关联度，形成部门企业文化与软实力建设的分解指标。同时要根据部门职能侧重点，对部门分解指标进行检验，并为部门的平衡计分卡赋值。这样，就可以编制部门企业文化与软实力建设经营绩效计划。

四是构建员工参与软实力建设平衡计分卡，编制员工参与企业文化与软实力建设经营绩效计划。这一步骤与部门软实力建设平衡计分卡与绩效计划编制相类似。在对职位梳理、明晰岗位职责和建立任职资格体系的基础上，将部门企业文化与软实力建设指标体系在部门内部各个岗位之间进行分解，并结合岗位职责进行补充、修正以选择考核指标。在对这些岗位指标进行检视和指标解释之后，编制岗位指标解释一览表，并组织员工企业文化与软实力建设平衡计分卡的填写和学习发展计划的编制工作。

五是构建企业文化与软实力建设平衡计分卡的运作系统。企业文化与软实力建设平衡计分卡的日常运行系统是整个银行业机构企业文化与软实力建设的控制系统正常运作的核心。只有将运作体系设计出来，才能保证企业文化与软实力建设平衡计分卡在银行业机构企业文化与软实力建设中的正常运作。企业文化与软实力建设平衡计分卡的运作系统的主要构成：第一部分是企业文化与软实力建设平衡计分卡与绩效管理流程相结合的设计，是按照一定的流程规则运行，是日常运行系统的核心；第二、第三部分是企业文化与软实力建设平衡计分卡与绩效管理制度结合的设计、与绩效管理表单相结合的设计，这是支持银行业机构设定的绩效管理流程的常规文件。

7.2.3 银行软实力建设的内部评估系统

原则上，评估可以由内部或外部的专家实施。内部评估是指评估由实施项目和计划的同一机构完成。本书第 5 章和第 6 章主要介绍外部评估机构开展银行软实力评估的一整套的程序、方法和准则，以及结果运用等方面的要求和做法，内部评估可以根据银行业机构的实际情况，可以在自我评估时加以应用。这里讨论如何结合银行软实力建设的内部控制系统，建立内部评估系统的问题。

1. 建立以内部审计为主的日常内部评估系统。鉴于内部审计具有综合监督功能，赋予内部审计部门在检查业务合规性的同时，具有对各部门和人员开展业务的各个环节是否遵循企业文化和软实力建设的准则和要求进行合规性、正当性和有效性的评估。通常可以采取以下几种方法：

一是关键流程控制测试法。基于完善组织结构，根据从战略规划（包括战略环境的分析、战略的规划设计、战略的实施与修订等环节），优化流程管理（包括目标流程选择、标准的选择、流程的差距分析、流程的设计、流程的运行等环节）、人力资源管理（包括人力资源的诊断、人力资源的战略与规划及其落实、人力资源的平衡计划）等重点领域和关键环节，对涉及贯彻企业文化和软实力建设的业务流程进行日常监测、测试和评估，对存在问题进行分析，并对执行企业文化与软实力建设的充分性、合理性、遵循性和有效性作出评价。这种方法主要采取询问、观察、检查和再执行等测试评估方法。这种方法的运用前提是对这些重点领域和关键环节进行了系统梳理，绘制了相应的业务流程图和对重点环节进行编号，主要是内部审计部门具体运用《业务流程关键控制测试评估表》（见表 7-2）进行企业文化与软实力建设状况测试评估，并进行汇总分析，形成专题报告，或通过薪酬与绩效委员会、或通过专门的企业文化与软实力建设委员会向董事会报告负责。

表7－2　　　　　　　　　业务流程关键控制测试评估表

被评估部门：　　　　　　　　测试日期：　年　月

流程序号	控制编号	控制描述	控制实施频率	样本量	测试方法及过程描述	测试结果及问题描述	评价与结论

注：1. 流程序号和控制编号应与相关业务流程图的标注一致；

　　2. 控制实施频率和样本量可参考内部评估方案。

资料来源：作者根据相关资料编制。

二是平衡计分卡法。运用平衡计分卡为核心工具以链接战略管理、流程管理、组织架构、人力资源管理，形成一整套对企业文化和软实力建设管理功能整合在一个系统，并将软实力建设考核指标分解到各个部门，并对各个部门的分解指标进行修正、补充，并兼顾各个部门分管上级的关联度，形成部门软实力建设的分解指标。要根据部门职能侧重点，对部门分解指标进行检验，并为部门的平衡计分卡赋值。在此基础上，人力资源部门进行汇总，并加以分析形成专题报告，或通过薪酬与绩效委员会、或通过专门的企业文化与软实力建设委员会向董事会报告负责。

三是专项调查评估法。银行业机构内部相关部门围绕企业文化与软实力建设的某一个或几个方面和涉及业务线和环节开展专题性评估，采取摸清基本状况、查找差距、分析原因、寻找对策的一系列程序和方法。这种评估法具有综合性、集中性和比较性等特点，主要由涉及银行业机构企业文化与软实力建设委员会、人力资源部等内部综合性职能部门组织开展或指定某一部门牵头几个部门联合参与的专题调查评估。

2. 建立以企业文化与软实力建设委员会为主导的内部评估系统。银行法人机构在董事会下设立一个企业文化与软实力建设的协调机构专门向董事会负责。可以采取两种方式：

一是专设模式。在董事会下设立企业文化与软实力建设的专门委员会，至少由办公室、战略规划部、品牌推广部、人力资源部、财务部、内审部、

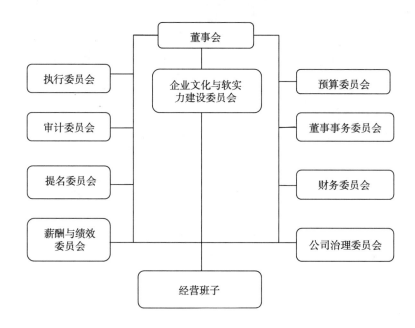

图7-4 企业文化与软实力建设内部评估系统——专设模式

纪律监察部以及业务部门等部门负责人组成专业委员会直接向董事会负责的模式（见图7-4）。这种模式可以集中资源、集中力量，形成统一的管理效率，但存在增加运行成本，不易与经营管理活动相结合。因此，比较而言，分散模式适用于大中型银行业机构。

二是分散模式。不单设立专门委员会，而将企业文化与软实力建设职能赋予在战略管理委员会（公司治理委员会）、执行委员会、薪酬与绩效委员会、审计委员会等专业委员会之下，分别再向董事会负责，即人力资源部、内审部等部门就企业文化与软实力建设职能分别通过专业委员会向董事会负责的模式（见图7-6）：这种模式可以节省专业委员会的重复设置，减少不必要的成本，但容易将企业文化与软实力建设职能的执行任务遗漏。因此，比较而言，分散模式适用于中小型银行业机构，尤其那些刚组建和起步的小型法人银行机构。

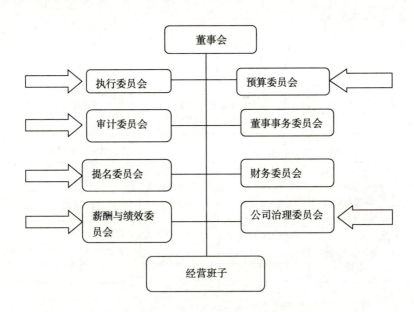

注：<——表示赋予专业委员会企业文化与软实力建设的部分职能。

资料来源：作者编制。

图7-5　企业文化与软实力建设内部评估系统——分散模式

7.2.4　银行软实力建设的内部评估与外部评估协调

1. 内部评估与外部评估的比较。

一是从内部评估的独立性看，内部评估还可以区分出是否"自我评估"。如前所述，内部评估是指评估由实施项目和计划的同一机构来完成。但从评估的独立性看，若内部评估是由同时接受委托并实施项目的部门（业务部门）实施，那么这种评估就可以称为"自我评估"。如业务部门运用平衡计分卡法对本部门执行企业文化和软实力建设的情况进行的自我评估。若评估是由这个单位的另外一个部门进行的，那么这种评估虽然也是内部评估，但不是自我评估。如前面所介绍的内部审计部门采用关键流程控制测试法、人力资源部门采用平衡计分卡法，或两者参与企业文化与软实力建设委员会等专业委员会开展的专题调查评估法对本银行业机构某一个或几个部门执行企业文化与软实力建设情况的评估，则称为内部评估，若是对全行企业文化与软实力建设情况进行的整体评估，则是内部性自我评估。

二是内部评估与外部评估的优缺点。主要表现在（见图7-6）：

内部评估的优点是评估能迅速进行，并以最小的消耗完成，评估者通常具有较高的专业知识，可以直接利用评估结果。同时，也存在缺点，那就是大多数评估者不具备足够的方法能力，他们缺乏独立性和必要的距离，他们也可能过于受项目的影响，往往不会认识到还有其他更好的选择途径。

外部评估是由不属于资金提供者或项目实施机构的人员进行的。因此，通常情况下，外部评估者具有相对的独立性、有很强的方法能力及专业化的评估知识、熟悉项目或计划所涉及的专业领域。同时，外部评估会面临一些问题，它会给被评估者带来恐惧感从而引起抗拒反应。若它不能为相关人员接受，在今后评估结果的转化和应用时就会出现问题。外部评估虽然会引起额外的成本，但这并不意味外部评估总是比内部评估花费大。若将内部评估所包含的人员在职责范围内的成本进行计算，内部评估与外部评估在花费上的差别相对有限。

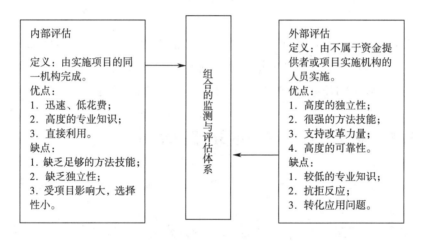

资料来源：作者根据《评估学》等相关资料绘制。

图 7-6　组合的监测与评估体系及构成的比较

2. 内部评估与外部评估的协调。基于内外部评估的优缺点，人们将内部评估和外部评估结合起来使用，这样可以将二者看问题的角度结合起来并且择其优点而用之。在综合考虑以下情况和因素时，就可以较好地协调二者的使用。

一是外部评估有助于推动银行业机构在企业文化和软实力建设等方面推进改革进程。由于外部评估具有较强的独立性和较为专业的知识结构，能给组织中有改革意愿的人赋予额外的合法性及影响力，这正是推进改革进程所必需的。① 因此，至少在一定时期（每隔两至三年），最好要安排外部评估机构进行一次全面性评估，更独立、专业地全面评估状况、诊断存在的问题和寻找改进的措施。

二是内部评估具有独立的评估部门并由合格的专家负责时，内部评估缺点就能加以克服。如此，内部评估不仅具有很高的专业能力，还具有较高的可靠性、与业务部门保持比较远的距离和较高的改革潜能。相反，外部评估也会遇到诸如抗拒反应和转化应用问题等可观察到的缺点。

三是聘请外部评估主要依据为机构规模的大小、财政的经济状况。一般而言，对小的机构来说，依靠外部评估往往在财政上更经济。在单位内部建立或者供养专职评估员工或者评估职位很昂贵，完全可以将这一任务外包出去。小的机构可以通过这种方式购买到有资质的评估服务，尤其是通过这种方式可以用更低的成本、以最新的专业水准来完成诸如监测和控制这些内部组织的任务。

四是外部评估尽管其独立性较高，因此能确保其可靠性，但是也存在损害它的可靠性情况。当外部咨询专家总是对同一任务委托方负责并且他的生存只是依靠较少的任务委托方时，就可能会损害他的可靠性。

7.3 银行软实力建设的外部激励

有人说，人的因素，决定了一个团体的方方面面，几乎是一切。考虑企业文化和软实力建设主要是企业自主选择事务，不宜过多采取类似监管指标方式的行政管制措施，只能以社会倡导的方式引导和推动银行软实力建设。作为银行软实力建设的外部激励系统，就是围绕调动人的主观能动性来设计，来引导和推动银行企业文化与软实力建设，建立相应的内控系统及其内部自我评估机制的一系列激励措施。

7.3.1 银行软实力建设外部激励的概述

由于企业文化和软实力建设的周期长，短时间内不易显现成效，加之部分银行业机构以盈利指标为中心，重视规模式扩张，忽视内涵式发展，经营

---

① 赖因哈德·施托克曼、沃尔夫冈·梅耶：《评估学》，唐以志译，北京，人民出版社，2012。

管理的短期行为倾向较为严重，以致难以持续关注企业文化和软实力建设。因此，迫切需要从国家战略层面，加以政策引导，推动银行机构企业文化与软实力建设，进一步促进银行业综合实力提高。

目前，财政部制定和出台了《企业内部控制应用指引第5号——企业文化》，中国文化管理学会、企业文化管理专业委员会制定和出台了《中国企业文化管理测评标准2.0》①。这些政策在很大程度上，推动了企业文化建设，并取得了初步成效。但是，由于这些政策主要是从宏观上对企业文化建设提出标准和要求，不仅与企业经营管理各个环节和方面结合得不紧密，也缺乏行业针对性，尤其对特种行业如金融企业缺乏切合实际的指导，以致该测评标准在金融企业难以有效实施，企业文化建设与增强企业实力之间存在相互脱节，互不相干，成为"两张皮"，甚至演变为"文化建设＝政治思想工作"现象，导致不少金融业机构企业文化建设浮在表面，员工疲于应付，实际效果难尽如人意。

针对当前我国金融文化和软实力建设的状况，有专家学者提出由"一行三会"等相关部门牵头，统筹规划设计中国金融"软实力"的指标体系，将金融"软实力"纳入行业监管和社会评价范围。②

鉴于央行具有金融业管理的宏观性，可以设想由中央银行等银行监管机构作为银行业机构软实力评价管理部门，可以在总结《企业内部控制应用指引第5号——企业文化》和《中国企业文化管理测评标准2.0》实施经验的基础上，研究制定和出台《银行业机构软实力评估指引》和相关管理办法，组织开展银行业机构软实力评估活动，指导银行业机构结合经营实际情况，有计划地开展企业文化与软实力建设工作。采取适当的形式，适时将银行业机构软实力评估评级结果向社会公布，进一步引导银行业机构软实力建设。

从相关市场业务准入政策，引导和激励银行业机构开展软实力建设，如可以将银行业机构软实力标准和条件纳入相关证券期货、债券等融资政策的准入条件之一，或作为地方法人银行机构改制和升格的条件之一。

同时，为充分发挥金融评级市场的导向作用，银行业机构软实力评价管理部门可以探索建立商业评估机构软实力评估评级业务标准和行业管理办法，

---

① 中国文化管理学会、企业文化管理专业委员会：《中国企业文化管理测评标准2.0》，北京，国家图书馆出版社，2012。

② 唐双宁：《提升金融"软实力"转变我国金融增长方式》，载《中国金融》，2011（9）。

鼓励商业性评估机构开展银行业机构软实力评估评级业务活动，以此推动银行业机构进一步提高核心竞争力。

银行业机构软实力评价管理部门可以采取正向激励办法，研究和建立软实力建设先进企业和先进个人的评价标准和评选流程等相关管理办法，以企业和个人志愿申报的形式，组织专家进行评选，在《中国金融》等主流财经媒体公布全国银行业机构企业文化建设的先进单位和先进个人，表彰先进，鞭策后进，以正面引导银行业机构，进一步调动开展企业文化和软实力建设的积极性。

7.3.2　银行软实力建设先进单位的评价条件和流程

1. 探讨地方法人银行软实力建设先进单位的评选条件。

（1）基本条件。可以着重从以下几个方面进行考察。

A. 最近两年内，银行业机构已接受银行业机构软实力评价管理部门或商业评级机构的软实力评估，已根据《现场评估风险提示书》进行整改并取得初步成效；

B. 最近两年内没有发生违反国家有关法律法规的重大案件、重特大金融安全责任事故、重特大金融服务质量责任事故；

C. 制订了企业文化和软实力建设规划，设置了企业文化和软实力建设组织机构，并根据工作需要配备了企业文化管理师和高级企业文化管理师等专业技术人员；

D. 建立健全企业文化理念和软实力建设体系，编写和印发了《企业文化和软实力建设手册》，员工对企业文化和软实力建设有较高认同；

E. 银行业机构开展企业文化和软实力建设工作所需经费能够落实；

F. 充分利用各种宣传载体宣传银行业机构企业文化和软实力建设，并开展相关活动等；

G. 银行业机构经营业绩良好，达到同类型银行机构领先水平，企业文化和软实力建设推动银行机构健康可持续发展。

（2）应用条件。可以着重从以下几个方面进行考察。

A. 银行业机构高层管理者具有良好的文化自觉和文化自信，具有较强的软实力竞争意识，对企业文化、软实力建设的高度重视与大力支持；

B. 银行业机构企业文化管理机构和品牌文化推广机构健全，人员配置到位，企业文化建设经费落实，能将企业文化建设与品牌文化推广有效接轨，成为银行业机构金融产品和服务向市场和社会延伸的"助力器"和"传播使者"；

C. 银行业机构企业文化理念和软实力建设控制体系较为完善，能将企业文化建设覆盖整个经营管理各个环节和方面，具有良好自我控制系统，企业文化建设具有良好基础；

D. 银行业机构的发展战略规划清晰，战略定位和产品服务的市场准确，业绩优良；

E. 银行业机构管理理念明确，管理基础扎实，法人治理、组织管理、人才管理、创新管理和风险管理等制度健全并得到有效运行。

（3）效果测评。主要是考察银行业机构实施企业文化和软实力建设的实际效果，参照《中国企业文化管理测评标准2.0》相关标准，可以从以下几方面加以考察。

A. 评估是否有利于银行业机构企业文化和软实力建设的各项管理工作更加规范有效，有效提升企业文化和软实力建设的科学性、规范性、实效性；

B. 评估是否有利于及时准确地反映银行业机构企业文化的特色和优势，提升企业文化和软实力建设能力与水平，把企业文化优势尽快转化为市场竞争优势，促进企业健康可持续发展；

C. 评估是否有利于及时准确地识别银行业机构企业文化和软实力管理存在的缺陷和问题，增强企业文化管理自我改善能力，实现经常性的自我更新；

D. 评估有利于找出银行业机构企业文化建设过程中存在的不符合项，并及时加以改进，不断增强企业文化建设的针对性；

E. 评估有利于协调银行业机构企业各个部门之间的关系，提高企业文化建设的整体工作效能；

F. 评估能够巩固银行业机构企业核心价值观，提高银行业机构成员的归宿感和认同率，使银行业机构上下同心同德，确保全面实现企业战略和企业愿景。

（4）荣誉认定模式。对选择"银行业机构软实力建设"标准进行银行软实力测评的申报银行业机构，分别设置"全国银行业机构软实力建设优秀单位""全国银行业机构软实力建设先进单位"和"全国银行业机构软实力建设示范基地"三种认定模式。

2. 设计地方法人银行软实力建设先进企业单位的评选流程。

（1）探索设置专门的评选机构

为防止银行业机构软实力评价出现过度行政化，待银行机构软实力评价步入正轨后，银行业机构软实力评价管理部门可以授权中国金融学会或者利用知名媒体的平台等社会组织开展全国银行业机构软实力评价测评工作。

经银行业机构软实力评价管理部门、国家民政部共同批准，中国金融学会或者利用知名媒体的平台成立"银行机构软实力评价管理专业委员会"，并由该委员会负责银行业机构软实力评价的标准制定、颁布和实施，领导全国银行业机构软实力评价测评工作。

（2）设计主要流程。主要为：

A. 银行业机构自愿提出"银行业机构软实力建设"评选申报。由有申报意愿的银行业机构自愿填写"中国银行业机构软实力建设管理测评申报表"报送银行业机构软实力评价管理专业委员会，同时报送有关资料；

B. 银行业机构软实力评价管理专业委员会受理。经银行机构软实力评价管理专业委员会批准，银行业机构软实力评价管理专业委员会负责受理企业申报，并对申报材料进行初审；

C. 成立银行业机构软实力测评专家组。银行业机构软实力评价管理专业委员会根据测评工作需要，安排有关专家组成"银行业机构软实力测评专家组"（简称测评专家组），并与申报银行业机构共同商定具体工作方案及细节；

D. 实施银行业机构软实力测评方案。根据双方共同商定的银行业机构软实力测评工作方案，测评专家组与申报银行业机构对接并开展调研测评等相应工作；

E. 形成"银行业机构软实力管理测评报告"。测评专家组在对申报银行业机构报送的材料充分审定和进行调研的基础上，形成银行业机构软实力管理测评综合报告，提出具体明确的测评认定意见；

F. 确定银行业机构软实力管理测评认定成果。根据"银行业机构软实力管理测评报告"的意见，经银行业机构软实力评价专业委员会评审后，报中国金融学会最终审定，授予申报银行业机构荣誉认定模式的相应称号。

7.3.3　银行软实力建设的先进个人评价条件与流程

1. 银行软实力建设的先进个人评价条件与流程。

（1）"全国银行软实力建设先进（优秀）个人"评价基本条件。可以着重从以下几个方面进行考察。

A. 所在企业获得"全国银行软实力建设先进单位"及以上称号；

B. 银行业机构同意推荐本人申报"全国银行软实力建设先进个人"；

C. 本人在银行软实力建设实际工作中发挥积极作用；

D. 本人在银行业机构企业文化和软实力理论研讨和实践方面有一定成果。

（2）"全国银行软实力建设先进（优秀）个人"评价认定条件。可以着重从以下几个方面进行考察。

A. 在银行业机构企业文化和软实力建设管理岗位工作，或承担企业文化和软实力建设组织推动工作，并取得一定成绩；

B. 银行业机构批准申报"全国银行机构软实力建设先进（优秀）个人"评价认定；

C. 在省级以上期刊正式发表企业文化和软实力建设论文两篇以上或出版企业文化和软实力建设论著；

D. 银行业机构经营管理效果良好，业绩突出。

2. 银行软实力建设的突出贡献人物评价标准与流程。

（1）"全国银行软实力建设的突出贡献人物"的基本条件。可以着重从以下几个方面进行考察。

A. 所在银行业机构获得"全国银行业机构企业文化和软实力建设先进单位"及以上称号；

B. 银行业机构同意推荐本人申报"全国银行业机构软实力建设突出贡献人物"；

C. 本人在组织中负责企业文化和软实力建设的领导工作；

D. 本人在企业文化和软实力建设理论研讨和实践方面有突出成果；

E. 所在银行业机构业绩优异。

（2）"全国银行机构软实力突出贡献人物"评价认定标准。可以着重从以下几个方面进行考察。

A. 负责企业文化和软实力建设的领导工作，承担领导责任；

B. 银行业机构同意申报"全国银行业机构软实力突出贡献人物"测评认定；

C. 在省级以上期刊正式发表企业文化与软实力建设论文两篇以上或出版企业文化论著；

D. 本人曾获得省级以上荣誉表彰；

E. 银行业机构经营效果良好，取得突出业绩。

3. 银行软实力建设的领军人物评价标准与流程。

（1）"全国银行软实力建设领军人物"申报的基本条件。可以着重从以下几个方面进行考察。

A. 所在银行业机构获得"全国银行软实力建设示范基地"荣誉称号；

B. 银行业机构同意推荐本人申报"全国银行软实力建设领军人物"；

C. 本人在银行业机构中负责主要领导工作；

D. 本人在银行业机构企业文化和软实力建设理论研讨和实践方面有突出成果；

E. 银行业机构业绩优异，企业文化和软实力建设成果具有跨行业示范意义。

（2）"全国银行机构软实力建设领军人物"评价认定标准。可以着重从以下几个方面进行考察。

A. 在银行业机构中担任主要领导工作，是企业文化和软实力建设第一责任人；

B. 组织同意申报"全国银行业机构软实力建设领军人物"测评认定；

C. 在银行业机构企业文化和软实力建设成绩显著，具有跨行业的示范意义；

D. 理论研究和实践方面成果显著，在相关领域具有一定影响力；

E. 银行业机构经营效果良好，业绩优异，处于行业领先水平。

（3）"全国银行机构软实力建设领军人物"申报流程。可以着重从以下几个方面展开。

A. 本人自愿申报"全国银行业机构软实力建设领军人物"，经银行机构签署意见后报送中国金融学会银行业机构软实力评价专业委员会；

B. 银行业机构和本人正式出版的企业文化论著或专著（原件）报送中国金融学会银行业机构软实力评价专业委员会；

C. 银行业机构获得的国家级荣誉证书复印件或牌匾照片等相关资料报送中国金融学会银行业机构软实力评价专业委员会；

D. 本人获得的国家级荣誉证书复印件或牌匾照片等相关资料报送中国金融学会银行业机构软实力评价专业委员会；

E. 中国金融学会银行业机构软实力评价专业委员会受理评定。

7.4　银行软实力建设标准经典案例库的建立与管理

银行软实力建设的标准经典案例库，既能通过银行软实力建设管理测评，梳理银行业机构软实力建设的大量经验事实，为修正和银行业机构软实力理论的鲜活材料，也能向社会和市场推介银行业机构，扩大银行业机构企业文化和软实力建设的影响力，进一步提升银行业机构的市场形象。

7.4.1　银行软实力建设标准经典案例库的建立

1. 设立经典案例库的意义。通过经典案例库的设立，积累大量经典案例，可以进行比较性研究，可以不断提高银行业机构软实力建设的管理水平和研究能力；可以推介银行业机构软实力建设的好做法好经验，扩大银行业机构企业文化和软实力建设的影响力；可以在银行业机构、社会和研究机构之间开展合作研究，指导实践，共享银行业机构软实力建设管理测评新成果。

2. 设立经典案例库的管理部门。鉴于社会学术组织具有研究功能和聚合等功能，设想设立银行业机构软实力建设标准经典案例库，可以由中国金融学会责成银行业机构软实力评价专业委员会具体管理，进一步加强对银行业机构软实力建设管理和理论研究的引导，为努力开创银行业机构软实力建设新局面服务。

7.4.2　银行软实力建设标准经典案例库的管理

1. 标准经典案例库的管理机制。由中国金融学会银行业机构软实力评价专业委员会对银行业机构软实力建设标准经典案例库实行开放式动态管理，经常性扩充更新库存案例，着力构建充满活力、富有效率、有利于银行业机构软实力建设研究和发展的管理机制，使标准经典案例库成为企业文化创新服务品牌平台。

2. 标准经典案例库的入库范围。在银行业机构软实力建设标准测评中获得"全国银行业机构软实力建设先进（优秀）单位"以上荣誉称号，银行业机构的特色突出、具有典型示范意义的银行业机构软实力建设优秀案例，经专家推荐、银行业机构申报和作者自荐等方式，纳入银行业机构软实力建设标准经典案例库管理、发布和推介。

3. 标准经典案例库的入库流程。可以着重从以下几个方面进行考察。

A. 选择在银行业机构软实力建设标准银行业机构评估荣誉认定模式并获得荣誉称号；

B. 专家推荐、银行业机构申报或作者自荐；

C. 填报《中国银行业机构软实力建设管理经典案例入库审批表》；

D. 银行业机构软实力评价专业委员会受理，组织有关专家审阅；

E. 专家与案例作者共同修改，必要时安排调研，保证案例质量；

F. 入库管理，编入目录，便于检索和推介。

4. 标准经典案例库的类别与使用。银行业机构软实力建设标准经典案例分为教学案例、经典案例两种形式。

（1）教学案例。经银行业机构软实力建设标准测评获得"全国银行业机构软实力建设先进（优秀）单位"及其以上称号银行业机构好的做法和工作经验，可以形成教学案例，纳入银行业机构软实力建设标准经典案例库，编入国家图书馆收藏的《中国银行业机构软实力建设优秀成果案例集》，并在银行业机构软实力建设岗位培训教学时宣讲研讨。

（2）经典案例。经银行业机构软实力建设标准测评获得"全国银行业机构软实力建设示范基地"及其以上称号银行业机构的突出成果，可以形成经典案例，编入国家图书馆收藏的《中国银行业机构软实力建设优秀成果案例集》，中国金融学会银行业机构软实力建设管理官方网站开辟专栏公开发表，并在"中国银行业机构软实力建设管理年会"正式发布。

（3）构建管理模式。具有全国金融行业示范意义的突出案例，可以总结提升为"中国银行业机构软实力建设管理模式"，纳入银行业机构软实力建设标准经典案例库，中国金融学会银行业机构软实力建设管理官方网站开辟专栏公开发表，编入国家图书馆收藏的《中国银行业机构软实力建设优秀成果案例集》或出版专著，并在"中国银行业机构软实力建设管理年会"正式发布。

7.5 银行软实力建设人才库的建设与管理

通常而言，人才库（Talent Pool），即企业（或团体）储备各类人才的场所。要成就金融强国梦，就需要由金融硬实力平面扩张的金融大国向金融软实力立体提升，这就需要强大的各类人才队伍的支撑，尤其需要软实力建设专业人才队伍的支撑。建立银行软实力建设的人才库设想，正是这种客观要求的最好选择之一。

7.5.1 银行软实力建设人才库的建立

根据《国家中长期人才发展规划纲要（2010～2020）》关于"加强人才工作基础性建设"的要求，深入开展人才理论研究，加强人才学科和研究机构建设，国家相关部门已经建立了人才信息网络和数据库。为此，可以建议中国人民银行等相关部委建立"国家银行业机构软实力建设专业人才库"。具体可以设立银行业机构软实力建设管理专业委员会，并承担"国家银行业机构软实力建设专业人才库"的建立和管理，以负责全国银行业机构软实力建设专业人才的登记推荐和企业文化人才库的维护管理等工作，为建设金融强国提供银行业机构软实力建设专业人才有力支撑。

7.5.2 银行软实力建设人才库的管理

1. 银行业机构软实力建设人才库的管理。由中国银行业机构软实力建设管理专业委员会负责银行业机构软实力建设专业人才库的建立和维护管理。

2. 入库范围。在全国银行业机构企业文化和软实力建设领域从事理论研究、教育培训和咨询指导，各类各级银行业机构企业文化和软实力建设的领导者、组织者、管理者、实践者、操作者等，遵守国家法律法规，热爱企业文化和软实力建设事业、成果突出的优秀人才。

3. 入库条件。中国银行业机构软实力建设专业人才库分为"中国银行业机构软实力建设专家人才"和"中国银行业机构软实力建设管理人才"。

（1）中国银行业机构软实力建设专家人才入库条件。可以着重从以下几个方面进行考察。

A. 具有高级职称或国家级会员资格；

B. 学术成果获省级以上等次奖（国家或省级政府设立认可）；

C. 正式出版企业文化专著，或在核心期刊发表论文两篇以上；

D. 中国企业文化专家委员会专家委员、特邀研究员等可直接纳入专家人才管理。

（2）中国银行业机构软实力建设管理人才入库条件。可以着重从以下几个方面进行考察。

A. 经银行业机构软实力建设标准测评获得"全国银行业机构软实力建设突出贡献人物"和"全国银行业机构软实力建设领军人物"荣誉称号可申请入库管理；

B. 经测评认定为"全国银行业机构软实力建设先进单位"及其以上认定模式的银行业机构软实力建设总监和银行业机构软实力建设高级管理师可申请入库管理；

C. 正式出版过银行业机构企业文化和软实力建设专著，或在省级以上学术期刊发表论文5篇以上可申请入库管理；

D. 中国银行业机构软实力建设专业委员会专家委员、特邀研究员等可直接纳入人才管理。

（3）破格入库条件。在银行业机构企业文化和软实力建设研究和实践方面业绩显著、特别优秀或有重大贡献人员，经中国银行业机构软实力建设专业委员会推荐认定可破格入库。

4. 入库申报流程。中国银行业机构软实力建设人才库采用组织推荐与个人申报形式，并执行以下入库申报流程。

A. 填写《中国银行业机构软实力建设人才库推荐审批表》：本人自愿填写《中国银行业机构软实力建设人才库推荐审批表》，经所在银行业机构签署意见后报送中国银行业机构软实力建设专业委员会，一式三份并附电子文档；

B. 报送有关资料：与《中国银行业机构软实力建设人才库推荐审批表》同时报送本人学术成果有关复印件、实物资料、媒体报道和影像制品，以及本人所获荣誉与奖项等资料；

C. 受理申报：中国银行业机构软实力建设专业委员会负责受理，并向申报人反馈资格审查情况。

5. 入库确认程序。中国银行业机构软实力建设人才入库采取初审、复审和审定三级确认制度，保证入库程序和标准。

A. 初审。中国银行业机构软实力建设专业委员会负责受理申报，进行申报资格审查并提出初审意见；

B. 复审。中国银行业机构软实力建设管理专业委员会根据初审意见进行复审，并形成评审意见；

C. 审定。中国金融学会根据初审意见进行审定，并形成最终审定意见；

D. 建档。中国银行业机构软实力建设专业委员会依据中国金融学会最终审定意见，建立相应的管理档案，实行规范化管理。

6. 维护管理。可以着重从以下几个方面展开：

A. 中国银行业机构软实力建设专业人才库实行动态管理，每年评审一次，及时调整和充实银行业机构软实力建设专业人才资源，畅通人才管理渠道，把中国银行业机构软实力建设人才库打造成为品牌专业人才库、知识库、智囊库。

B. 建立充分发挥银行业机构软实力建设专业人才作用的工作机制，通过举办银行业机构企业文化和软实力建设研讨会、报告会、高端论坛和中国银行业机构企业文化与软实力建设管理年会等形式为银行业机构软实力建设专业人才提供高端文化平台。

C. 定期举办专题座谈会，听取银行业机构软实力建设专业人才对发展繁荣银行业机构软实力建设方面的意见，提交中国人民银行等有关职能部门，为制定国家银行业机构软实力建设发展政策和方略提供依据。

D. 定期举办联谊会、专题征文和内部培训等活动，增进了解，交流经验，为银行业机构软实力建设专业人才建立良好的沟通提升机制。

8 结 语

"软实力"概念及其理论已较为广泛地运用于国际关系、中国国家对外竞争能力和国家形象研究这个"软实力"起源的"学术属地"上，而运用于企业理论和实践尚处于起步阶段。无论是在企业理论本土化，还是在企业文化与软实力建设实践的运用和深化上，基本采取"现有的经验事实 + 软实力口号"，或"简单地从现有的经验事实归纳出软实力道理"的方式，形成企业软实力理论建设处于松散的起步阶段。这种缺乏理论总结和理论指导导致企业文化与软实力建设往往陷入各自"自娱自乐"的摸索、低水平建设的"面子工程"和"时尚工程"中，难以使企业文化与软实力建设成为企业核心竞争力的重要动力源泉之一，软实力评价更无从谈起，没有企业软实力理论的基础，软实力评价指标体系就难以建立。因此，本书围绕银行软实力建设状况及其评估的主题展开一系列研究，并得出以下基本认识。

一是构建"银行软实力七巧板理论"，既为银行软实力建设提供理论指导，也为建立地方法人银行软实力评估指标体系提供理论基础。针对银行软实力理论或缺的现状，本书从现有基本软实力理论出发，重新挖掘企业经验事实，结合成熟的企业理论框架，借鉴七巧板的组合原理，经过与软实力综合运用各种资源（元素、手段等）的规则是相同的逻辑——迁移和重叠，形成所谓"银行软实力七巧板理论"。该理论以文化力、领导力为元权力及其派生权力，即文化力及其同化力、认同力、影响力和恢复力，领导力及其创造力、专注力和控制力，分别形成两个软实力束，与企业使命、企业目标、战略目标协调，与各种环境（宏观环境、产业环境、竞争环境和市场环境）契合，与各种资源（有形资源、无形资源和组织资源）配伍，构成开放而组合的银行软实力理论体系。预见力和逆转力随着战略目标的调整和环境的变化，可以从领导力和文化力派生出来，成为软实力束一种相对独立的软实力。

二是基于企业文化等三大因素，将软实力体系归类和指标化，构建地方法人银行软实力评估指标体系。在银行软实力七巧板理论框架下，企业文化建设、市场竞争力和社会责任等因素是软实力体系归类和指标化的三大因素，形成一个从企业文化建设、面向市场竞争到履行社会责任等领域、由 8 个一级、35 个二级和 112 个三级指标组成的地方法人银行软实力评估指标体系，力图覆盖地方法人银行软实力建设的状况。

三是构建银行软商的概念及计算方法，是推进银行软实力建设现代化的重要途径。全面反映银行软实力建设能力和综合反映银行各部门业绩状况的重要途径。因此，笔者在地方法人银行软实力评估指标体系的基础上，基于银行软实力建设成本核算，探索提出银行软商概念及其计算，可以从时间和空间维度，全面反映银行软实力建设能力，综合反映银行各部门业绩状况，以资源节约的角度进一步揭示银行软实力建设水平精进。

四是构建科学而实用的银行软实力评估的程序和方法，是推广银行软实力理论和评估指标体系的关键。为此，笔者借鉴成熟的信用评级的经验和做法，以及人民银行对金融机构稳健性现场评估的经验和做法，探索建立外部银行软实力评估的程序和方法。所建立的部分评估程序和方法也适用于银行建立内部软实力评估工作。

五是建立银行企业文化与软实力建设的内部控制系统，是确保银行企业文化与软实力建设能够持久实施的重要措施，也可以为银行软实力评估提供广泛的信息基础。银行企业文化与软实力建设的内部控制系统，应该覆盖整个企业经营管理的各个环节和方面，形成软实力建设的质量控制、绩效考核和信息反馈的机制，是银行企业文化与软实力建设的重要手段，也是为银行软实力内外部评估提供便捷、有效的信息服务。

六是建立银行企业文化与软实力建设的外部激励机制，也是确保银行软实力建设能够持久实施的重要措施。研究发现，从短期看，企业文化与软实力状况对于银行核心竞争力的制约性影响较小，而面临激烈的市场竞争，银行从领导者的高管层到普通员工，绝大多数会忽视企业文化与软实力作用及其建设工作。因此，建立银行企业文化与软实力建设的外部激励机制，调动广大员工在各自岗位履行企业文化与软实力建设职责的积极性，鼓励建立企业文化与软实力建设内部控制系统及内部评估机制，以实现银行企业文化与软实力建设持久深入地开展下去。

基于上述围绕银行软实力评估主题的几点基本认识，笔者认为，无论软实力理论的构建，还是软实力指标体系的构建与运用、软实力内部控制系统的建设，均离不开实践。正如德国诗人歌德所说的：理论是灰色的，而生活之树是常青的。唯有生活和实践才构成今人理论创新的根本性前提。深入开展银行企业文化与软实力建设及其评估等实践，挖掘和掌握相关经验事实是至关重要的。为此，笔者从银行业机构实践和国家宏观政策的两个层面，提出几点政策建议。

（一）微观层面：一切以内部资源为着力点，不断提高软实力的市场竞争力。

竞争优势不是由市场和产业结构决定，而是由内部资源决定，即把企业的利润优势来源定位在企业内部。[①] 因此，银行业机构一切要以整合内部资源为着力点，努力培育软实力的优势，提高市场核心竞争力。

一是努力培育自身企业文化，将其转化为地方特色。文化是一种生活方式。它是一个社会、一个团体或一个社区以及公司的地方特色。银行业机构的自身文化不但要被清楚地写在书本里、挂在墙上，还要贯穿于实践之中。要让每一个来到此银行机构的人都知道，这是此银行机构的文化特色。对员工来说，要通过学习班、讨论以及读书、工作实践得到"××银行方式"。这种文化就是生产和提供出这些产品线的地方特色。每件事都是程式化的、检查再检查，最后得到验证。如此，该银行机构在区域就能逐渐培育和形成市场竞争力。

二是品牌建设要从内部下力气，培育集体共识。集体共识是市场的特征，决定了政治活动和消费市场的成败。银行业机构要在自身内部着手，综合运用资源，树立具有自身特色的价值观，综合运用资源，将内嵌于企业文化中的价值观再镶嵌在产品和服务之中，推动品牌走向市场，构建起客户、产品与服务、银行之间的基本信任，形成持久的市场认同感。

三是要重视隐性资源的挖掘、培育和保护工作。银行业机构树立广义的资源观，要把专注力集中在广义的资源上。要定期和不定期地全面梳理企业内外资源，重视那些稀有的、不可模仿的、不可交易的隐性资源，如由银行业机构独特的历史和发展轨迹（创立者和雇员，危机事件等）决定的专有技术、商业秘密、惯例、企业文化、组织经验、专家经验性知识和历史投资等隐性资源。要重视它们的挖掘、培育和保护工作，发挥隐性资源在可持续竞争优势的发展中起到的核心作用。

---

① 维洛尼克·安布罗西尼：《隐性资源——企业赢得持续竞争优势的源泉》，詹正茂、陈婷婷、曹舒羿等译，北京，经济管理出版社，2011。

四是要培育内部评估文化，形成各方参与评估和软实力建设间的互动。银行业机构要在内部营造评估文化，要认识到软实力评估无论是在内部实施的，还是委托咨询和研究机构进行的，均是一种企业文化与软实力建设项目实施效果的监测，是发现差距和寻找对策的重要工具，需要各方积极参与到企业文化和软实力建设及其评估工作中来，营造良好的内部评估文化氛围，为银行企业文化与软实力建设的理性决策和质量管理提供智力支持。

（二）宏观层面：多种政策措施支持软实力建设，营造评估文化，提升金融软实力，向金融强国进军。

一是建议国家层面进一步重视和加强金融业企业文化与软实力建设。由金融硬实力平面扩张的金融大国转变为金融软实力立体提升的金融强国，要加强对全国金融文化建设的组织领导，由"一行三会"设立专门的部门承担分行业的金融文化建设指导和管理职责，由中国人民银行承担对全国金融文化建设的统筹协调职责；研究和编制《中国金融文化建设纲要》，规划和指导全国金融文化建设，加强金融机构员工的金融文化教育，要通过制度建设和行为引导，形成金融系统员工积极学习金融文化、深刻领会金融文化、认真实践金融文化、努力发展金融文化的自觉性。

二是要建立分行业的《金融机构企业文化与软实力建设指引》和相应的评估框架体系。"一行三会"要根据本行业的实际情况，积极探索，在试点的基础上，研究和制定《金融机构企业文化与软实力建设指引》《金融机构企业文化与软实力建设状况评估指引》，将金融机构企业文化与软实力建设的要求转化为金融机构的内部控制系统，推动金融机构开展企业文化与软实力建设，打造具有强力市场竞争的软实力。同时，根据行业的特点，研究和建立相配套的评估框架体系，包括评估指标体系、评估操作规程和评估方法，以确保企业文化与软实力建设的规范性、统一性和可比性。

三是要采取多种政策措施，积极营造评估文化。目前中国国内评估尚未成为社会普遍接受的政治经济发展进程中系统使用并定期运用于理性决策的工作方式。因此，国家相关部门要在推动金融机构企业文化与软实力建设的同时，出台金融机构企业文化与软实力评估的外部激励措施，鼓励金融机构开展建立内部自我评估工作机制，增加软实力评估结果的应用效力，以鼓励和扶持金融机构自身建立评估系统和聘请外部机构进行评估。同时大力宣传评估是一项重要工具，对于金融监管部门的检查监测、主管部门的绩效考核、银行业机构质量管理具有重要作用。

四是建立全国金融机构软实力排名评选机制等外部激励机制。研究和建立全国金融机构软实力排名评选机制。根据不同行业和规模，设计出全国性大型机构 50 强软实力排名评选机制和地方法人机构 100 强软实力排名评选机制，采取机构自愿申报与行业评估结合的办法，进行软实力排名，在《中国金融》和《金融时报》等主流财经媒体公布，推动金融机构企业文化与软实力建设。同时，研究和建立金融机构企业文化与软实力建设先进企业和先进个人的评价标准和评选流程、软实力建设标准经典案例库和人才库管理等相关管理办法，以自愿申报和专家评选结合的办法，在主流财经媒体公布全国金融机构企业文化与软实力建设的先进单位和先进个人、经典案例和专家人才，以提高金融机构开展企业文化与软实力建设的积极性，鼓励更多的专家学者从事金融机构企业文化与软实力建设。

五是探索建立和编制全国金融机构软实力指数和国家金融软商。在总结全国性大型机构 50 强和地方法人机构 100 强软实力排名评选实践的基础上，探索尝试编制全国金融机构软实力指数，具体可以这些入选机构的市场份额为权重，评价全国金融业企业文化与软实力状况，包括金融调控能力效用和预见力、金融监管与安全守法意识、金融创新意识、金融人才意识与人才使用合理度、金融全员幸福度、金融社会环境与社会诚信意识、金融国际环境和谐度以及金融对社会和谐发展贡献度等方面，同时，在计算全国性大型机构 50 强和地方法人机构 100 强金融软商的基础上，计算中国金融软商，核算全国金融业软实力建设成本，有效节约资源，探寻有力举措，推动全国金融业软实力建设的现代化，进一步推动提升金融软实力，由金融大国向金融强国进军。

参考文献

[1] 胡锦涛. 高举中国特色社会主义伟大旗帜, 为夺取全面建设小康社会新胜利而奋斗——在中国共产党第十七次全国代表大会上的报告［M］. 北京: 人民出版社, 2007.

[2] 胡锦涛. 中共中央关于深化文化体制改革、推动社会主义文化大发展大繁荣若干重大问题的决定［M］. 北京: 人民出版社, 2011.

[3] 本书课题组. 习近平总书记系列讲话精神学习读本［M］. 北京: 中共中央党校出版社, 2013.

[4] 萨缪尔·亨廷顿. 文明的冲突与世界秩序的重建［M］. 周琪, 张立平等译, 北京: 新华出版社, 2010.

[5] 科拉姆–劳. 统计与真理: 怎样运用偶然性［M］. 北京: 科学出版社, 2004.

[6] ［法］埃米尔·涂尔干. 社会分工［M］. 北京: 生活·读书·新知三联出版社, 2000.

[7] 金观涛, 华国凡. 控制论与科学方法论［M］. 北京: 新星出版社, 2005.

[8] 孔子. 论语［M］. 上海: 上海古籍出版社, 2000.

[9] ［美］埃德温·H. 尼夫. 金融体系: 原理和组织［M］. 北京: 中国人民大学出版社, 2005.

[10] ［美］R. 格伦·哈伯德. 货币、金融体系与经济（第六版）［M］. 北京: 中国人民大学出版社, 2011.

[11] ［加］杰格迪什·汉达. 货币经济学［M］. 北京: 中国人民大学出版社, 2005.

[12] ［美］弗雷德里克·S. 米什金. 货币金融学（第六版）［M］. 北京: 中国人民大学出版社, 2005.

[13] 企业内部控制应用指引［M］. 北京: 中国财政经济出版社, 2010.

[14] 中国文化管理学会, 企业文化管理专业委员会. 中国企业文化管理测评标准2.0［M］. 北京: 国家图书馆出版社, 2012.

[15] 中国注册会计师协会. 公司战略与风险管理［M］. 北京: 中国财政经济出版社, 2013.

[16] 中国注册会计师协会. 财务成本管理［M］. 北京: 中国财政经济出版社, 2013.

[17] ［美］迈克尔·波特. 竞争战略［M］. 北京: 中信出版社, 2007.

[18] ［美］迈克尔·波特. 竞争优势［M］. 北京: 华夏出版社, 2007.

［19］［美］迈克尔·波特．国家竞争优势［M］．北京：中信出版社，2012.

［20］［美］罗伯特·卡普兰，大卫·诺顿．战略中心型组织［M］．北京：中国人民大学出版社，2008.

［21］［美］贝赞可，德雷诺夫，尚礼，谢弗．战略经济学（第三版）［M］．北京：中国人民大学出版社，2006.

［22］［美］斯蒂芬·P. 罗宾斯．管理学（第四版）［M］．北京：中国人民大学出版社，1999.

［23］［美］斯蒂芬·P. 罗宾斯．组织行为学（第七版）［M］．北京：中国人民大学出版社，2000.

［24］［美］黑尔里格尔，斯洛克姆，伍德曼．组织行为学（上、下）［M］．北京：中国社会科学出版社，2001.

［25］［美］H. 克雷格·彼得森等，管理经济学（第三版）［M］．北京：中国人民大学出版社，1999.

［26］［美］亨利·明次伯格等．战略过程（第三版）［M］．北京：中国人民大学出版社，1999.

［27］［美］菲利普·科特勒等．市场营销管理（亚洲版，上、下）［M］．北京：中国人民大学出版社，1999.

［28］［美］加里·德斯勒等．人力资源管理（第六版）［M］．北京：中国人民大学出版社，2000.

［29］［美］约瑟夫·奈．软实力［M］．北京：中信出版社，2013.

［30］［美］约瑟夫·奈．巧实力［M］．北京：中信出版社，2013.

［31］［美］巴尔，石竹芳译．中国软实力：谁在害怕中国［M］．北京：中信出版社，2013.

［32］赵刚，肖欢．国家软实力［M］．北京：新世纪出版社，2010.

［33］郭树勇．中国软实力战略［M］．北京：时事出版社，2012.

［34］邓正红．软实力博弈［M］．武汉：武汉大学出版社，2012.

［35］戴玉林，孙烈．七巧板科学：证券最优组合［M］．沈阳：东北工学院出版社，1993.

［36］彭继泽，余一．七巧板启示录：系统工程［M］．长沙：湖南人民出版社，1994.

［37］周立华，邓志平，陈声明，吴嘉年．文化力、知识度的经济学［M］．北京：中国经济出版社，2010.

［38］长春金融高等专科学校，吉林省金融文化研究中心．金融文化研究（第一辑）［M］．北京：经济科学出版社，2013.

［39］［加拿大］马丁·戈德法布，霍华德·阿斯特，秦宏伟译．认同力：超越品牌的秘密

［M］. 北京：新星出版社，2012.

［40］秦杨勇，张正龙. 控制力：不要被执行蒙蔽双眼［M］. 北京：中国经济出版社，2006.

［41］詹姆斯·M. 库泽斯，巴里·Z. 波斯纳. 领导力——如何在组织中成就卓越［M］. 北京：电子工业出版社，2013.

［42］詹姆斯·M. 库泽斯，巴里·Z. 波斯纳. 领导力的真理［M］. 北京：电子工业出版社，2011.

［43］特里·R. 培根. 权力的要素——领导力和影响力的经验教训［M］. 北京：机械工业出版社，2013.

［44］［芬］佩卡·维嘉凯南，［德］马克·穆勒‐艾伯斯坦. 数字时代的领导力［M］. 钟淑珍，王典娇译. 北京：电子工业出版社，2011.

［45］约翰·P. 科特. 权力与影响力［M］. 北京：机械工业出版社，2013.

［46］［美］史蒂芬·柯维. 高效能人士的七个习惯［M］. 北京：中国青年出版社，2013.

［47］［美］戴维·尤里奇，诺姆·斯莫尔伍德，凯特·斯威特曼. 领导力密码［M］. 北京：中国人民大学出版社.

［49］［美］芭芭拉·凯勒曼. 追随力［M］. 宋强译，北京：中国人民大学出版社，2011.

［50］周京，克里斯蒂娜·E. 莎莉. 组织创造力研究全书［M］. 北京：北京大学出版社，2010.

［51］［美］埃德加·沙因. 组织文化与领导力——如何以最有效的方式认识和打造组织［M］. 北京：中国人民大学出版社，2011.

［52］丁一. 专注力［M］. 北京：电子工业出版社，2013.

［53］［英］于尔根·沃尔夫. 专注力——化繁为简的惊人力量［M］. 北京：电子工业出版社，2013.

［54］［美］科里·帕特森，约瑟夫·格雷尼，大卫·麦克斯菲尔德，让·麦克米兰，艾尔·斯维斯勒，彭静译. 影响力2［M］. 北京：中国人民大学出版社，2008.

［55］［美］艾伦·R. 科恩，大卫·L. 布拉德福特，亓晓颖，叶凯译. 影响力：如何展示非权力的领导魅力［M］. 北京：电子工业出版社，2008.

［56］［美］罗伯特·西奥迪尼，陈叙译. 影响力［M］. 北京：中国人民大学出版社，2006.

［57］美国国家科学研究委员会. 让国家更安全［M］. 华盛顿：国家学术出版社，2002.

［58］安德鲁·佐利，安·马丽·希利. 恢复力——面对突如其来的挫折，你该如何应对？［M］. 北京：中信出版社，2013.

[59] 魏革军. 金融现象解析［M］. 北京：中国金融出版社，2005.

[60] 罗光. 保险公司评级管理［M］. 北京：经济科学出版社，2009.

[61] 凌涛. 中国区域金融稳定评估：FSAP 的研究与应用［M］. 北京：中国金融出版社，2009.

[62] 朱荣恩. 资信评级［M］. 上海：上海财经大学出版社，2009.

[63] ［德］赖因哈德·施托克曼，沃尔夫冈·梅耶. 评估学［M］. 北京：人民出版社，2012.

[64] 曹凤岐. 货币金融管理学［M］. 北京：北京大学出版社，2008.

[65] 周好文，何自云. 商业银行管理［M］. 北京：北京大学出版社，2008.

[66] ［美］查尔斯·M. 萨维奇，谢强华等译. 第5代管理［M］. 珠海：珠海出版社，1998.

[67] ［美］彼得·圣吉，张成林译. 第五项修炼［M］. 北京：中信出版社，2009.

[68] 尹恒. 银行功能重构与银行业转型［M］. 北京：中国经济出版社，2006.

[69] 王志军. 国际银行学［M］. 北京：科学出版社，2007.

[70] 中国内部审计协会. 中国内部审计规定与中国内部审计准则（原文与释义）［M］. 北京：中国石化出版社，2004.

[71] 詹伟雄. 美学的经济［M］. 北京：中信出版社，2012.

[72] ［美］查理德·谢弗，赵旭东等译. 社会学与生活［M］. 北京：世界图书出版公司，2011.

[73] ［美］威廉·罗兹，孙兆东，关璐，贾丽霞等译. 走向世界的银行家——来自全球金融第一线的领导经验［M］. 北京：科学出版社，2013.

[74] ［美］迈克尔·哈默，丽莎·赫什曼，陈汝曦等译. 再造奇迹——企业成功转型的9大关键［M］. 北京：机械工业出版社，2012.

[75] ［英］维洛尼克·安布罗西尼，詹正茂、陈婷婷、曹舒殁等译. 隐性资源——企业赢得持续竞争优势的源泉［M］. 北京：经济管理出版社，2011.

[76] 中国银行业监督管理委员会. 商业银行资本管理办法（试行）［M］. 北京：中国金融出版社，2012.

[77] ［英］卡尔弗特·马克汉姆，夏光，陆珍珍译. 顶级咨询［M］. 北京：中国铁道出版社，2006.

[78] 吴思. 血酬定理——中国历史上的生存游戏［M］. 北京：中国工人出版社，2003.

[79] 魏革军. 金融是现代经济的命脉［J］. 中国金融，2009（7）.

[80] 魏革军. 品牌和文化是关键［N］. 金融时报，2011 - 06 - 24.

[81] 魏革军. 应把战略思维融入金融发展［N］. 中国城乡金融报，2013 - 03 - 25.

[82] 魏革军. 持续提升香港国际金融中心的软实力——访香港金融管理局总裁陈德霖

［J］．中国金融，2010（21）．

［83］魏革军．让先进的管理理念成为一种文化——访中信银行行长陈小宪［J］．中国金融，2010（10）．

［84］魏革军．创新是商业银行持续发展的源泉——访中国民生银行董事长董文标［J］．中国金融，2010（24）．

［85］魏革军．公司治理没有终点——访中国工商银行董事长姜建清［J］．中国金融，2011（2）．

［86］魏革军．建设受人尊敬的银行——访北京银行董事长闫冰竹［J］．中国金融，2011（14）．

［87］魏革军．文化是金融健康发展的源泉［J］．中国金融，2009（10）．

［88］魏革军．金融业是北京建设世界城市的重要支撑——访北京市委常委、常务副市长吉林［J］．中国金融，2010（14）．

［89］魏革军．中国金融业离成熟市场经济有多远［J］．中国金融，2010（6）．

［90］中国人民银行南京分行课题组，魏革军．金融公众宣传与教育［J］．中国金融，2007（18）．

［91］魏革军．金融发展不能超越理性与规律［J］．中国金融，2007（18）．

［92］魏革军．科学化与开创性融合的管理模式［J］．中国金融，2013（8）．

［93］唐双宁．提升金融"软实力"，转变我国金融增长方式［J］．中国金融，2011（9）．

［94］唐双宁．关于金融文化的十个基本观点［J］．中国金融，2011（12）．

［95］唐双宁．关于金融文化的几点思考［N］．光明日报，2011 – 02 – 25．

［96］唐双宁．金融文化立体提升金融软实力［N］．上海金融报，2012 – 03 – 02．

［97］张宇燕．经济学、政治经济学及研究范式［J］．国际经济评论，2010（1）．

［98］刘钊．强化商业金融机构社会责任是当前金融文化建设的着力点［J］．发展研究，2012（4）．

［99］陈昌辉．分析"七巧板"理论下电视谈话节目的创新［J］．东南传播，2008（7）．

［100］陈晋．从毛泽东的读史评论看"出主意 用干部"［J］．党建研究，2012（5）．

［101］龚峰．金融全球化背景下中国银行业的稳健经营研究［D］．上海社会科学院，2004．

［102］李唯诺．我国银行体系稳健性统计分析［D］．湖南大学，2006．

［103］李曦．国际金融危机背景下我国商业银行稳健性研究［D］．江西财经大学，2009．

［104］邹薇．银行体系稳健性研究［D］．南开大学，2004．

［105］王晓蓉，张学忠．因子分析方法在商业银行经营效率评价中的应用［J］．郑州航空工业管理学院学报，2007（8）．

[106] 周志兴. 呼唤柔软的力量 [J]. 财经文摘, 2014 (7).

[107] 曹军新. 着力提高基层央行现场评估质量 [N]. 金融时报（理论周刊版), 2014 – 02 – 24。

[108] 曹军新. 中美金融关系研究（1979～2013）[M]. 北京: 中国金融出版社, 2013.

[109] [美] 保罗·萨缪尔森, 威廉·诺德豪斯, 萧深等译. 经济学（第19版）[M]. 北京: 商务印书馆, 2013.

[110] [德] 柯武刚、史漫飞. 制度经济学——社会秩序与公共政策 [M]. 北京: 商务印书馆, 2000.

[111] 汪丁丁. 新政治经济学讲义——在中国思索正义、效率与公共政策选择 [M]. 上海: 世纪出版集团、上海人民出版社, 2013.

[112] 江必新, 邵长茂. 论国家治理商数 [J]. 中国社会科学, 2015 (1).

[113] Academy of Management Executive, Vol. 9. No. 4, pp. 49 – 61.

[114] Amabile, T. M. (1983). *The social psychology of creativity*. New York: Springer – Verlag.

[115] Amabile, T. M. (1983). The social psychology of creativity : A componential conceptualization. *Journal of Personality and Social Psychology*, 45, 357 – 377.

[116] Amabile, T. M. (1988). A model of creativity an innovation in organizations. In B. M. Staw & L. L. Cummings (Eds.), *Research in behavior* r (pp. 123 – 167). Greenwich, CT: JAI.

[117] Amabile, T. M. (1996). *Creativity in Context*. Boulder, CO: Westview Press.

[118] Barney, J. B. (1991). Firm resources and sustained competitive advantage [J]. Journal of Management, Vol. 17, No. 1, pp. 99 – 120.

[119] Barney, J. B. (1995). Looking inside for competitive advantage [J]. Journal of Management, Vol. 22, No. 3, pp. 199 – 202.

[120] Basadur, M. S. (2004). Leading others to think innovatively together: Creative leadership. *Leadership Quarterly*, 15, 103 – 121.

[121] Basadur, M. S., Graen, G. B., &Green, S. G. (1982). Training in creative problem solving: Effects on ideation and problem solving in an applied research organization. *Organizational Behavior and human Decision processes*, 30, 41 – 70.

[122] Beakman, C. M. (2006), The influence of founding team company affiliations on firm behavior. Academy of *Management Journal*, 49, 741 – 758.

[123] Conner, K. R. (1994). The resource – based challenge to the industry – structure perspective [Z]. Best Paper, Proceedings, Annual Meeting of the Academy of Management, Dallas.

[124] Donna. M. Mertens, 1998: Research methods in education and psychology: Integrating di-

versity with quantitative and qualitative approaches. Thousand Oaks, CA: Sage. p. 219.

[125] Granovetter, M. S. (1973). The strength of weak ties. American Journal of Sociology, 6, 1360 – 1380.

[126] Hatch, M. J. (1997) Organization Theory: Modern, Symbolic and Postmodern Perspectives [M]. Oxford: Oxford University Press. p. 210.

[127] Jehn, K. A. , & Shah, P. P. (1997), Interpersonal relationships and task performance: An examination of mediating Processes in friendship and acquaintance groups. Jourunal of Personality and Social Psychology, 72, 775 – 791.

[128] Joanne B. Ciulla: The Ethics of Leadership, Thompson Wadsworth, 2003. IBM, "Capitalizing on Complexity: Insights from the Global Chief Executive Officer Study", May 18, 2010.

[129] Koestler, A. (1964). The act of creation. New York: Macmillan.

[130] Mumford, M. D. , & Gustafson, S. B. (1988). Creativity syndrome: Integration, application, and innovation. *Psychological Bulletin*, 103, 27 – 43.

[131] Mumford, M. D. , & Gustafson, S. B. (1988). Creativity syndrome: Integration, application, and innovation. *Psychological Bulletin*, 103, 27 – 43.

[132] Ogbonna, E. (1993). Managing organizational culture: fantasy or reality? [J] . Human Resource Management Jortrnal, Vol. 3, No. 2, p. 42.

[133] Oldman, G. R. , & Cummings, A. (1996). Employee creativity: Personal and contextual factors at work. *Academy of Management Journal*, 39, 607 – 634.

[134] Rogers, C. (1954). Toward a theory of creativity. *A Review of General Semantics*, 11, 249 – 262.

[135] Schein, E. H. (1985) Organizational Culture and Leadership [M] . San Fransisco: Jossey – Bass. p. 6.

[136] Schein, E. H. (1992) Coming to a new awareness of organization culture [Z] . in G. Salaman (ed.), Huraan Resources Strategies. London: Sage, p. 237.

[137] Shalley, C. E. (1991) . Effects of productivity goals, creativity goals, and personal discretion on individual creativity. *Journal of Applied Psychology*, 76, 179 – 185.

[138] United States National Research Council. Make the nation safer [M] . Washington D. C. : Natio – nal Academies Press, NAP, 2002, p. 25.

[139] Wallas, G. (1926). *The art of thought.* London: Cape.

[140] Wesley Clark. Wining Modern Wars: Iraq, Terrorism, and the American Empire [M]. N. Y. : Publ – ic affairs Press, 2003, p. 182.

[141] Wining Modern Wars: Iraq, Terrorism, and the American Empire [M] . N. Y. : Public affairs Press, 2003.

致　谢

　　二十余年以来，我一直以金融转型与发展为研究主题。不过，这几年的研究方向似乎跨度很大。我的博士论文是研究中美金融关系演变历程和大国双边金融关系管理问题，其中涉及国家间软实力建设和管理问题。而博士后的研究方向转为金融文化与软实力建设，具体选定、落实在银行软实力理论构建、银行软实力建设、评估指标设计和软实力内控系统、外部激励政策等微观金融机构管理研究上。显然，这可以归集为微观金融的转型和发展问题。实现这个跨跃和转向、完成关于《地方法人银行软实力评估研究》的报告以及本书撰写和修改，三年来我有幸得到了许多专家和学者的指导和帮助。

　　首先，我要衷心地感谢我的指导教师——中国金融出版社社长、《中国金融》杂志总编、中国人民银行研究员魏革军博士。正是由于他的悉心指导、关心和帮助，我才得以顺利入站、撰写出站报告。期间，魏老师以其对金融理论和金融文化建设的许多独到的见解，对我在银行软实力理论的构建和软实力评估指标体系的设计上，启发良多，受益匪浅。同时，魏老师在工作和生活等方面给予我许多关心和帮助，为我今后的工作发展指明了方向。

　　记得 2011 年 6 月中旬，我通过了刚成立的中国金融出版社博士后工作站入站考核。随后，由中国金融出版社金融文化研训院主任刘钊通知我，做好申请"金融文化与软实力建设"博士后研究课题的准备。经过入站手续之后，我于 2011 年 11 月 11 日这个易于记忆的日子，通过国家博士后管理办公室正式批复入站了。这里，我要感谢国家博管办刘丹华处长和劳动人事部司长戴晓初等人倾力支持和帮助。

　　这两年多来，还得到时任人民银行总行研究局局长、杭州中心支行行长张健华先生，时任研究局局长纪志宏先生，副局长易诚先生，时任广东金融学院院长陆磊先生，中国金融出版社副总编辑张红地先生，北京市丰台区金融办主任邱明，金融研究所博士后管理办公室肖翔博士等专家的指导和帮助；得到同站姚斌博士、赵婧博士、王翀博士、薛小玉博士等研究人员和工作人员的关心和帮助；还得到中国民生银行品牌推广部总经理助理刘震子先生、

272

中央编译局编审刘英女士、新世纪融银租赁魏海云女士、深圳世联策略管理咨询刘兆祯先生、人行秦皇岛市中支杨明女士和人行南昌中支李磊女士的关心和帮助。这里,我一并向他们表示衷心的感谢!

在开展前期调研的过程中,我先后有幸得到江西省农村信用社、南昌银行、南昌农商银行、九江银行、赣州银行、上饶银行、景德镇城商银行、中江信托、中航信托等地方法人银行业机构相关部门的大力支持和帮助,使我较便捷地了解和掌握了他们开展企业文化与软实力建设的第一手情况,并为我答疑解惑。这里,我表示衷心的感谢!

2014 年 2 月 21 日,在出站报告答辩会上,我得到答辩会主席、中国金融出版社总编蒋万进先生,人民银行总行研究局副局长王宇女士,中国金融出版社副总编辑、副编审王璐女士,副编审、副总编查子安先生,副总编辑张红地先生,副编审、中国金融编辑部主任程建国先生的许多建设性意见,使我在许多问题上茅塞顿开,为完善报告打下了坚实的基础,在此表示诚挚的感谢!

2014 年 9 月 10 日,我意外地从当天《金融时报》所登载的公告欣悉,博士后研究报告——《地方法人银行软实力评估研究》荣获中国教育发展基金会"2014 年中国金融教育优秀研究成果论文类二等奖",这要感谢未曾谋面的诸位评审专家的认可和鼓励,也要感谢研究员张红地先生倾力撰写专家推荐意见。这一荣誉对本书修改和出版,无疑是一种肯定,更多的是一种压力和鞭策。

在本书修改过程中,我有幸成为中国人民银行研究局首批从全国分支机构和高校遴选的工作访问学者之一。在工作访问期间,我得到了我的工作访问指导老师和领导——人民银行研究局局长陆磊先生的精心指导、恳切鼓励和谆谆教导。本书的部分观点和政策建议也得到了他的悉心指导,使我在许多问题豁然开朗、迎刃而解,这对于本书的深化起到了重要的塑造作用。这里,我向他表示衷心的感谢!

在研究报告和本书撰写过程中,我得到了国务院发展研究中心金融研究所所长张承惠老师,中国农业银行首席经济学家向松祚先生,法国巴黎银行亚洲证券董事总经理、首席经济学家陈兴动先生,中国人民大学重阳金融研究院刘英研究员,华东交通大学副校长、教授史建平先生,华东交通大学经济管理学院欧阳志刚教授、陶裕春教授、韩士专教授、潜力教授,江西农业大学经济管理学院谢元态教授、陈昭玖教授、郭如良教授,江西师范大学财政金融学院唐天伟教授的指导、关心和帮助。这里,我一并向他们表示感谢!

我感谢所在单位领导——王信先生、张智富先生、郭云喜先生、吴豪声先生、潘淦先生和陈锋先生的指导、关心和帮助。王信行长在谈到软实力见解时,讲述了他早年在哈佛大学肯尼迪政府学院攻读学位时,聆听他们院长——"软实力之父"约瑟夫·奈教授的讲学及平等地与学生们讨论交流,十余年后,在他担任中国人民银行驻欧央行首席代表期间,有一次在哥本哈根会议"偶遇"约瑟夫·奈老先生等有趣故事,以及王行长到江西工作带来全新的管理理念,开讲系列精彩的学术报告,都让我得到颇多教益,同时也让我产生了进一步做好相关研究的巨大动力和压力。感谢能和同事杜正琦、赵峰林、曾省晖、江万友、吴松格、朱锦、刘向东、徐峻、谭速、任哲、刘骏、张朝洋、许一涌、刘伟平、徐尚朝和周陈曦等业务行家里手进行相关交流和讨论,得到启发良多。

本书的顺利出版,要得益于中国教育发展基金会的鼓励和认可、出版社责任编辑石坚老师的辛勤劳动。这里一并对他们表示感谢!

贯穿于本书的主题是,在银行软实力建设研究领域持续引入新概念和新知识,同时反映不断实践的人们在这一领域的知识是有局限的。这正符合经济学所强调的"人类的知识是有局限的"。这一点当然也适用于笔者自己的知识。因此,对书中所有尚存的疏忽、差错和误解,笔者不回避作者通常应承担的责任——文责自负。真诚欢迎读者给予批评指正,也希望读者能喜欢本书,并采取一种新的方式,从柔软力量的视角来看待生活和工作。

曹军新

2015 年 5 月 21 日

于金融街国企大厦 A 座 1103 – 2 室